THE FORGOTTEN DEPRESSION

被遗忘的萧条

1921: THE CRASH THAT CURED ITSELF

经济危机与应对之策

[美] 詹姆斯·格兰特（James Grant）著

吴烽炜 译 李松 校

中信出版集团 | 北京

图书在版编目（CIP）数据

被遗忘的萧条：经济危机与应对之策 /（美）詹姆斯·格兰特著；吴烽炜译. -- 北京：中信出版社，2021.4（2024.5 重印）

书名原文：The Forgotten Depression: 1921: The Crash That Cured Itself

ISBN 978-7-5217-2861-3

Ⅰ. ①被… Ⅱ. ①詹… ②吴… Ⅲ. ①经济危机－研究－美国 Ⅳ. ① F171.244

中国版本图书馆 CIP 数据核字（2021）第 042445 号

被遗忘的萧条——经济危机与应对之策

著　　者：［美］詹姆斯·格兰特
译　　者：吴烽炜
校　　者：李松
出版发行：中信出版集团股份有限公司
（北京市朝阳区东三环北路 27 号嘉铭中心　邮编　100020）
承 印 者：三河市中晟雅豪印务有限公司

开　　本：880mm×1230mm　1/32　　印　　张：10.25　　字　　数：230 千字
版　　次：2021 年 4 月第 1 版　　印　　次：2024 年 5 月第 4 次印刷
京权图字：01-2020-7319
书　　号：ISBN 978-7-5217-2861-3
定　　价：56.00 元

服务热线：400-600-8099
投稿邮箱：author@citicpub.com

在经济领域，一个行动、一种习惯、一项制度或一部法律，会产生不止一种后果，而是一系列后果。在这些后果当中，只有第一种是立即发生的，它与原因同步显示出来，它是看得见的；其他后果则是陆续呈现出来的，它们是看不见的。如果我们能够预见它们，这对我们来说就是有利的。

——弗雷德里克·巴斯夏，《看得见的与看不见的》(1850年)

目　录

推荐语

凯恩斯主义的经济政策并没有缓解大萧条，而是延长了大萧条的时间。格兰特的意图是明确的："看不见的手"的力量至高无上，市场知道什么是好的，政府的干预通常会以糟糕的结果结束……这本书读起来非常有趣。

——《柯克斯书评》

这本书展现了一部进步时代有趣的经济史。

——《出版商周刊》

格兰特强烈反对政府在经济衰退期间进行干预。

——《匹兹堡论坛报》

《被遗忘的萧条》是对自由放任主义的致敬，格兰特用一种约翰·肯尼斯·加尔布雷思在《1929年大崩盘》中的幽默来结束他的故事。这及时地提醒我们，我们的前辈知道其他比狗皮膏药更有效的方法来治疗金融宿醉。

——路透社

这是一部知识丰富、文笔优美的适时之作。

——小卢埃林 · H. 罗克韦尔（Llewellyn H. Rockwell, Jr.），米塞斯研究院主席

格兰特揭示了一场被遗忘的萧条，提出了一个打破传统的观点，即政府对经济动荡的应对之策是不干预。作为一名资深财经作家，格兰特以轻松的笔调和稳健的手法处理深奥的问题，从联邦预算局首任局长查尔斯 · 道威斯（Charles Dawes）和沃伦 · G. 哈定（Warren G. Harding）等出人意料的人物身上汲取智慧。

——查尔斯 · 拉普利（Charles Rappleye），《赫伯特 · 胡佛在白宫：总统的磨难》（*Herbert Hoover in the White House: The Ordeal of the Presidency*）作者

市场是否在自我修正？当“隐藏之手”动摇时，政府应该扮演什么样的角色？就在世界大部分地区挣扎在大衰退中时，詹姆斯 · 格兰特反对干涉主义教条。在20世纪20年代的正确和20世纪30年代的错误的鲜明对比中，你不必同意格兰特的经济学理论，就可以欣赏他思想的严谨、文笔的优美或者论点的全面。这是一部真正罕见的一流历史著作，与早间的头条新闻一样重要。

——理查德 · 诺顿 · 史密斯（Richard Norton Smith），《自行其道：纳尔逊 · 洛克菲勒的一生》（*On His Own Terms: A Life of Nelson Rockefeller*）作者

序　言
繁荣与萧条的市场逻辑

在传统社会里，人们的生活往往饥寒交迫，缺衣少食，谈不上发展经济，往往连温饱都很奢侈。但在现代社会里，人们体会到了前所未有的繁荣，不仅丰衣足食，而且现在的挑战主要是吃什么、如何保持体形、如何保持时尚和如何衣着得体等，这些让传统社会的很多基本价值都出现了颠覆。

在传统社会里，致富是要靠节约的，节约是美德。在现代社会里，财富是GDP（国内生产总值），消费也是财富。年度最终消费是多少或GDP是多少，表明该国有多少财富。所以，现代社会鼓励消费，不仅鼓励国内消费，而且鼓励出口（让外国人消费）。过去两国之间的战争是，切断供应，不卖东西给“敌国”，或者高价销售。而现在两国之间的战争是，不买“敌国”的东西，或者只能高价买“敌国”的东西。

在传统社会里，劳动是辛苦的事情，是负担，而读书做官是为了成为人上人，从而逃避辛苦的劳动。在现代社会里，劳动是工作机会，是就业，是福利，并且失业率越低越好，最好每个人都有辛苦的工作可以做。所以，现代社会没有好吃懒做的人，不需要天天劝人勤劳，也不必说勤劳是美德，因为人们对工作趋之若鹜，并且能够找到一份工作便是福分。政府的主要职能在于创造更多的就业机会，而且鼓励工作机会不外流，不让外国人抢走本国人的工作机会。

在传统社会里，金子是财富。黄澄澄的金子，不仅会激发人们的贪婪，也是人们努力奋斗的动力。而且，金子不会坏，所以存金子（例如，把金子砌在高墙里，甚至埋在地底下）是最好的财富积累手段。而在现代社会里，虽然金子依然是金子，也很值钱，但是没人去存金子了，因为现代社会的“金子”是货币。现代的货币往往是纸币，是可以印刷的。而在数字时代，货币往往只是一些数字，不用印刷，政府增加一点数字就可以增加货币数量，政府的各种货币政策工具都可以增加财富。

在这种情况下，发展和萧条也有了相反的含义。

在传统社会里，因为经济不发展，所以消费品极度短缺，储蓄少得可怜，投资也非常短缺。这样的社会，基本上谈不上发展，没有繁荣，也没有萧条。所谓的繁荣就是风调雨顺、国泰民安、人丁兴旺、丰衣足食。而所谓的萧条往往意味着有自然灾害、作物歉收，严重的时候还会发生饥荒，引发战乱，从而导致人口大量减少。

但在现代社会里，由于科学和技术的进步，生产的消费品越来越丰富。除了消费之外，人们还可以储蓄。储蓄增加，投资也增加，然后消费继续增加，于是经济发展。当经济发展到一定的水平，社会就出现了经济繁荣。经济繁荣的主要标志是消费总量（也就是GDP）的高速增长，同时投资增加，企业家的生产活动量快速增长，就业率达到新高，失业率大大下降。

不过，有白天，就有黑夜，有阳，就有阴，现代社会有了繁荣，也就有了萧条。社会出现萧条的标志不是传统社会的消费品严重不足，恰恰相反，而是消费品严重过剩，或者从生产方面来说，是产能过剩，用经济学语言来说就是经济出现了失衡。由于产能过剩，生产的东西没人要，生产规模就会缩小，很多人就会失业，就会没有收入，也就没有办法购买消费品，于是萧条会继续发展。

如何只要繁荣而消灭萧条呢？现代主流的经济学家想了很多理论和政策工具，现代政府也充分发挥财政政策、就业政策和货币政策工具的作用，努力消灭萧条，以维持持续的繁荣。

政府财政政策上的方法有两种。一是降低税率。政府主张减轻企业负担，让企业能够在不解雇员工的情况下继续维持生产或者有新的资金来扩大生产，从而降低失业率，维持这些人的消费能力，甚至增加他们进一步消费的能力。二是增加财政支出。政府举办公共工程，创造就业；政府提供更多的转移支付，提升低收入者的消费能力；政府向失业者提供各种就业技能培训，提高其就业能力。

当然，经济学家和政府都发现，财政政策的直接结果是只有短暂的繁荣，而严重的后果是政府债务迅速增加。在债务市场上，政府获得更多的借债机会，其实是挤占了企业的融资。从这个意义上说，政府增加支出，虽然在一定意义上提振了消费，但由于挤占了企业的融资，最终还是降低了企业的投资机会，从而让市场缺乏有效的投资，实际上损害了经济增长。

所以，政府的财政政策不可能一直很积极。理性的经济学家和政府都会认识到，财政政策在应对萧条和创造繁荣方面是有很大的局限的。因此，政府一般不会一直采取非常积极的财政政策，而是主张稳健的财政政策。毕竟，一旦政府爆发债务危机，对于经济来说，就会有很大的消极效应。即使是所谓的稳健的财政政策，也难以为继，尤其是在遇到经济衰退周期以及像新冠肺炎疫情的灾难时——经济学家和政府都会忍不住采取积极的甚至激进的财政政策，其结果是好处不大，对经济的危害更甚。

在财政政策的作用有限时，经济学家和政府就会选择货币政策。货币政策工具的表现形式也是多种多样的，有些国家采取的是量化宽松的政策，有些国家采取的是信贷扩张的政策，但归根结底是增加货币供应量。增加的货币供应量去哪里了呢？增加的货币供应量可以表现为政府的财政支出，也可以表现为企业的贷款，还有消费者的消费贷，甚至直接给国民发钱，或者给消费者发消费券，给贫困人口发食品券，等等。

货币量的增加，可以让政府增加财政收入并增加支出，可以让企业增加信贷然后用于投资，也可以让消费者增加可支配收入用于消费，从而刺激消费，刺激生产。三驾马车一起推动，GDP会快速增长，至少名义上的宏观数字会非常好看。

但是，表面上的好景不长，增加的货币量刚开始有刺激经济繁荣的效应，而由于物价上涨、投资品价格上涨，增加的收入只是名义收入，增加的贷款也只是名义贷款，增加的政府财政也只是名义财政，于是GDP名义上增加了——仅仅是名义上的增加。对于这样的繁荣，经济学家称其为虚假的繁荣，或者泡沫。

最严重的情况是，有些国家这样做了，由于用力过猛，引发了严重的通货膨胀，直接导致货币崩溃，其结果当然是灾难性的。当然，理性的国家不会用力过猛，一般会在金融系统性风险出现之前就停止增发货币。即使这样，货币增发一旦停止，虚假的繁荣就会马上消失，进一步的萧条就会接踵而至。

在奥地利学派经济学家看来，政府财政政策和货币政策的祸害还不止如此。这些政策的最大危害是，损害了企业家的理性投资行为，也损害了消费者的理性消费行为，从而损害了市场过程对资源的有效配置，尤其是在时间维度上的配置，让经济周期中的衰退期不断地加深、延长。

在秩序经济学家看来，政府的财政政策和货币政策，无论是温和的还是积极的，更不用说是激进的或者疯狂的，都会损害市场秩序。一旦市场秩序被破坏了，经济增长就会缺乏秩序基础。货币如果没有秩序就会从金钱转变为没用的纸币，而所有的资产也会因为缺乏秩序而失去价值，甚至劳动力也会失去市场秩序而变得没有价值。由于经济价值失去了市场秩序的支撑，经济不崩溃才怪。

所以，主流经济学的财政政策和货币政策理论存在着错误，相关的财政政策和货币政策工具对经济是非常有害的。对此，奥地利学派经济学家有非常好的理论和政策工具。他们认为，繁荣和萧条只是经济体硬币的两个面，是不可分的。繁荣的时候，其实隐藏着未来的萧条，萧条的时候隐藏着未来的繁荣。从储蓄－消费的角度来说，如果一个经济体的人储蓄多，投资就会多，就业就会增加，产出就会增加，这个时候经济就会处于繁荣时期；在繁荣时期的顶峰，储蓄达到了顶峰，投资也达到了顶峰，产出也就达到了顶峰。

接着就会开始萧条，因为产出很多，供过于求，物价会下跌，投资会减少，就业率会下降，工资水平会下降，储蓄也会减少。这一切都下降到低谷的时候，也就是萧条最严重的时候。但就在这个时候，物价开始上涨，投资开始上涨，就业率也随之上涨，接着经济繁荣就会来临。

从秩序经济学家的观点来看，只要市场秩序存在，经济增长就会存在。繁荣和萧条，在秩序意义上，其实只是宏观数据的变化。即使在衰退期，物价低一点，通货有点收缩，工资率有点下降，只要市场秩序没有被破坏，经济价值就依然会存在。而企业家即使会犯错，也会选择正确的方案，这个时候企业家行为的调整就会让经济迅速走出所谓的衰退期。繁荣期往往意味着过度的投资、过剩的产能或者过多的消费。这个时候，只要企业家选择的秩序基础（也就是市场秩序）没有被破坏，企业家就同样会合理地投资和规划产能，消费者也会合理地收缩过多的消费，整个经济宏观上就会走向软着陆。

所以，在奥地利学派经济学家和秩序经济学家看来，只要市场过程不受政府财政政策和货币政策的干扰，市场秩序不受政府普遍性强制政策的破坏，经济即使存在周期，也是正常的，也是可以理解的，而且是很容易向稳健方向转变的。

不过，主流经济学家和现实中的政府，还是认为财政政策和货币政策依然是必要的，而且是可行的。所以，人间依然在上演一幕幕的悲剧：过于积极的政府，总是好心办坏事。

在这个意义上，我们来阅读一下美国奥地利学派经济学家詹姆斯·格兰特的著作《被遗忘的萧条：经济危机与应对之策》。这本书讲述了一个故事，在这个故事里，1920年，也就是第一次世界大战结束后，美国经历了一场萧条。在这次经济危机里，美国政府没有采取任何积极的哪怕是温和的财政政策和货币政策，而是实行了财政平衡，还提高了利率，但它在1921年就走出了危机。

从时间上说，很多人会讲，这个故事只是个故事，早就过时了。但是，将这个故事和后续的很多故事对比一下，我们就可以看到，在后续的故事里，面对每一次危机，政府都采取了积极的财政政策和货币政策，其结果是政府很难从经济危机中走出来，市场需要花很长的时间来消化错误的政策导致的后果。没有比较，就没有伤害，没有比较，我们也不会深切地理解这一点：有效政府并不一定是积极的政府，有限政府才是有效的政府。

毛寿龙
中国人民大学教授
2021年3月

前 言

看似薄薄的一本书，描述的却是一件惊人的大事件。1920年，美国经济进入了今天会被诊断成萧条的阶段。然而，从伍德罗·威尔逊到沃伦·G. 哈定的连续两届政府，对这场经济衰退似乎都不理不睬、泰然处之。也就是说，它们采取了21世纪一般经济学家眼中的灾难性政策。面对下跌不止的物价、收入和就业率，政府平衡了预算，并通过新成立的美联储提高了利率。按凯恩斯主义和货币主义学说的观点，我们再也想象不出比这更不开化或更适得其反的政策了。然而，到了1921年年底，一场充满就业机会的强劲复苏开始了。这里要讲的故事，就是关于美国最后一次政府不插手治理就自我痊愈的萧条。

当然，20世纪20年代初，美国并非没有政府。政府征税，也实施管制。政府开设法庭，维持法治。政府发行了法律上定义为黄金重量的美元。政府还设有陆海军。联邦政府官员审查国家特许银行。其他公职人员向流动性差但资产大于负债的银行注入资金。当时的人们把功劳算给这样一类官员，即美联储的新雇员，认为他们阻止了一场本来肯定会发生的货币恐慌。但美国政府没有让社会来承担金融失败的风险，也没有试图通过操纵联邦支出的比率或美元的价值来控制和指导国民经济。相对于20世纪30年代形成的联邦政府机构（或不久之后发动对德战争的联邦政府机构），此时的政府不仅规模较小，也不爱多管闲事、到处干预。

在本书的叙事中扮演主角的是价格机制，也就是亚当·斯密"看不见的手"。在市场经济中，价格协调着人们的努力。价格引导投资、储蓄和劳动。高价鼓励生产，抑制消费，而低价的作用恰好相反。1920—1921年的经济萧条以物价暴跌为标志，我们称这种致命状态为通货紧缩。但物价和工资下落的幅度是十分有限的，一旦两者跌到足以吸引消费者购物、投资者投入资金以及雇主招聘员工的程度时，跌势便停止了。在物价和工资双双走低的作用下，美国经济恢复了正常。

从历史的角度来看，我撰写本书时，正值美国从所谓2007—2009年大衰退[①]中乏力复苏的第5年。为了应对银行倒闭和信贷崩溃的危机，乔治·W. 布什政府和巴拉克·奥巴马政府借入数千亿美元，然后拿去统统花掉了。它们向数十家本会遭遇灭顶之灾的金融机构抛出了政府援助的"救生索"。美联储将货币市场利率压低至零，并造出数万亿美元新钱（从而进一步补贴银行和"政府赞助企业"[②]，而正是这些机构的过失甚至蓄意犯错促成了这场危机）。

① 大衰退是一场在2007年8月9日开始浮现的金融危机所引发的经济衰退。在美国次级房屋信贷危机爆发之后，投资者开始对按揭支持证券的价值失去信心，从而引发了流动性危机。到2008年9月，这场金融危机开始失控并蔓延至其他经济领域，因此它又被称作"金融海啸"。——译者注

② 政府赞助企业是一种由美国国会创建的金融服务公司，旨在促进农业、住房金融和教育等经济目标部门的信贷普惠性。最著名的政府赞助企业包括联邦国民抵押贷款协会（简称"房利美"）和联邦住宅贷款抵押公司（简称"房地美"）。——译者注

然而，尽管美国政府采取了这些措施，仍有约980万美国人失业，数百万美国人连找到工作的渺茫希望也放弃了。

如今，几乎没人敢公开提议一个世纪前政府的政策作为（更准确地说是拒绝或顾不上作为）。但事实就是，在政府做出这样的决策之后，经济反而恢复了增长，20世纪20年代出现了尽人皆知的繁荣期（“咆哮的20年代”）。如果威尔逊和哈定像20世纪末和21世纪初的总统那样插手干预，我们就不可能知道发生了什么。哈定的商务部部长赫伯特·胡佛似乎急不可耐，非要有所行动；可当他想要发力时，经济衰退已经结束了。在美国第31任总统任上，胡佛如愿以偿地实现了干预，尤其是他企图阻止工资下降，但结果令人大失所望。

经济衰退和萧条从不宣告自己的到来。确切来说，经济学家都是在事后才把相关事件按时间顺序拼凑成年表的。美国国家经济研究局是经济周期年表公认的裁定者，它认定的1920—1921年经济衰退周期始于1920年1月，终于1921年7月；也就是说，经济从1920年1月开始每况愈下，到了1921年7月止跌回升，前后经历了18个月。

一方面，对于任何一位陷入失业、破产或贫困的人来说，一年半都是颇长的一段时间；另一方面，跟1929—1933年大萧条[①]时期的43个月比起来，一年半又短暂得多。我认为，联邦政府建

① 大萧条是20世纪持续时间最长、影响最广、强度最大的经济衰退，以1929年10月24日股票价格下跌为开始的标志，到1929年10月29日发展为华尔街股灾，并席卷了全世界。——译者注

设性的不作为，促成了相对令人满意的结果。对于那些耳濡目染于自由放任思想的金融家和资本家来说，联邦政府的消极态度非但没有摧毁其信心，反而使之增强。

“信心”这个概念既至关紧要，又捉摸不定。给予一代人信任感的事物，可能会让另一代人惊恐。面对1920—1921年的经济衰退，使这一代美国人振作精神的似乎是一种相信美国金融基础牢固的共同信念。在一个许多方面都有如不系之舟的世界里，美元仍然和黄金一样坚实可靠。美国两党在偿还联邦债务并保护美元购买力方面的决心是一致的，这很可能促使人们相信：坏时光终难持久。

穆雷·罗斯巴德（Murry Rothbard）在他写的关于20世纪30年代的历史——《美国大萧条》（*Amercia's Great Depression*）中写道：“如果政府希望缓解而不是加剧萧条，那么唯一有效的途径就是自由放任——不插手干预经济。只有在价格、工资水平和企业清算不受直接干预或者没有这种顾虑的情况下，必要的调整才会顺利进行。”[1]无论从总体上如何评论这一命题，美国1920—1921年和1929—1933年的经历都不能将其证伪。

对于那些倡导联邦政府应采取强有力措施以应对我们这个时代“经济大衰退”的人来说，大萧条是历史的试金石。为了避免重蹈20世纪30年代初的覆辙，美联储在主席本·S. 伯南克（Ben S. Bernanke）的领导下开始了激进的印钞、利率抑制和金融市场操纵计划，而在经济治疗正式启动5年多之后，这些政策仍在延续。2012年8月，在怀俄明州杰克逊霍尔镇的一次演讲中，伯南克坦率地将这些实验描述为“干中学”。

1920—1921年美国的货币和财政委员会没有采取这类即兴创作，除非你认为新成立的美联储采用了实验性做法：即使在价格暴跌时，也拒绝从高利率政策立场退让。无论如何，据我所知，在2008年危机期间，没有一位美国决策者援引1920—1921年这一不寻常事件作为可能相关的先例，1929—1933年的经济崩溃想必垄断了历史类比的市场。为决策者这一选择的辩护理由也在预料之中，比如他们会说：1920—1921年的经济规模比现在要小得多；当时的政治环境与我们这个时代完全不同，为测量经济活动的扩张和收缩而产生的数据充其量也只是粗略统计的；此外，当时还没有联邦政府社会保障和安全网络，也没有轻易就能取得的信贷，无论是个人信贷还是抵押贷款。这一切都是事实，但每一种反对理由都会以几乎同等的力度适用于大萧条本身。

我们还有别的事情需要考虑：1929年股灾发生之后，胡佛总统启动了一项前所未有的联邦积极行动主义计划，以阻止迫在眉睫的经济衰退。这些干预（某些人称之为“第一次新政”）毫无疑问是失败的，而威尔逊和哈定的不干预却带来了鲜为人知的成功。

如果说1920—1921年发生的事件绝对不是无关紧要的，那么对于那些政府干预经济周期衰退的倡导者来说，这些事件引起了解释上的不便。如果患了病的经济体让政府施治是必要的，那么一个被迫喂入如今大多数“医生”会认为是政策砒霜的经济体，又是如何做到自我矫治的呢？

马克·布莱斯（Mark Blyth）在2013年出版的《紧缩：一个危险观念的演变史》（*Austerity: The History of a Dangerous Idea*）抨

击了“政府不竭尽全力抗击经济衰退”这一观念。在对该书的论评中，美国财政部前部长劳伦斯·萨默斯（Lawrence Summers）引述了自己的格言：“正如我常说的那样，最具讽刺意味的是，尽管金融危机是由过多的信心、借贷和支出引起的，但是它只能由更多的信心、借贷和支出来解决。”1920—1921年的美国历程“驳斥”了萨默斯的悖论，因为这次危机肯定不是通过借贷和支出来解决的。①

这场危机究竟有多严重，依旧悬而未决，也许这个问题注定得不到解决。官方数据和同时代的评论都描绘了一幅严峻的画面：1920—1921年，按名义价值计算，美国产出下降了23.9%，扣除通货膨胀（或通货紧缩）因素后降幅为8.7%；生产价格从高峰跌入低谷，降幅为40.8%；工业生产下降了31.6%，股价跌掉了46.6%，企业利润减少了92%。[2]在美国3 150万非农业劳动力人口中，失业人数在200万到600万人的范围内，这是哈定总统在1921年9月召集的全国失业问题会议上估计的。如果取600万这个高值，那么这意味着失业率达到了19%。无数的非农业企业破产，其中包括杜鲁门与雅各布森商店，这是一家位于堪萨斯城的男

① 另一位哈佛大学教授肯尼思·罗戈夫（Kenneth Rogoff）的声明充分体现了他对联邦政府在经济混乱面前有必要采纳积极行动主义的确信。罗戈夫教授说，奥巴马政府别无选择，只能颁布《2009年美国复苏和再投资法案》（American Recovery and Reinvestment Act of 2009）。罗戈夫教授是一位颇有成就的国际象棋选手，也是2009年畅销书《这一回不同》（*This Time Is Different*）的作者。《纽约时报》在2012年援引他的话称，所谓刺激法案确实是“唯一一步”。在国际象棋中，唯一一步是指棋手不如此下棋就肯定会马上输掉。

装店，其合伙人之一是美国第33任总统。[①]

“昔日如异邦”这句格言用在经济史上再恰当不过了。在本书的案例中，“时代错乱症”（anachronism）往往就蕴含于经济学语言中。本书的读者会谈论和思考“总需求”和“总供给”，在汲取了宏观经济学基础知识后，他们会漫不经心地谈论国民收入。20世纪20年代早期，这些观念还没有形成。你可以效仿我，即使寻遍那个时代的专业经济学期刊也找不到一篇支持宏观经济管理观念的文章。

不管21世纪的美国经济统计有什么缺陷，威尔逊和哈定所获得的数据都要贫乏多了。现代国民收入核算直到20世纪三四十年代才出现。美国经济中的服务业部分得到系统的测量，还要等到20世纪90年代。

1920—1921年的经济衰退是自1812年恐慌以来的第14个经济周期紧缩。1818年、1825年、1837年、1847年、1857年、1873年、1884年、1890年、1893年、1903年、1907年、1910年和1913年都发生过这样或那样的商业和金融动荡。自19世纪初以来，价格从未像1920—1921年那样跌得如此深和快。同时代的一项调查指出：“在这120年的时光里，1920—1921年的崩溃是史无前例的。”[3]

① “我们有五六百万工人失业。实业要么倒闭，要么处于清算中。各经济管理部门预见了产业恐慌。我们正处在驰往经济混乱的快车道上，而这种混乱局势目前已在欧洲流行。”哈定总统的劳工部部长詹姆斯·J. 戴维斯（James J. Davis）在1923年的年度报告中这样写道。即使考虑到这段文字中提到的一些事件发生在民主党执政期间，这位部长的措辞也令人震惊。

曾担任奥巴马总统经济顾问委员会主席的著名经济史学家克里斯蒂娜·罗默（Christina Romer）争辩说，1920—1921年的考验并不像后来的统计数据描述的那么严峻。她多次以通俗的表达方式，把这次衰退描述为一场并不特别棘手的衰退。为了进一步支持我的观点，即1920—1921年的萧条和同时代的报告所描述的一样剧烈，我呈上了一项非计量经济学证据。以下是一首1921年的热门歌曲《难道我们不开心?》（Ain't We Got Fun?），歌词中带有苦涩的讽刺意味。

每早，每晚，
难道我们活得不开心?
没什么钱啊，但亲爱的，
我们不是很开心吗?

房租还欠着，亲爱的，
我们坐不起车。
但笑容常在，亲爱的，
对于我们这样的人来说。

冬去，夏来，
难道我们不开心?
日子过得不顺，而且越来越不顺，
但我们仍然活得很开心。

没什么比这更肯定，
富人变富，穷人生孩。
与此同时，在这期间，
我们不是很开心吗?

房东很生气，而且越来越生气，
难道我们不开心?
日子如此艰难，而且越来越艰难，
我们还是活得很开心。

没什么比这更肯定，
富人变富，穷人失业，
与此同时，在这期间，
我们不是很开心吗？

“萧条”这个词，没有严格、不变的统计定义。很多那个时代的人和机构（包括哈佛经济学会和纽约联邦储备银行等）都用它来描述经济衰退的严重程度，我在这段历史中也选用了这个词。我还断定，他们没有写下关于衰退的歌曲。

在那些有如进行“时间旅行”的当代读者看来，威尔逊和哈定时代的银行和货币安排尤显陌生。1920年，美国还没有联邦存款保险，也没有某些银行“大而不倒”的教条。如果一家银行经营不善或资不抵债，那么其股东（而不是纳税人）很可能会接到让他们拿钱出来偿还储户的通知。毕竟，无论衰败不堪还是兴旺发达，银行都是股东的银行。“管理不善就可能付出代价”作为一种持之以恒的提醒，并不能预先阻止银行倒闭。但与任何法律或惯例一样，它划定了公私利益之间的界限。尽管美国有1907年恐慌，但是历史记载显示，20世纪前20年的美国银行业是非常安全稳健的，以至联邦政府的高层银行监管者都表示银行破产在美国有望成为历史。那是1920年夏天，是经济开始滑向萧条的6个月之后。

在那个时代，美元仍然被定义为黄金的重量，和亚历山大·汉密尔顿（Alexander Hamilton）担任美国财政部部长的时代一样：1盎司黄金值20.67美元，黄金持有者可自行选择兑换。由于任何人都可以进行这种兑换，美联储受到了内在的制约。就算美联储相信货币政策疗法处在国会授予它的职权范围之内，它对一个受到创伤的经济体所能做的也就这么多了，而实际上，当时这家机构肯定也没有这种想法。任何预见21世纪以印钞刺激商业活动（“量化宽松”）的政策提议都会被一笑置之。

与经济学家一样，政治家也不太倾向于施加政府影响力来支持那些维持国民经济平稳的政策。这并不一定是因为政治阶层在哲学上反对监管或税收。威尔逊在1912年竞选总统时许下诺言，誓要让华尔街和大企业就范。1917年，在对德宣战之后，美国政府在对经济的干预控制方面开辟了新路子。但是，威尔逊总统即使希望把他的战时社会主义实验移植到战后的美国经济中，可能也走不了多远。起初，他忙于争取参议院批准和平条约和国际联盟。后来，在1919年9月中风之后，他丧失了行动能力，他的政府也随之瘫痪。威尔逊绝不赞成杰斐逊主义，即“管得最少的政府才是最好的政府”。在这位进步主义民主党人的领导下，美国出现了最后一次自由放任的萧条，但这种情况纯属偶然。

在经济萧条不药而愈的故事中，必定难见发愤作为的政治技艺。富兰克林·D. 罗斯福（Franklin D. Roosevelt）政府（以及在他之前的胡佛政府）应对大萧条的历史则充斥着积极作为的事件记载，而这里所要讲述的却是一段可供借鉴的、无为而治的历史。1920年和2010年的经济数据如表1所示，1920年和2010年经济的百分比构成如表2所示。

表1 1920年和2010年经济数据

项目	1920年			2010年		
	总计	人均	占国民生产总值百分比	总计	人均	占国民生产总值百分比
人口(百万)	106.5	—	—	310.04	—	—
工会劳工占劳动力的百分比（%）	12.1	—	—	11.4	—	—
平均预期寿命(岁)	56.4	—	—	78.7	—	—
平均年薪(美元)	1 342	—	—	39 959	—	—
纽约证券交易所成交量(百万股)	227			601 146		
国内生总值或国民生产总值（百万美元）	91 500	859	—	14 958 300	48 198	—
联邦政府支出（百万美元）	6 358	60	7	3 457 079	11 139	23

（续表）

项目	1920年			2010年		
	总计	人均	占国民生产总值百分比	总计	人均	占国民生产总值百分比
政府持有的联邦债务（百万美元）	25 952	244	28	9 018 882	29 060	60
公共和私人债务总额（百万美元）	135 700	1 275	148	51 395 500	165 603	344
美联储总资产（百万美元）	6 254	59	7	2 427 844	7 823	16

表2　1920年和2010年经济的百分比构成

项目	1920年①	2010年②
总计	100.0	100.0
农业	10.5	1.1
矿业	2.5	1.7
制造业	21.9	11.2
建筑业	4.4	3.6
运输业	9.8	4.9
贸易	13.6	11.6
服务业	11.6	31.5
政府	9.6	13.6
金融业及杂项	16.1	20.8

注：①1919—1928年的平均水平，依据美国国家经济研究局对国民收入的估计。

②经济分析局估算的国内生产总值产业增加值。

01

大通胀

1914—1918年这场残酷世界大战的尾声，与一场比战争本身还要致命的流感大流行交织在一起。但是，1919年饱受创伤的世界无论有什么不足，至少有一个可以弥补之处。人们经常预言的战后萧条并未成为现实，情况恰恰相反，商业呈现一派繁荣景象。

这是一个令人愉悦的反常现象。历史告诉我们，和平之后即萧条。这是美国1812年战争和南北战争之后的经验。第一次世界大战是一场波及全球的战争。许多人推论说，毫无疑问，一场全球性经济调整将会出现，它比以往局部冲突后的衰退更具有破坏性。

当时，政府抵制萧条的行动还没有范本可循。长期确立的经济学说倒是十分倾向于自由放任。随着自然季节的移转，经济季节也在变化：从暑至寒，由盛而衰。个人可能会为一朝陷入不利的环境做准备：工人可能会储蓄，农民可能会因预测价格下跌而出售农产品，银行家可能会收回贷款以应对存款人的挤兑。但对于政府来说，除了平衡预算，维持稳健货币，以及让商业顺其自然、逐步改善之外，外界对它并没有太高的奢望。1887年，美国总统格罗弗·克利夫兰（Grover Cleveland）否决了向饱受旱灾之苦的得克萨斯州农民发放谷物种子的1万美元拨款案。他表示："尽管民众供养着政府，但政府不该供养民众。"[1]

克利夫兰的教义仅存其文字躯壳，不再是盛行于某些政策制定圈子的精神实质。这个时代，要求政府介入的呼声此起彼伏。演讲者称自己是"进步主义的"，尽管他们志在追求的进步与商业周期的管理无关，而与纠正收入分配中所谓的"不公平"有关。到了1892年，平民党①要求超发货币，征收累进所得税，严格限制公司土地所有权，并将铁路、电话电报公司国有化。[2]到了1908年，尤金·德布兹②不懈要求建立一个工人阶级掌权而富豪阶层俯就（而非倒过来）的共和国。到了1910年，虽然西奥多·罗斯福（Theodore Roosevelt）没有公开承认自己是社会主义者，但他要求将"人类福利"凌驾于"财产权"之上。[3]

平民党人宣称："在政府不公正的同一个多产子宫里，我们孕育了两个主要阶级，即流浪汉和百万富翁。"当然，电气照明、内燃机及相关的奇迹减轻了劳动负担，把许多人从脏活、累活和极度贫困中解救了出来。但根据进步主义综合起来的控诉，富人的富裕前所未有，贫富差距之大也前所未有。[4]

---

① 平民党（Populist Party）是美国19世纪晚期的一个左翼农业民粹主义政党，于19世纪90年代初出现，在1896年提名民主党人威廉·詹宁斯·布赖恩（William Jennings Bryan）参加美国总统选举后垮台。——译者注

② 尤金·德布兹（Eugene Debs，1855—1926）是美国工会领袖，是国际工人联合会与世界产业工人联合会的创建者之一，被认为是美国最知名的社会主义者之一，在第一次世界大战期间因反战被判刑10年。——译者注

在1912年的总统选举中，德布兹以社会党人身份参选，赢得了6%的普选票，这是左翼候选人在之前或之后所有总统选举中的最佳表现。[5]当时，德布兹的得票数排在第四位。

威廉·霍华德·塔夫脱（William Howard Taft）是一位体重达300磅的共和党总统，在竞选中遵循"（一家）国民政府不能创造好时光"（但可以通过不明智的政策来创造坏时光）的教义，仅赢得犹他州和佛蒙特州两个州的支持。[6]当时，塔夫脱的得票数排在第三位。

西奥多·罗斯福之前脱离了共和党，鼓吹政府实际上可以有效实现塔夫脱所抗拒的那种改良，他承诺要"动用政府的全部力量"来抵制"一种不受管制的、纯粹个人主义的工业主义"。[7]当时，罗斯福的得票数排在第二位。

候选人伍德罗·威尔逊誓要驯服"托拉斯"，约束华尔街大银行，降低关税，并向富人征税，以弥补因进口关税减少而造成的收入损失。在击败意见分歧的共和党之后，威尔逊总统证明了自己会信守诺言。在任期第一年结束时，这位普林斯顿大学前校长给国民带来了所得税和（一家名义上去中心化的）中央银行。联邦政府再也不缺乏筹集资金的手段了。

1916年，在第一个任期结束时，威尔逊谋求连任。民主党政纲宣称，光从财政理由来讲，他就应该当选："我们陈旧过时的银行和货币体系在共和党政府统治下充满了恐慌和灾难，这个体系长久以来一直是货币托拉斯①的庇护所，它已经被《联邦储备法案》（Federal Reserve Act）取代，后者是一种处于政府控制下的真正信贷民主制，已被证明是屹立于世界危机中的坚固堡垒；我们的资源得到了充分调动，充足的信贷可供合法行业使用，货币恐慌再也不可能发生。”接着，民主党人还自夸道：“我们伟大的总统取得了辉煌的外交胜利，他保护了我们的政府及其公民的重要利益，还让我们远离了战争。”

1917年4月6日，这位总统在把美国带入战争之际，也给联邦政府的积极行动主义开辟了新的前景。华盛顿一面征兵一面敛税。1913年，在众议院就所得税提案进行辩论时，一位看起来极端狂热的进步主义者呼吁制定税率表，对100万美元以上收入设定最高68%的税率。《纽约时报》报道：“这项修正案当然被否决了。”《纽约时报》似乎对“边际税率”这种充满没收色彩的观念不屑一顾。[8]可到了1918年，美国财政部对100万美元以上收入适用的税率达到了77%。[9]威尔逊政府控制了商船、铁路、电话电报公司。它对原材料实行定量配给供应，并设定了价格和工资上限。它介入了劳资纠纷。它分配、征购和强制征收私有财产。它放宽了银行业规则，

① 货币托拉斯（money trust）这个概念背后的主要信念是，世界上大多数金融财富和政治权力可能被少数有权有势者控制。1913年，美国的普约委员会（Pujo Committee）在听证会上对此做了如下定义：“我们将货币托拉斯定义为几个金融领袖之间建立的身份和利益共同体，这个共同体是通过持股、连锁董事以及对银行、信托公司、铁路、公共服务和工业公司其他形式的支配，而被创造并结合在一起的，这导致了货币和信贷越来越集中和控制在少数人手中。”该报告总结说，一批有影响力的金融领袖（包括J. P. 摩根、乔治·F. 贝克和詹姆斯·斯蒂尔曼）已经控制了美国主要的制造业、运输业、采矿业、电信和金融市场。——译者注

从而鼓励了信贷扩张：1917年6月以后，一家纽约银行每持有1美元准备金，就可以比变革施行前多发放38.8%的贷款。[10]威尔逊催生了美国民粹主义者和社会主义者长期以来梦寐以求的积极行动主义政府。[11]

因此，1919年1月，美国劳工联合会秘书长弗兰克·莫里森（Frank Morrison）警告称，政府是战后拯救经济的唯一工具，如果没有联邦政府干预，那么“5月1日之前每个工业中心都会排起领面包的长队”。这时，他所传递的信息就不像战前那么令人震惊了。[12]人们平常更熟悉的是巴布森经济预测机构的宿命式论调，它预测“将有一段困难和萧条的时期”。“没法绕开它的，”该机构创始人罗杰·W. 巴布森（Roger W. Babson）说，“我们可以做好应对（战争）后果的准备，防止其化为灾难，但要阻止它是不可能的。”

起初，空头来袭似乎是千真万确的。在1918年11月11日停战后4周内，美国陆军部取消了当时60亿美元制造业合同中的25亿美元；[13]比较起来，25亿美元占到1918年国民生产总值的3.3%。[14]1919年1月，美国商品价格暴跌。以前生产供应难以跟上战争需求的钢铁厂，现在的开工率仅剩60%至65%。从停战协定到1919年5月，美国钢铁公司的订单减少了42%。自1907年恐慌以来，这家钢铁巨头还从未见过类似的景象。[15]

但无论是莫里森还是巴布森，都没有考虑长期受到压抑的美国消费者。在美国参战的一年半时间里，出于爱国主义而被延缓的购买活动，现在又活跃了起来。不管是否身处战争，美国人都一直开着他们的福特、雪佛兰和别克汽车（在这场表面上无趣的战争期间，汽油销量从未起伏过）。现在，和平降临，人们要求穿丝绸衬衫、开新汽车和找一点乐子。

欧洲消费者也在购买美国的产品，因为美国财政部由欧洲各国政府提供贷款，其消费能力得到了增强。在1914年欧洲爆发战争之前的5年里，美国平均每年的出口额达21亿美元。美国出口额在战争期间加速，在和平时期又再次飙升。到了1919年，这一数字接近80亿美元。[16]

厄运预言家几乎不敢相信自己的双眼。当然，他们推断，战后繁荣是种自相矛盾的说法。我们所需要的（正常来讲，也是不可避免的）是一场萧条。价格也和万事万物一样，有盛必有衰。消费价格在1916年上涨了11%，在1917年上涨了17%，在1918年上涨了18.6%，在1919年上涨了13.8%。[17]

物价飞涨是战时金融混乱的症状。巨额的公共借款以及为其提供便利的“放松银根”政策，可能是也可能不是必要的恶，但停战协定现在使之再也不必要了。当政府不再以摧残生命和破坏财产为目的印刷钞票时，当生产和传统银行业重新受人欢迎地出现时，快乐日子到来了，专家们承诺，物价肯定会掉头向下。

但当专家们重新考虑他们的预测时，物价恢复了上涨。1919年5月初，《商业和金融纪事报》向华尔街读者承认：“商人不再怯于购买。”不久，商人们开始放心大胆地购买。到1919年秋天，工厂已经满负荷运转，不出高价就难以获得原材料，交货日期也被延迟了一年之久。[18]到了圣诞节，《商业和金融纪事报》的专栏报道：

“消费明显超过了生产；美国部分地区所谓‘农神节’①购物的风气盛行；零售业的假期业务据说是有记载以来最多的。”[19]

就算这是纵情狂欢的农神节，1919年的通胀繁荣也是痛苦的，而不是幸福的。工资似乎跟不上物价的步伐，物价也跟不上成本的步伐。一双穿起来舒适的鞋，战前花3美元就能买到，现在却售价10美元或12美元。银行家们轻蔑地谈论缩水到“只剩一半价值的美元”。[20]养老金领取者、法官、教授（任何固定收入者）的生活水平都严重倒退。阶级和阶级对立，利益集团和利益集团对立。

特别是大通胀使劳方和资方之间、城市居民和农民之间、债权人和债务人之间、美联储和越来越多的财经评论家之间产生了对立。“高昂生活成本”（high cost of living）或者更适合做头条新闻的缩略语“H. C. L.”成了美国的热门话题。徘徊在这些经济冲突背景中的是欧洲革命的爆发和俄国共产主义的胜利。美国会不会是下一个爆发工人起义的国家？1919年9月18日，芝加哥劳工联合会资深会长约翰·菲茨帕特里克（John Fitzpatrick）发誓说：“我们要把美国的基础产业社会化。”[21]

劳方将愤怒发泄到资方身上。作为回应，资方也频频指控工会给暴力左翼分子打掩护。1919年，1/5的美国工人参加了罢工。这在当时是一个前所未闻的数字，此后也从未有工人罢工接近过这个数字。[22]美国最大一家工会——煤矿工人联合会发动罢工。25万钢铁工人对美国钢铁公司发动罢工。波士顿发生了警察罢工。发起罢工的还有机械师、室内装潢工、屠夫、造纸工、制鞋工、雨衣制

① 农神节就是现在的圣诞购物季。——译者注

造工、油田工人、码头工人、搅拌工人、金属抛光师、车务人员、侍应生、服装制造工、制模工、粮食处理员、牲畜驯养员、纺织工、衬裙工、缫丝工、锻造工、画匠、装玻璃工、黄铜匠、工具制造工、雪茄制造工、地铁工作人员、演员、木匠和印刷工。[23] 1919年9月，威尔逊总统开始了他运气不佳的全国巡回之旅，直接向民众陈述他支持国际联盟的理由，中途在哥伦布（俄亥俄州首府）发表了他的第一次演讲。令人失望的是，听众稀稀落落，似乎是因为哥伦布的电车司机罢工了。[24]

许多促使劳方和资方中断谈判以及发起（或遭到）罢工的怨恨是局部的、特定的。一个共性问题是工人实际收入因物价飞涨而减少，另一个共性问题是激进主义政治运动。

1917年11月，布尔什维克在俄国的胜利让美国左派激动无比。这是他们期盼已久的信号。1919年1月，美国历史上第一次总罢工让西雅图瘫痪了5天。是的，赤色分子、无政府主义者以及世界产业工人联合会会员（更广为人知的称呼是"摇摆者"）肯定承认，反动派阻止了人民的起义。但这是一场多么鼓舞人心的反抗啊！[25]

一位兴奋不已、备受鼓舞的准社会主义革命先锋，向美国当权派邮寄了30件邮包炸弹，以此来庆祝五一国际劳动节。由于邮资不足，大部分炸弹都没有寄到。革命者们不断受到鼓舞，不断融资，一而再，再而三地尝试。[26]他们的目标包括威尔逊的那位精力充沛、雄心勃勃的司法部部长A.米切尔·帕尔默（A. Mitchell Palmer）。

1919年6月2日深夜，一名袭击者往位于华盛顿特区的帕尔默家前门附近投了一颗炸弹。这个即将行刑的刽子手被自己的爆炸装置炸得粉碎（他似乎在抵达目标之前跌了一跤），帕尔默夫妇毫发无损。“阶级斗争正在进行，不会停止，除非国际无产阶级取得彻底胜利。”此话摘自投弹手还没有机会散发的数十本无政府主义小册子《明白易懂的话语》（*Plain Words*）。[27]

这样的国内暴力行为无助于改善劳资关系。谈判桌两边愤怒和恐惧的人们瞠目以对。[28]“我们在解决这个问题之前，可能会把某个人带给行刑队处决。”机车工程师兄弟会总会长沃伦·S. 斯通（Warren S. Stone）于1919年8月在众议院做证说。此时，众议院在审议一项将美国铁路国有化的法案。

1918年11月，40万名加入工会的烟煤矿工蔑视联邦法院禁令，举行了罢工。在战争期间，工会在约翰·L. 刘易斯（John L. Lewis）的领导下做出妥协，接受了经营者同意支付的工资。现在，矿工们要求加薪40%（他们的公开要求是60%，还要求将矿山国有化）。美国劳工部的数据显示，自1914年以来，印第安纳巴西矿区和伊利诺伊州帕纳矿区的生活成本上涨了近80%。一个典型的采矿家庭要将预算的37%用于购买食品，而食品的价格却在不停地飙升。

通用汽车公司成立于1908年，是美国的蓝筹股企业，其1918年的销售额为2.7亿美元，1919年的销售额为5.1亿美元；[29] 1918年的利润为1 500万美元，1919年的利润为6 000万美元；1918年的员工有49 118名，1919年的员工有85 980名。[30]底特律的繁荣是毋庸置疑的。

通用汽车公司以迸发的活力迎来了和平时期第一个整年，毕竞价格疾升。它涉足拖拉机行业，又投资冰箱行业，创立了通用汽车金融服务公司，还收购了费希博德公司（Fisher Body Corporation）。正是在1919年，通用汽车公司执行委员会批准建造了一座具有商业帝国风格的新总部，即杜兰特大楼。这座大楼以公司创始人比利·杜兰特（Billy Durant）的名字命名，它有15层楼、4座翼楼、1 700间办公室和30英亩①建筑面积。作为当时世界上规模最大的办公大楼，它耗资2 000万美元。

任何人都可以看出，当时的汽车工业领域仍处于“婴儿期”。1919年7月，一支由美国陆军车辆组成的机动车队从华盛顿特区出发，前往旧金山，以证明美国需要更多、更好的高速公路。这支车队由上尉德怀特·D. 艾森豪威尔（Dwight D. Eisenhower）等人率领，于1919年9月抵达目的地。在路况良好的高速公路上，车队以每小时近10英里②的速度前行。[31]

虽然通用汽车公司表面上生意红火，但公司高层承认，原材料确实短缺，而且（与经验、经济理论甚至常识相悖）价格上涨几乎看不到尽头。在这种心态下，公司各运营部门主管纷纷提出投入资金的申请，高级管理层养成了闭着眼睛批准的习惯。在执行委员会的一次会议上，通用汽车公司主要负责人批准了10 339 554美元未列入预算的支出。参加会议的小阿尔弗雷德·P. 斯隆（Alfred P. Sloan, Jr.）说：“这次会议并不特别，资本投资过度已成为常态。”[32]

哈里·杜鲁门（Harry Truman）是一位前陆军炮兵上尉，刚从

① 1英亩约等于4 046.86平方米。——译者注

② 1英里约等于1.6千米。——译者注

战场归来，决心做三件事。他放弃了务农，与贝丝·华莱士（Bess Wallace）结婚，在密苏里州堪萨斯城开了一家男装店。他接二连三完成了这些事，并和战时伙伴埃迪·雅各布森（Eddie Jacobson）合伙开店。

杜鲁门与雅各布森商店于1919年11月底在堪萨斯城第12街和巴尔的摩街东北角开业。商店地点极佳（属于黄金地段）。商店就在该市最大、最新的米尔巴赫酒店对面，而且资本似乎很充足。杜鲁门出资大约1.5万美元，其中大部分是他通过出售位于格兰德维尤镇（密苏里州）的杜鲁门家族农场的牲畜和机械筹集的。雅各布森拿出900～1 000美元。存货资金则由银行贷款来解决。

随着物价上涨，以及美联储以优惠利率向各家会员银行提供信贷，银行家个个急于放贷。银行家不必用花言巧语诱使消费者去借钱或消费，飞涨的物价意味着把钱花掉要比存起来好。此外，节衣缩食的战时岁月已经一去不复返了：人们要求最好的东西，也准备为此付钱。两位合伙人分发吸墨纸，上面附着一行归功于“一扫阴霾先生”[①]的时髦句子：“皱眉需要65块面部肌肉，而微笑只需要12块。为什么还要疲于加班呢？”上面还有这些口号：“以新的价格从我们这里购买男人的服饰，你会因为大幅降价而面带笑容，我们会因为营业额增长而面带笑容。这样我们就都不会劳累过度了。”

杜鲁门和雅各布森在第12街入口处用彩色瓷砖砌出他们的店名。两个人起早贪黑，早上8点开门，晚上9点关门，一周开业6天。他们出售衬衫、帽子、皮手套、皮带、内衣、袜子、领带

① “一扫阴霾先生”是一种名叫Dr. A. Gloom Chaser的鸡尾酒。——译者注

针、领带和可拆式衣领。如果顾客猜不出这两位店长1918年是在哪里度过的，那么他们的头脑也太迟钝了。最显眼的展品是一座4英尺[①]高的纪念杯，上面刻着“哈里上尉”，这是美国第129野战炮兵D连队小伙子们的礼物。

这里就是《第12街拉格》[②]中繁荣的堪萨斯城，年轻的顾客们挤入商店。收银机发出悦耳的声响，这其中也包括杜鲁门和雅各布森的收银机。如果他们的第一个雇员不是小偷的话，那么他们的收银机会有更多进账。埃迪·雅各布森回忆道：“第12街当时正处于鼎盛时期，我们的战友和第12街的年轻男女都是我们的顾客。当时，男士丝绸内衣和丝绸衬衫风靡一时。我们的一件衬衫卖16美元。”根据消费价格指数变化进行调整后，1919年16美元一件的衬衫相当于目前202美元一件的衬衫。的确，节衣缩食的日子结束了。[33]

通货膨胀愚弄了所有人，包括1 100英里以东一度以“保守”著称的国民城市银行（National City Bank），也就是花旗银行的前身。安全曾是花旗银行的典型特征，它迎合了那些“谨小慎微”的人士。1891年，一位困惑的联邦政府审计官报告说：“这些人竟然觉得，把他们的钱放在这家银行，要比放在政府债券里还安全一点。”这是詹姆斯·斯蒂尔曼时代的开始。斯蒂尔曼是银行业中

① 1英尺等于30.40厘米。——译者注

② 《第12街拉格》（Twelfth Street Rag）是尤代·路易斯·鲍曼（Euday Louis Bowman，1887—1949）在1914年创作的著名音乐作品。鲍曼在堪萨斯城红灯区当钢琴家期间，以城内街道为名创作了一系列拉格泰姆舞曲，而只有这首闻名于世，真正流传至今。——译者注

一位精通说“不”的艺术大师，他也会审慎地说“是”。到了1905年，花旗银行已成为美国最大的银行，其资产超过3亿美元，比排名第二的国民商业银行要多出27%。此外，花旗银行利润丰厚。

花旗银行并非一贯正确。在布尔什维克革命前夕，它开始创办俄国分支机构，吸纳俄国人的存款，并投资沙皇债券。1916年，斯蒂尔曼的门徒弗兰克·范德利普（Frank Vanderlip）宣称：“在美国以外的所有国家中，没有一个国家比俄国的前景更美好。”当胜利的共产主义者给这家银行上了主权政治风险的第一堂课时，花旗银行第二号人物范德利普丢了工作。没有了范德利普（斯蒂尔曼也于1918年去世）[34]，这家银行在失去舵手的情况下进入了1919年的繁荣时期。

疾升的价格让借款人和贷款人都蒙受了欺骗。为了给不断增加的库存提供资金，银行的顾客们争相申请贷款，而花旗银行也在有利可图地放贷。纽约联邦储备银行以4.75%的利率借钱给花旗银行，而花旗银行以5.6%的利率向其客户提供贷款。1919年下半年，花旗银行账面上的商业贷款额扩张了30%。

对于一家把办公室设在华尔街55号的银行来说，古巴似乎是一个业务前景特别看好的舞台。古巴最大宗出口商品粗糖的价格，从1918年秋天每磅4美分涨到了1920年春天每磅22美分。美国家庭主妇、威尔逊政府和花旗银行当时一致认为，糖价快涨到天上去了。

当范德利普尝试投身俄国业务时，花旗银行也毅然进入了古巴。1919年，这家银行组建了22家分行，提供了大量贷款给糖厂、铁路和其他基础设施，以保证更大规模的糖业生产，并最终大幅降低糖价。（这腔热情是富有感染力的：花旗银行的纽约邻居大通国民银行和担保信托公司也在古巴提供贷款。）到1920年6月，对古巴及其单一作物经济的风险敞口达到了7 900万美元，相当于花旗银行股本的80%。引述花旗银行自己编制的企业史："管理层在这种单一商品上下的赌注不谨慎到了愚蠢的程度。"[35]

华尔街巨人都会被价值的极度扭曲蒙蔽，难怪美国的农业经营者也一样遭到糊弄。他们以往从未流这么少的汗水，也从未赚这么多的钱。在战争期间，他们开垦了一块又一块土地。到了和平时期，他们也一点儿不减少种植面积。1919年的小麦种植面积达到了美国历史最高纪录，这个纪录维持到了第二次世界大战爆发前。拖拉机销量和农作物价格同步上涨。"机械力耕作"成为美国农村地区新角色（机械化农业商人）的座右铭。

1919年，美国农业生产收入创下了169亿美元新高，比战前67亿美元的平均水平高出至少152%。这个纪录也一直保持到了20世纪40年代。[36]由于有大把钱可花，农民们购买了种畜和拖拉机。1919年5月，一只名叫"拉格艾普大帝"（Rag Apple the Great）的纯种荷尔斯坦–弗里西亚公牛价格达到史无前例的12.5万美元。[37]

当时，牧养着像"拉格艾普大帝"这样血统高贵、身价非凡之物的土地也处于牛市中。随着农作物价格不断上涨，农业经营者和银行家推断，播撒种子的土地也该相应享有更高的资本化价值。1919年，艾奥瓦州玉米地的价格比战前平均价格涨了40%；到1920年，其比战前平均价格涨了70%。

乐观的农民通过借贷来扩张经营。一位该时期的农业历史学家记录道："大多数土地购买都至少做了一次抵押，有时甚至进行了第三次抵押，他们指望着在遥远的未来进行偿还。"土地、农作物和种畜价格上涨是这个时代的标志，农业抵押贷款的债务攀升亦然。艾奥瓦州农业委员会主席在1919年12月说："人们问我，你是否认为这片土地将来会保持现有的价格（每英亩200～500美元）。我说肯定会。终有一天，价格不会再往上走，但我认为它也跌不回去。"[38]

02

美国的法定货币

伍德罗·威尔逊总统的劳工部部长威廉·B. 威尔逊（William B. Wilson，并非总统亲戚）坚称，人人憎恶的高物价很快就会回落。[1]一旦战争结束，情况就会如此。但在1919年，物价并没有疲软，民众（更不用说他们在国会的共和党代表）要求采取行动来阻止本可媲美黄金的美元在购买力上的惊人贬值。

1919年夏天，威尔逊总统的心思尚在别处：欧洲未尽的媾和事业，未获批准的《凡尔赛条约》，以及决意挫败总统而将美国纳入国际联盟这一决心的共和党参议员。但就在此时，威尔逊总统终于意识到了高昂生活成本才是决定成败的政治问题，于是他召见了司法部部长帕尔默。1919年8月5日，在会见了上司之后，帕尔默在公共场合露面，向等候的白宫记者团发誓："司法部将动用美国各地的所有执法人员，对食品囤积者和大发横财的奸商穷追不舍，直至抓获。"[2]

如果想找出大通胀的成因，我们就应该始终着眼于华盛顿特区和其他交战国的首府，这样研究才会更有成效。正是政府导致了物价大幅上涨，也就是各国政府印刷的钞票太多，导致了货币贬值（通过更深入的分析，整幅景象更加清晰）。交战各国是靠负债来打仗的。它们花的钱比收的税多，而资金缺口就靠借债来弥补。在某种程度上，它们印了过多的钱，光靠从民众那里抽税或挪借储蓄无法获得这么多钱。极度缺钱的各国通过印钞机创造了购买手段，却并没有造出相应的物资供大家购买。更多的钱追逐同样数量的商品意味着物价上涨，而更多的钱追逐更少的商品供应（军工挤占了民用生产）意味着物价还要涨得更高。疯狂筹钱才是战后大通胀的症结，物价上涨只是症状罢了。但威尔逊总统不承认这一点。在他和帕尔默讲给人们听的故事中，贪婪才是问题所在。为了逐利的粗鄙愿望，食品商们不让蛋、肉、黄油和食糖入市。他们没多久便以更高的价格出售，以期获得暴利。当局认为，他们这样做是违法的。战时管制将某些类型的商品囤积定为犯罪。“囤积居奇”成了这种本来很常规的商业行为的污名词。由于美国还没有签署和平条约来正式结束战争，紧急状态法规仍然有效。

在1912年总统竞选中，威尔逊将温和得多的通货膨胀归咎于所谓漫天要价的商人。他责怪说：“高昂生活成本是有人沆瀣一气、暗地操纵的结果。”[3]到了1919年8月，他重复了这一指控。他质问道，在过去12个月里，鸡蛋供应量增长了10%，为什么鸡蛋的批发价格却上涨了1/3，直抵40美分一打？他宣告，政府在适当的时候应有权对从事州际贸易的公司实施许可控制，以防在生产和销售中产生“昧着良心”的利润。但这项工作要留给未来的某个开明时代。此时此刻，战时食品控制法仍然有效。它的反囤积条款应得到扩充，直到囊括所有的生活必需品。作为某种示范工程，威尔逊总统要求国会严厉惩罚哥伦比亚特区的囤积者和暴发户，因为在那里，国会的“立法权是没有限制的”。

如果对通胀症结有更好的诊断，那么威尔逊会在从事借钱的部门（也就是财政部）和人为替财政部提供较低借款利率的美联储身上寻求解药。相反，威尔逊总统选择了司法部。为了羞辱那些索价高于政府认可的“公平”价格的商人，司法部部长帕尔默恢复了联邦食品价格管理的一支战时团队。为了曝光人民公敌隐匿的食物，他组织了几支联邦侦缉队。1919年8月16日，帕尔默的手下宣布在底特律市和纳什维尔市缉获了数百万枚鸡蛋，在俄亥俄州坎顿镇缉获了20万磅糖。此后，政府对嫌疑奸商食品仓库的搜查持续了数周，遭扣押的商品包括各种美食、腌肉、鲑鱼和猪耳。一旦受惩奸商同意在联邦政府官员监视下以“合理”价格出售这些物品，政府就会随时将这些物品归还给它们的主人。

帕尔默传记的作者斯坦利·科本（Stanley Coben）说，这位司法部部长非常清楚1919年和1920年早期的通货膨胀是世界性问题，而不光是美国的问题。1919—1920年，各国商品批发价格都上涨了，澳大利亚的涨幅为21.1%，英国的涨幅为20.4%，法国的涨幅为42.9%，日本的涨幅为9.7%。[4]帕尔默发话说：“我就是那种相信大部分高昂生活成本源于商人当中的害群之马充分利用其他一切条件牟利的人之一。如果我们能够抓几个炒作者并将其作为典型，同时广泛宣传这样的奸猾之徒逃不出惩罚的事实，未来这个国家发不义之财的取向就会减弱一些。”[5]

1919年，“战前”一词让人联想起那无力挽回的太平盛世，但也存在争议，尤其在货币事务方面。在美国，1873年至1896年长达一代人的物价下跌引发了一场政治运动：要求价值更低、数量更多的货币。他们大声疾呼，给我们银币吧！威廉·詹宁斯·布赖恩是一位来自内布拉斯加州的演说家，呼喊得最持久、最激昂。1896年，布赖恩以民主党人身份参加总统竞选，得票数最终屈居于支持金本位的共和党人威廉·麦金莱（William McKinley）之后，排在第二。至此，货币问题在政治上得到了解决。1900年通过的《金本位法》确立了黄金单独（而不是黄金和白银共同）成为美国官方货币金属的地位，那次选举结果在联邦法典中留下了难以磨灭的印记。

然而，事实站在麦金莱一边。19世纪最后25年，物价下跌，但不是因为缺乏货币或信用。这两者的确都不缺。1860—1891年，商品批发价格下降了58%，而流通中的货币却增加了344%，纽约市票据清算上升了471%。当货币存量上升时，货币在人们手中的流动速度也变得更快。[6]

19世纪最后35年物价下跌的根源，确切地说是企业和发明的极度繁荣。技术进步极大地降低了生产成本。随着成本下降，物价开始下降，工资也跟着下降，尽管工资下降速度赶不上物价下降速度。1865—1900年，非农业雇员的平均实际工资增长了75%。[7]

然后，物价开始扭头向上。1896—1914年，商品零售价格以年均不下2%的速度增长。久而久之，21世纪的消费者习惯了生活成本节节攀升（或工资购买力步步下跌）。可在20世纪早期，人们并没形成这样的预期。对于某个年龄段的购物者来说，他们需要花一些时间来适应物价的上涨。

这是一种没有明显原因的通货膨胀。至少，一位21世纪的经济学家在不受驱使的情况下是不会去考虑这个原因的。联邦预算并不总有盈余，但赤字年份是例外（1865年后，分别为1894—1899年、1904—1905年、1908—1910年、1913—1915年 和1917—1919年）。美国货币当局也没有粗糙地采取任何印刷钞票的奇思异想。事实上，直到1914年美联储开张之前，根本就没有这样的机构（除了在1907年恐慌期间，美国财政部承担了一些中央银行的职责）。

在战前岁月里，黄金是美国的法定货币。人们会从口袋里掏出一枚20美元金币，砰的一声扣在柜台上。这枚钱币铿锵作响、震撼人心，因此就有了这个说法："带响"（sound，双关语，也指稳健）的货币。更有可能的是，购物者会从自己的钱包里掏出一张纸币，因为纸币比金币更方便携带。这些纸币包括国民银行券、银券、国债债券，一旦美联储启动并开始运转，纸币还包括联邦储备券，更别提用于从银行账户提款的支票了。它们是看得见、摸得着的纸币，但每一种纸币最终都可以根据持有者意愿兑换成黄金。金币本身占到1913年美国流通货币供应量的16%。

在金本位制度下，货币的价值不是来自政府烙下的印记，而是来自这种金属固有的价值。在法律上，1美元被定义为黄金的重量，即23.22格令纯金。因为每盎司折合480格令，所以每盎司黄金的美元就用480除以23.22，即20.67美元来表示。在全世界（也就是“文明”世界），随着有钱人喜爱彰显身价，黄金也是最优秀的货币。没有哪个国家的黄金比另一个国家的黄金更好。没有哪个国家的货币享有比另一个国家的货币更大的特权。

货币流向有利于它的地方。如果美国的利率比欧洲的更有吸引力，法国的黄金就会被运往纽约。在那里，人们将这种金属转换成美元，并投资于债券或商业票据。资金涌入会将美国的利率压低至欧洲的水平。随着运送黄金激励的消失，流向纽约的黄金就会停止。

不然，如果美国的利率降至全球利润水平以下，海外各国的美元持有者就会把这些美国纸钞兑换成黄金，并将金币、金条和金锭运回自己的国家。这种黄金外流会提高美国的利率，而利率会一直涨到黄金外流停止的那一刻。

大量黄金涌入往往会导致通货膨胀，它扩大了货币供应。黄金外流往往会导致通货紧缩，它收缩了货币供应。自然趋势就是如此。实物黄金的涌入如果碰到需求增加，可能就不会带来通胀效应。实物黄金的流出也是如此。仅仅靠货币数量本身并不能自动决定什么。

在极端情况下，即使没有蓄意的政治管理，黄金的获得和流失也会发生逆转。当一国物价居高不下时，黄金就将停止进入该国。或者，当一国物价低得诱人时，黄金就将停止逃离该国。

因此，贸易和收支方面的“失衡”不会持续太久。如果消费多于生产，那么一个国家最终会出现黄金短缺。正如一位当代经济学家对金本位制的“同步机制”所描述的那样，由此造成的对货币和信贷的压力“将有助于降低物价水平和扩大出口贸易”。[8]该体系几乎得到了发达经济体的普遍认可，引用20世纪货币历史学家阿瑟·I. 布卢姆菲尔德（Arthur I. Bloomfield）的话说：“一旦采用金本位制，只有极少数国家会被迫放弃它，黄金货币贬值的现象是极其罕见的。”[9]

在利率设定和货币流动方面，中央银行扮演了一个配角。它们很少雇用经济学家，也很少参与“宏观经济管理”。为了吸引或排斥黄金，它们调整了受自己控制的利率。或者，就如法国的情况一样，法国调整了准备用于兑换纸币的金币大小和质量。其主要工作是以合法兑换率将黄金兑成纸币，反之亦然。在危机时期，中央银行高息贷款给有偿付能力的银行，只接受优良的抵押品。除了极少数例外，“救助”是闻所未闻的。在伦敦，1866年欧沃伦格尼银行（Overend Gurney）和1890年巴林兄弟银行（Baring Brothers）的倒闭，促使英格兰银行伸出了援手，但不是从纳税人那里掏钱（尽管该银行是一家准公共机构，但它归投资者所有）。“名人中央银行行长”出现的日子仍然要等到未来。

在1918年停战协定签订4年之后，约翰·梅纳德·凯恩斯满怀眷恋地回顾了那次枪击事件①开始前的货币安排。他在《曼彻斯特卫报》上写道：“要是能重新实行金本位就好了，我们都认为，这种改革将促进贸易和生产，还将刺激国际信用，并鼓励资本向最

① 那次枪击事件是指发生于1914年6月28日的萨拉热窝枪击事件，奥匈帝国皇位继承人斐迪南大公夫妇被塞尔维亚民族主义者枪杀，这成了第一次世界大战的导火索。——译者注

能得到有效利用的领域转移。最大的不确定性因素之一将会受到抑制。”[10]

显然，金本位制并不比人类的任何其他发明更完美，但它难道不是人类社会有史以来缺陷最少的货币体系吗？耶鲁大学声名显赫的政治经济学教授欧文·费雪（Irving Fisher）不准备承认这一点。他毫不怀疑，人的智慧（比如他的智慧）能够策划出更优越的制度。

费雪是个极少疑虑且精力充沛的人。他提倡公共卫生（凭着自身结核病幸存者的权威）、禁酒、普通股、优生学、素食养生、印度冥想以及政府的经济管理。一家开明的中央银行可以通过控制货币存量来抵消景气–萧条波动，他差不多就是这么建议的。

费雪拒绝了布赖恩主义者①争取银美元的运动，但他并不否认货币数量是决定物价和工资的最重要因素。他也不像同时代的其他人那样，对信贷和商业的周期抱持宿命论。

费雪表示，稳定才是关键。物价水平应该不涨也不跌，维持不变就好了。对债务人和债权人的不偏不倚要求能够做到这一点。开明的中央银行行长应该实现这一目标。费雪在1906年宣称，自由放任的时代已经结束了。[11]

这可不光是某位大学教授在构建理论。英国的阿尔弗雷德·马歇尔（Alfred Marshall）和法国的莱昂·瓦尔拉斯（Leon Walras）等著名经济学家都盛赞费雪是个天才。在更晚的时代，美

① 布赖恩主义者是20世纪末美国政治家威廉·詹宁斯·布赖恩的拥护者以及民主党民粹主义派别中的主导力量。——译者注

国经济学家保罗·萨缪尔森还对他不吝颂词。我们从费雪那炯炯有神的目光中就绝对可以看出，他是个特别聪明的人。

费雪可以接受美元价值相对黄金稳定这个自明之理，必然如此，因为美元的定义就是黄金的重量。但这种数学等式并不能提供真正的稳定性。相对于黄金，商品价格显然并不稳定。物价在19世纪最后25年的大部分时间里都在下滑，在进入20世纪后的那段时间才开始上行。不断下跌的物价是对债权人的慷慨，而不断上涨的物价给债务人带去了好处。

费雪提出，如果美元的黄金重量能够定期调整，以反映收银台上黄金购买力的变化，那该有多好。他敦促将金币从流通中退出——它们不过是些“名目”（token，符号）而已。他认为，让经济技术官僚精心筹划以确保持续调整，可以保持恒定不变的购买力。费雪写道：“我们现在拥有的是重量不变、购买力变化的金美元，可我们需要的是购买力不变、重量变化的美元。”我们没有必要依赖黄金的非人格化流动反复平衡国民经济。经济学家完全可以做得更好。[12]

1913年，在美国经济协会第25届年会上，费雪的这个想法受到了与会者的尊重与聆听。他期待着在1914年召开的以“高昂生活成本”为议题的国际会议上，再次说服同行彻底改变观点。恰好战争爆发，会议也取消了。生活成本以1913年学术圆桌会议与会者几乎意想不到的方式急剧地上涨。

费雪的注意力过于集中在20世纪初的温和通胀（以及之前19世纪后期的温和通缩），这似乎使他本人忽视了黄金购买力那相当显著的长期稳定性。费雪去世后很久才发表的一份研究报告显示，1盎司黄金可以在1930年购买到接近于1650年的同样一篮子商品。[13]费雪对此显然会张口结舌，他常常说地毯本位（或者鸡蛋本位）可以运转得和金本位一样好。

当然，即使是费雪，也无法想象一个本质上不是以黄金为基础的货币体系。黄金是自然界本身的货币材料：稀缺、匀质、可延展、耐用、坚不可摧，而且外表美观。看着它，无论谁都能明白那就是钱。至于金本位，这种货币制度将共同采用金本位制的各个国家的收入和成本结构紧密地结合在一起。随着这种货币制度变得盛行，贸易和资本的无摩擦跨国界流动也开始蓬勃发展。

1913年，这位经济学家就他的货币改良计划向经济学家同人承认："的确，关于尽早采用对美元标准化的任何计划的可能性，我不抱什么幻想。这可能需要几个世纪的时间，但我希望当前这一代经济学家无论怎样都要彻底弄清这个问题，打好基础。"[14]实际上，要彻底改革世界货币和银行机构，费雪需要等的不是几个世纪，而仅仅是几年。战争对国际金本位的处置是如此干净利落，就像它对沙皇俄国所干的那样。

但在洪水来袭之前，一切都井井有条。英国金融记者哈特利·威瑟斯（Hartley Withers）选择用"完美"这个词来描述伦敦金融城在金本位制和私人信贷管理下的金融运行模式。自1878年格拉斯哥市银行倒闭以来，还没有一家英国大银行倒闭，他还预测，也没有哪一家银行在不久的将来可能倒闭。威瑟斯在1909年宣称："好的银行业不是由好的法律带来的，而是由好的银行家带来的。”系统实际上是自我管理的。[15]该系统实际上有办法自我管理。

威瑟斯接着说，美国有足够多的法律，包括这个看似无懈可击的规定：国家特许存款机构必须留出最低限度的现金，以预防可能发生的挤兑。然而，在1907年恐慌中，机构仍然发生了令人窒息的存款挤兑。也许美国缺少优秀的银行家。

银行家无论好坏，无论平庸与否，都是各种承诺中的交易者。银行家接受（自己许下承诺兑付的）存款，并用这些存款贷款或购买（债务人许下承诺赎回的）债券。在银行资产负债表上，存款过去是负债，现在也是。贷款和有价证券是资产。

流动资产是指可以立刻转化为现金的资产，或者更好的说法是，能够自我转化为现金的资产。一笔商业贷款（比如一笔以在途的制成品为担保的90天信贷）本质上是具有流动性的（易变为现金）。固定资产抵押贷款（比如以农场、房屋或仓库为抵押的5年期贷款）本质上是缺乏流动性的（不易变为现金）。优质的商业贷款确实是“自我清算”的，因为如果担保品适销对路，并且能迅速转化为现款，那么多半会有人前来买下这些东西，从而提供清偿借贷的现金。而固定资产抵押贷款则无法提供这样的现金来源。有人很可能（或最终）会出价买下这座仓库，但我们不能假设贷款一到期就随时达成交易。

银行家为什么这么看重流动性呢？因为存款人可能会要求取回他们的钱。银行家接受资金委托，挪给自己使用。银行家拿这些钱去投资，或者借给别人。因此，银行家过去是一种诡术师

（juggler），现在也是。为了满足储户，银行家必须保持流动性（尤其是在1933年《联邦存款保险法案》颁布之前）。但银行家要想赚钱，除了把存款人的金钱堆积在保险库里，还必须对储户的钱做点什么。美国人和他们的英国同胞一样，都知道银行的基本原理，然而大约每隔10年，美国金融体系就会陷入恐慌。

也许问题就在于美国银行的数量和种类。美国银行包括国家特许银行、州特许银行、储蓄银行和信托公司，截至1909年4月28日，共有22 491家。[16]不同类型的存款机构接受不同的监管。国家特许银行由联邦政府监管，州特许银行由各州监管。国家特许银行发行自己的美元钞票，一美元钞票由一美元美国国债做支撑（税法规定这样的州特许银行赚不到钱）。一家国家特许银行发行的钞票与另一家的十分相似，但每一张都有发行机构的印章。一位纽约人可能会携带印有“第一国民银行”、“国民城市银行”（花旗银行）或“国民商业银行”字样的普通绿色美钞。批评者指责这些安排“缺乏弹性”——货币数量与可依托的美国国债的数量挂钩。国会倾向于平衡预算，故财政部发行的债券少得可怜。假如货币需求增加（就好比在秋收季节或金融恐慌期间那样），这样的需求就会碰到缺少变化的供给。

当时，改革者对美国金融业的控诉仍在继续，银行和银行资产集中在大城市，尤其是纽约。在1912年美国总统竞选活动中，威尔逊宣称有个“货币托拉斯”统治着华尔街，也就是有十来个任性妄为的有权势者，盘踞在这个垄断结构的顶端。弗吉尼亚州民主党众议员卡特·格拉斯（Carter Glass）表示赞同，他制订了特别的计划，要给美国银行和货币来个“彻底翻修”。为应对金融恐慌或信用紧缩而储备的美元，很可能会在华尔街寻找刺激，而不是安睡于保险库中，或从事为国家贸易或农业融资的诚实工作。

1913年10月，这位弗吉尼亚人在纽约怒斥他的批评者：“根据现行法律，我们允许银行按照金字塔的形状在信用之上扩张信用，并将这些信用称为储备。这是用词不当，这些钱不是储备。当金融恐慌来临时，乡村银行一旦想要索回自己的钱，以便偿还债权人，就会发现这些钱全都被拿去股市赌博了。付款暂停，整个系统在压力下崩溃，从而引起广泛的紊乱，带来几乎不可想象的损害。这项法案的公开目的就是要消除这一弊端，从人满为患的货币中心取走乡下的储备金，并使这些钱在其乡村银行所属的各个地区随时满足商业用途。”[17]

“这项法案”指的就是《联邦储备法案》。其开篇序言即阐明，这是“一项旨在建立联邦储备银行、提供弹性货币、提供再贴现商业票据手段、为美国的银行业建立更有效的监管以及其他目的”的法案。该法案创始者，即好的民主党人，希望自己的创造物有明确的政治地位。它不会行使安德鲁·杰克逊（Andrew Jackson）和更早以前的托马斯·杰斐逊（Thomas Jefferson）对各自中央银行（两家的名称都是“美国银行”）所谴责过的那种对宪法构成威胁的中央集权。①因此，首先，美联储将是分权式的。美联储制定利率的

① 美国国会于1791年、1816年特许两家国家银行（美国第一银行、美国第二银行）经营，它们扮演的都是中央银行角色，期限都是20年，因遭到激烈反对，其营业授权都未能得到延长。自1836年开始将近77年的时间，美国没有中央银行。——译者注

权力将分散在12家地区储备银行中，而不是华盛顿的联邦储备委员会强加的。

1913年12月23日，威尔逊总统将自己的名字签署在了一项温和（以21世纪标准来衡量，则近乎保守）的法案上。他用了一支金笔，因为改革者们坚信美元仍将和黄金一样坚挺。尽管美联储是在摧毁了威瑟斯完美金融世界的战争前夕诞生的，但它还是带有经典金本位制的思想印记。

我们应注意这个新创造物和什么无关。各家储备银行最初的职责没有包括稳定物价水平、促进充分就业、消除商业周期、购买美国国债或替经济增长添加动力。

人们也不指望美联储会创造信贷。黄金是货币，信用是支付货币的承诺。信用的主要来源是商业交易。交易一方会对另一方说："我将在90天内付款给你。"双方把意图记录在一份法律证书，也就是一张商业票据上。一家银行可以凭这张票据贷款。"贴现"以往是（现在仍然是）用来描述这种授信的专门术语。也就是说，银行对每1美元预付不到100美分。票面价值的折扣率表示其所承担的利息率。

商业银行会为客户贴现票据。同样，美联储会为客户"再贴现"票据，这些客户就是国家特许银行，它们别无选择，只能加入这个体系。美联储［当时还没有人称其为Fed（联邦储备体系的非正式称呼）］会向那些希望将其稳健的、可迅速变现的贷款转换为现金的银行放贷。

因此，当反对者抨击美联储酝酿中的新货币联邦储备券是

“菲亚特”（fiat，不可兑现法定货币）时，美联储的立法设计师们怒不可遏。他们反驳道：“绝对不是。”它和黄金一样好，因为它可以转换成黄金。甚至，它要优于黄金，因为除了贵金属之外，它还由一流的银行资产和国家特许商业银行的信用充当“压舱石”：除了金腰带以外，还有两条吊裤带。

美联储不会对市场发号施令，而是对市场起引领作用。美联储将通过再贴现技术被动操作，而不是通过主动买入或卖出证券来扩大或收缩通过交易渠道循环流动的资金（这种方法被称为“公开市场操作”，在目前得到了广泛使用）。美联储将满足社会的需求，而非决定这些需求的内容应该是什么。

这一项法案很能取悦银行家。它放宽了以往对房地产贷款的禁令，降低了银行的存款准备金率。根据美国内战时期的《国民银行法》，从1美元中必须拿出25美分出来闲置，这是一项与花旗银行这样的大银行有关的法律；现在只需从1美元中拿出18美分就可以了。总之，花旗银行喜欢货币改革的模样。另一项受到花旗银行欢迎的创新就是允许它开设国外分支机构。威尔逊政府本打算剪断华尔街巨头的翅膀，结果却让它们展翅飞得更高了。[18]

《联邦储备法案》的通过在政治上已成定局，1913年12月13日，纽约共和党人伊莱休·鲁特（Elihu Root）在参议院站出来谴责这项法案。针对民主党人关于美国将成为接受“弹性”货币幸运儿的这个说法，鲁特进行了反驳：倒不如说美国得到了“扩张性”货币——只增长不收缩。随着多余美钞数量的增加，通货膨胀的进程将会长久地延续下去。他表示：“随着美国政府永不枯竭的蓄水池释放出了低息货币，销售增加了，生意扩大了，更多新企业开张了，乐观的情绪在整个社会弥漫。银行家不能免受影响，他们都是人；联邦储备委员会的成员也不能免受影响，他们也都是人。全世界的乐观情绪日益高涨。人人都在赚钱。人人都在变富。"——直到繁荣破灭、让位给萧条为止。

"先生，这不是无凭无据的空想，"鲁特继续说，"这就是自世界商业开始以来每一次通货膨胀运动的历史，也是美国许多时期的历史。在1837年、1857年、1873年、1893年和1907年恐慌之前，它们在不同程度上都是这样的。为了描述这一普遍进程之后崩溃的原因，经济运行研究者发展的准确理论表述就是，当信用超出了这个国家的合理需求时，通货会遭到怀疑，而黄金会离开这个国家。"

1913年12月24日版的《纽约时报》对美国《联邦储备法案》签署的补充新闻报道，是来自联合雪茄商店公司的贺词。新立法是赠予美国的圣诞礼物。事实上，它将与《独立宣言》一起在美国书面文件的"万神殿"中占据一席之地。美国终于摆脱了恐慌。[19]

03

战时的货币

在抨击《联邦储备法案》的演讲中，伊莱休·鲁特向信孚银行（Bankers Trust）的资深副行长寻求专业上的帮助。这位银行家顾问本杰明·斯特朗（Benjamin Strong）对拟议中的联邦货币机构深感忧虑。

无论政府怎样插手货币事务，都让斯特朗在华尔街的一些同僚感到憎恶。而斯特朗想要的是一家真正的中央银行，而不是作为权宜之计的分权式系统。斯特朗还表示，这项法案把太多权力赋予了政治任命的官员，而给银行家的权力太少，毕竟银行家拥有12家储备银行的股份并对其进行管理（他们真正对银行业有些了解）。最后，也是最令人担忧的是，该法案规定，联邦储备券将成为美国政府和储备银行的债务。

这里有一个微妙的问题。“券”是一种载明债务的证券，即欠条。联邦储备券可不仅仅是一张纸，这是一种只要持有者愿意就必须向其支付黄金的长期承诺。斯特朗十分清楚这项法案起草者的意

图：纸券可以兑换成黄金，作为依托的不仅有黄金，还有健全的银行资产（比如自偿性的商业票据）。那么，为什么还有必要再把政府信用加上去呢？在威尔逊签署这一令人反感的议案几周之前，斯特朗就提出了反对意见："这是一个临时回到'绿背纸币主义'[①]和不可兑现法定货币的异端邪说。"可不到一年，这位吹毛求疵的银行家接受了纽约联邦储备银行行长的职位，这是新体系中最重要的职位。澄清一下，"president"是21世纪一家地区性联邦储备银行行长的头衔。当时的名称是"governor"，让人感到迷糊的是，同样的头衔被授予了华盛顿的联邦储备委员会主席。因此，斯特朗和威廉·普罗克特·古尔德·哈丁（William Proctor Gould Harding，以下简称W. P. G. 哈丁）都被称为"governor"。

斯特朗不仅仅是信孚银行副行长，还娶了行长的女儿（这是他的第二次婚姻），一度履行了行长的职责。这位副行长实际上是有实无名的首席执行官，副行长这个头衔本身是他在1914年获得的。在40岁出头的时候，斯特朗不仅相貌看起来有点像J. P. 摩根，而且和J. P. 摩根有着密切的金融利益往来。斯特朗鼻子长得像J. P. 摩根，这是他脸上主要的"地形特征"。斯特朗的眼睛也酷像J. P. 摩根，大胆而锐利。斯特朗的传记作者莱斯特·V. 钱德勒（Lester V. Chandler）写道："端详过他的脸后，你就不难相信，他之所以会冷酷无情地把信孚银行高级职员的重要文件丢进废纸篓里，

① 绿背纸币主义（Greenbackism）是19世纪70年代兴起的一个运动，这个运动支持美国内战期间及之后短暂时期由北方发行的不以黄金为依托的纸币，该纸币通常被称为"绿背纸币"。——译者注

就是因为这些职员两次无视斯特朗要他们在下班回家前清理桌面的指示。”[1]

1872年，这位喜欢桌面整洁的人出生于纽约州的菲什基尔镇。他的第一位姓斯特朗的美国祖先是一位清教徒神父。1630年，这位18岁的祖先抵达马萨诸塞湾。斯特朗的一位曾祖父在美国财政部任职，是亚历山大·汉密尔顿的第一位职员，协助建立了海员储蓄银行。长老会信仰和慈善事业是不断扩大的家族树上结出的共同果实。但斯特朗家族在菲什基尔镇是相当贫困的。等到年轻的本杰明·斯特朗要上大学时（他下定决心要上普林斯顿大学），他不得不找份工作，他找的工作就在华尔街。

斯特朗的外表接连吸引了好几位雇主，他当普通职员的时间并不长。1904年，他被新成立的信孚银行任命为秘书。亨利·P. 戴维森（Henry P. Davison）是这家银行的创始人，也是斯特朗在新泽西州恩格尔伍德镇的邻居，他雇用了斯特朗。第二年，斯特朗的第一任妻子自杀了，给他留下了4个孩子，两男两女；不久，他的大女儿也去世了。剩下的孩子搬去和戴维森一家生活，按照莱斯特·V. 钱德勒的说法，“斯特朗更加全身心地投入工作中去了”。[2]

1907年，恐慌来临，戴维森被派去管理救助银行的工作，尽管这些银行可能缺乏流动性，但并没有破产。戴维森转而委托斯特朗进行分析。就好像牧羊人辨别绵羊和山羊一般，斯特朗将流动性不足的银行和无力偿债的银行区分开来。对于斯特朗和以稳健著称的信孚银行来说，这是一场非常有利的恐慌。

然而，1907年，事实上起到“最后贷款人”作用的那些人一致同意，是时候让美国金融有能力抵御恐慌了。这一决心产生了1908年的《奥尔德里奇–弗里兰法案》(Aldrich-Vreeland Act)。该法案授权财政部在紧急情况下发行以美国政府证券以外的资产做抵押的货币。这是一种缓解恐慌的方法，而不是预防恐慌的方法。纽约金融业的头面人物认为，最好建立一家效仿英格兰银行或德意志帝国银行的中央银行。1910年11月，顶级金融家在佐治亚州杰基尔岛举行了秘密会议，谋划必要的政治和金融步骤，以创建这样一家机构。斯特朗也在与会人士之中。

但当这样一家机构（有实无名的中央银行）在1913年圣诞节期间从立法机关的“制香肠机”①中出现时，斯特朗坚持他的主要反对意见。如果美联储的钞票像黄金一样好，甚至更好，那么我们何必需要财政部给它们提供支持呢？杰基尔岛秘密会议的另一名与会者且被任命为美联储理事的保罗·沃伯格（Paul Warburg）一直在努力规劝斯特朗，如果机会奔他而来，他就应该接受纽约联邦储备银行行长一职。但斯特朗当时仍持反对意见：“我坚决反对美国政府向联邦储备银行发行钞票以提供自身的信誉。”他在1914年8月写给沃伯格：“也许有一天，这会给我们政府的信誉带来灾难。”[3]在沃伯格和戴维森的劝说下，斯特朗软化了自己的反对态度。他们邀请斯特朗到乡下待了一个星期，并竭尽全力地说服他。[4]于是，这位昔日的信孚银行行长就告别了他众多的私人事业（包括对他祖先任过职的机构海员储蓄银行的托管），出任纽约联邦储备银行首

① 制香肠机（sausage-making machinery）形容过程丑陋肮脏，最好眼不见为净。——译者注

任行长。这一天是1914年10月5日，也是欧洲战争爆发后第二个月。

这场战争突如其来。从全球股市走势来看，就连那些金融史上的关键人物也没有预见它的到来。纽约证券交易所总裁H. G. S. 诺布尔（H. G. S. Noble）证实："直到欧洲各国政府互相发出最后通牒之前的一刻，没有人会想到，一切让我们引以为傲的文明纽带会在一夜之间崩裂，把我们拽回中世纪的野蛮状态。"[5]随着不可能的事态继续发展，交战双方都放弃了金本位制，宣布暂停偿还债务，并关闭了证券交易所。货币也是一种战争物资，就像服兵役的适龄男性一样，被交战各国征用。人类已知缺陷最少的货币体系成了最早一批受害者之一。

中立的美国远离战火，但美国股票和债券并不仅仅是美国公民的财产。1914年7月，欧洲人持有70亿美元美国证券，而美国公民只持有10亿美元欧洲证券。[6]纽约市在1910年跨越大西洋发行了一批债券，现在这座城市本身欠下欧洲债权人8 000万美元。如果渴求黄金的欧洲人突然拥向纽约，把他们以美元计价的债权换成金条，那么这到底会发生什么呢？华尔街银行家们伤透了脑筋，夜不能寐。[7]

从1914年7月28日开始，全世界的证券交易所相继关闭，如蒙特利尔、马德里、维也纳、布达佩斯、安特卫普、柏林、罗马、巴黎、圣彼得堡，直到7月31日，连历史悠久的伦敦证券交易所也史无前例地无限期暂停交易。伦敦当局认为，与其让市场传播令人沮丧的信息，还不如不让大家了解英国证券在战争中缩水的价值；与其允许外国人（也许其中有同盟国的间谍）抛售在伦敦上市的股票，还不如不允许任何人进行交易。[8]

但在布罗德街和华尔街的拐角处，管理当局决心继续开门营业。纽约证券交易所在其122年的历史上，只有两次因为金融不可抗力停止营业，其中一次是1873年恐慌期间停市10天，还有一次是1901年“北太平洋买断”①时期停市1天。[9]当时，美国股价估值合理，给了市场观察人士一些信心。事实上，悲观是风暴爆发前的主流情绪，尽管这似乎并不是因为欧洲战争有任何迫在眉睫的迹象。相反，买卖双方达成共同判断，即威尔逊政府的政策是劣药一服。[10]

1914年7月30日，美国股价暴跌6.9%，这使纽约证券交易所的元老们有些不敢掉以轻心。1914年7月31日周五一早，有消息称，伦敦证券交易所已经关闭，欧洲大陆的金融结算被无限期暂停，英格兰银行将贴现率翻了一倍，达到了8%。关于伦敦证券交易所关闭一事，《纽约时报》头条文章“100家濒临破产的公司发出呼吁，迫使理事们采取行动”不得不和纽约证券交易所会员公司合伙人以最直率的方式对话。1914年7月31日，就在预定上午10点开盘的那一刻之前，许多上流人士来到了诺布尔位于纽约证券交易所6楼的办公室。在那里，他们发现理事会正在举行临时会议。议程的唯一内容是该不该敲响开市钟声。大多数理事都是证券交易所会员公司的高级合伙人。如果市场崩溃，他们的银行和经纪行中

① 北太平洋买断（Northern Pacific Corner）也称1901年大恐慌，是一场发生在美国长达3周的金融危机，始于1901年10月中旬的一次股票市场崩盘，部分原因是铁路业和金融业大亨对北太平洋铁路财务控制权的争夺。——译者注

有不少就极可能破产。由于身处合伙人的地位，理事个人要对所领导公司的债务负责。因此，对他们来说，生意失败意味着本人也许倾家荡产，银行也有可能关停倒闭。商业银行挤兑可能会突然促发对储蓄银行的挤兑，而储蓄银行的金库里存放着劳动阶层的血汗钱。

不仅仅是欧洲人想要退出市场，美国投资者也告诉他们的经纪人，别管价格，只管卖掉就行。如果交易恢复，那么股价肯定会洞穿1907年的低点位，以股票做抵押的贷款价值也会大幅下降。在过去的恐慌中，英国和欧洲大陆的资金会及时赶到，中止美国的危机。欧洲逢低买进的投资者会送来黄金，发放贷款并购买证券。但这一次，外国投机者也无能为力。显然，事实上，除了那些有准备的人（他们押注股市下跌或手头有现金）可随时买入恐慌带来的便宜货，市场上找不到其他买家。[11]任何在华尔街工作的人的记忆中都从未发生过如此可怕的事情。

与此同时，在曼哈顿下城另一隅，这座城市的顶级银行家们也在进行商议。这些银行家建议，或许经纪公司可以等到他们（纽约主要金融机构的领导者）筹划出方案之后再做决定。他们开通了一条热线，以便把两个会场连接起来。

但仅有一位大人物做了示意，他建议不要停市。乱成一团的理事们再也等不下去了。交易还是不交易？最后，他们投了票：意见并非完全一致，投票表决的结果是赞成停市。收到决定后，交易所秘书乔治·W. 埃利（George W. Ely）爬上了一张桌子。场内经纪人里三层外三层地围着他。埃利大声宣布了这一消息，引起了“一阵热烈的欢呼”。《纽约时报》报道：“那些担心在接下来一小时会给自己公司带来灭顶之灾的人互相拥抱在一起。”

在做出这一决定后，诺布尔立即拜访了那位在最后一刻还建议维持开市的银行家。这位金融人士若有所思地对他说，停市实在是太不理想了。①如果理事们选择忍受，那么纽约将一路坦荡、扶摇直上而成为世界金融中心。[12]

纽约证券交易所关停了，大部分美国经济也如此。出口停了下来，民用船主不希望掺和到交战双方争夺北大西洋航道控制权的战争之中。粮食价格暴跌，消费者停止购买，工业活动放缓。需求的崩溃使美国钢铁公司的产能利用率不足30%。[13]

看起来，美国失业已经达到了危机的程度，但这只是表面现象，目前还没有铁一般的事实。②在开创性的统计经济学家罗亚尔·米克（Royal Meeker）的指导下，美国劳工统计局开始与大都会人寿保险公司合作解决这一问题。1915年2月，对居住在纽约市104个街区内每户家庭进行的人口普查结果显示，16.2%的工薪阶层处于失业状态。在美国16个东部和中西部城市进行的一项调查显示，1915年3～4月的总体失业率达到11.5%（美国劳工统计局表示，这个数据毫无疑问是被低估的，因为有16.6%的工薪阶层只做

① 威廉·L. 西尔伯（William L. Silber）在其出色的历史作品《关闭华尔街：1914年金融危机和美元霸权的崛起》（*When Washington Shut Down Wall Street: The Great Financial Crisis of 1914 and the Origins of America's Monetary Supremacy*）中声称，是财政部部长威廉·G. 麦卡杜（William G. McAdoo）亲自下令关闭交易所的。作者的这一说法来自麦卡杜1931年自传《接踵的岁月》（*Crowded Years*）。我找不到任何同时代证据可以证实麦卡杜的回忆。诺布尔和理事会几乎没有理由不自行做出决定。

② 1915年11月，纽约警察局局长阿瑟·伍兹（Arthur Woods）告诉医院社会服务会议成员：“最近几天，我们在纽约逮捕的人说，他们不得不进行偷窃，因为他们家里没东西可吃，这些不幸者的愁容显示出他们说的是真话。”《纽约时报》，1914年11月25日。

兼职）。米克说："美国在1914年出现了'美国失业问题'。"[14]

货币失去了依靠。从很久以前开始，1英镑的价值就一直固定在4.866 5美元：它的价值如此确定，就和爱德华七世时代的情况一样。但战争改变了这一固定值，当时1英镑值6美元甚至7美元。即使地心引力本身不再发挥作用，华尔街也不会遭受比这更沉重的打击了。值7美元的1英镑，就其本身而言是极其不可能的，就像战争本身一样；此前英镑兑美元汇率的最高价位（或美元兑英镑汇率的最低价位）是在1907年创下的4.91。[15]

货币是靠法律而非评价来锚定的。法律规定，1英镑折合113格令纯金，1美元折合23.22格令纯金。前者除以后者得出的兑换率是4.866 5。如果美元兑换英镑的汇率因市场波动而偏离这一基本价值，黄金的运输就将迫使其恢复平价。[16]

但在战争初期，任何明智者都不会在鏖战正酣的北大西洋拿自己的黄金冒险。此外，在英国和欧洲大陆，金本位制在整个非常时期都处于暂停的状态，这意味着英镑价值不再是法律而是舆论。因此，由于英国人和欧洲人想要把他们在美国的投资转化为现金，美元在抛售之下走弱。

美联储尚存于法律雏形之中，还谈不上发挥具体功能。在威尔逊总统签署法案以防美国再次陷入金融恐慌的8个月后，这家分权式的中央银行仍处于自组织过程中。

迫不及待想看到美联储开张的是雄心勃勃的时任美国财政部部长威廉·G. 麦卡杜。在没有担任公职以前，麦卡杜领导修建了连接新泽西和纽约隧道的公司。他创建了公司口号"让公众皆大欢喜”，这是对威廉·范德比尔特①的口号“让公众见鬼去吧”这个进步主义时代的颠覆。当心怀感激的旅客把这些隧道称为“麦卡杜管道”时，他也没有表示反对。作为民主党人和移居南方者，麦卡杜娶了埃莉诺·伦道夫·威尔逊（Eleanor Randolph Wilson），她是另一位民主党人和移居南方者——当时此人正好占据着椭圆形办公室（白宫的总统办公室）——的女儿。

要把《联邦储备法案》转变成一个运行良好的联邦储备体系并非易事。[17]事实上，有许多人敦促在欧洲敌对状态出现转机之前，暂停这项努力。作为这项法案假定的受益群体之一，银行家们对其创设的机构远非态度一致地表示欢迎。批评者担忧这家机构会要求他们将相当一部分黄金运至当地储备银行，而不是像他们长期以来习惯的那样，将黄金存放在自家银行的金库里。

这是在美国北方。美国南方就没有这样拖泥带水的情况。在那里，棉花价格暴跌，人们拼尽全力寻求贷款。由于跌价的产品存货不断积压，不堪重负的得克萨斯州农民和商人抱团，争取尽快开设达拉斯联邦储备银行。他们希望获得信贷，以便在市场复苏之前，为他们的存货仓储提供资金。麦卡杜听到了他们的呼声，并表示自己“充满信心，储备银行迅速开业将非常有利于棉花的形势”，美联储的先驱们就这样继续向前推进。[18]

1914年11月16日，纽约联邦储备银行在曼哈顿下域雪松街62号的临时经营场所开业，配有7名高级职员和85名普通职员，大部

① 威廉·范德比尔特（William Vanderbilt，1821—1885），美国商人、慈善家、铁路大亨。——译者注

分都是来自华尔街的临时员工。[19]化学国民银行（Chemical National Bank）有幸发起了第一笔再贴现交易。这个选择让人回想起一个不太一样的世界。化学国民银行有着“老金条”的绰号，这源于即使它身处困难时期，其安全性也无与伦比的声誉，它经受住了参议员鲁特在大声谴责新的货币立法时所列举的那些恐慌。化学国民银行没有向中央银行求助，它从自家金库里取出黄金向存款人兑付。人们对这家银行流动性的担心是毫无必要的，结果也总是证明如此。

在欧洲，战争传闻引发了人们对黄金的争夺。1914年7月29日，3万名法国人在法兰西银行①门外排出了一英里长龙。在这家银行尚有黄金支付时，法国人要用法郎兑换黄金。[20]人们知道，他们的政府不愿承认的是，无论战争结果如何，法郎都将是输家。

美国人对恐慌已有丰富的经验。战争迫在眉睫，1907年的金融危机才过去不久，他们还会再一次匆匆取款吗？在1914年7月最后一周和8月第一周，纽约人从本市各家银行取出了价值7 300万美元的黄金。那些把金币装挎包里带走的人看似毫不紧张，这没被当成什么要紧的事。即使是这种报纸所标榜的“有序”退出，也会造成金融紧缩。信贷建立在黄金的基础上，1美元黄金支撑着4美元或更多的贷款。银行失去了黄金，同样也失去了放贷能力。[21]随着银行受到了银根抽紧的压力，它们的客户也一样：货币市场利率被推升至8%。[22]

① 法兰西银行是法国的中央银行，于1800年1月18日由时任第一执政的拿破仑·波拿巴建立，其最初成立的目的是负责纸币的发行，帮助法国经济摆脱法国大革命带来的萧条。——译者注

“当这种情况在1914年8月1日呈现在大多数人面前时，”那个时代的金融评论家亚历山大·达纳·诺伊斯（Alexander Dana Noyes）写道，“美国市场面临着外部世界信用的彻底崩溃，面临着国内出现的金融和商业恐慌（显然只是因为关闭了证券交易所才得以掩盖），面临着国际贸易封锁，还面临着欧洲对那些没有（像欧洲各交战国那样）立刻禁止黄金出口来保护自身头寸的欧洲以外各国黄金供应的‘挤兑’。”[23]

美国也可以像交战国那样“保护”自己，但它没有这么做。它不愿效仿比利时、法国、德国和英国将自己的黄金置于政府监管之下，更不愿像一些思维守旧的民粹主义者所敦促的那样转向纸币本位。“大灾会跟着降临。”芝加哥第一国民银行行长詹姆斯·B.福根（James B. Forgan）厉声驳斥。[24]

但美国也不愿对任何期盼将美元以合法汇率兑成黄金的人表示欢迎。纽约证券交易所关闭是货币性防御的一道途径。纽约市的银行家之间还有一个明显约定。1914年8月初，一名男子走进位于曼哈顿下城的银行，出示了自己2 500美元的个人支票，要求柜员用黄金付这笔钱（他余额充裕的账户足够兑付这张支票）。出纳员借故离开，告诉了这家银行的行长，行长过来和这位顾客碰面。

行长问他打算用121盎司金条做些什么，存款人这样回答：“这不关你的事。”这位银行家立即反驳：“无论是谁，如果过分自私，打算取出黄金用于囤积，那么我们也不想要他的账户。”行长还警告说：“如果你让别的银行注意到我或这家银行是你的上一家存款机构，你就会发现你很难让其他家银行接受你的账户。”《华尔街日报》对该事件的描述补充道："这位存款人自我讲述了这个故事，并证实了那位行长关于另找一家存款银行的所有预测。"[25]

总的来说，美国的欧洲债权人可以从整体上被视为一位账户余额极多又紧张过度的存款人。美国各大银行金库中的黄金还不到当时到期外国债务的两倍。厉害的欧文·费雪认为，一场旷日持久的战争将导致美国出口崩溃、黄金枯竭和48个州齐陷萧条。这场萧条会持续很长时间，就像那次枪击事件造成的后果一样。

在正常的交易过程中，没有多少黄金转移到大西洋彼岸去进行国际结算。①要偿还对欧洲欠下的债务，美国人将出售商品或者股票、债券，而不是运输黄金。[26]不然，纽约各家银行会向伦敦各家银行借款，它们会在美国进口最多、出口最少的春季借钱，并在贸易形势逆转的秋季偿还。[27]但战争打乱了这些旧的商业习惯。美国的黄金变得紧俏，每个交战国都需要更多的美国黄金。

英国尤其需要美国的黄金，而德国海军则强烈不希望如此。一家美联储组织的委员会（本杰明·斯特朗担任领导职务）着手收集美国无数家银行持有的黄金。这些财富的一部分或全部将作为清偿英国债权的保证。明智的是，这些黄金没被运往伦敦，而是

① 海路运输黄金让某些人感到荒谬。1909年，《华尔街日报》资深财经编辑托马斯·B.柯比（Thomas B. Kirby）少校提出了一个温和的建议。他说："我们解决将黄金用船运到欧洲、外汇等细节问题的唯一办法，就是让世界列强的国际会议同意将全球黄金储备都装到破旧的船只上。国际会议应该凭这些黄金发行各大强国的可流通证书，以代表这些船只上各国拥有的黄金数量。""然后，"柯比继续说，"在某一天，所有这些载满黄金的船只将启航前往大西洋中部。当众船相遇时，船员可在货舱装上炸药和定时引信，接着弃船。爆炸将黄金送入海底，从而一劳永逸地解决运送黄金来回穿越海洋这一荒谬行为。"《华尔街日报》，1914年8月15日。

运往加拿大首都渥太华。该委员会向大英帝国的安全领土提供价值1亿美元美国黄金的这一可信承诺，极大地满足了伦敦对黄金的渴求。[28]

美国自身渴望的答案是1908年出台的货币临时应急措施。根据《奥尔德里奇–弗里兰法案》，一家国家特许银行可以申请以州、地方和市政债券而不是美国政府债券作为担保的“非常时期通货”（银行只要申请成为特别组建协会的会员行，就有更广泛的抵押品可供选择）。从来没有一家银行利用过这种特权。如果在正常时期申请这类通融资金，申请行就等于承认自己资金不足，即使还没有资不抵债。

1815年以来第一次欧洲大陆战争的爆发当然是极不正常的。受惊的美国人想要黄金，或者一种更好、更容易携带的替代物（和黄金一样好的货币）。让货币对需求的异常激增做出反应是美联储的创立宗旨。

但由于美联储仍在招揽员工和置办办公设备，政府和银行家们转向了《奥尔德里奇–弗里兰法案》。1914年8月2日晚，在范德比尔特酒店，美国财政部部长、联邦储备委员会官员与纽约主要银行家们一起坐下来，计划分发紧急情况下的临时通货，他们这样做并没引来非议。为了使公众宽心，银行马上就发行了价值3.8亿美元的钞票。公众欣然接受了这些钞票（乍一看，这些钞票和国家特许银行的纸币没什么两样），而发钞银行也没给公众留下什么不好的印象。

麦卡杜抱怨说，尽管银行有能力放贷，但太多银行拒绝这样做，即使这样做也是以过高的利率放贷的。为了促使银行变得慷慨大方，麦卡杜分发了一份名单，其中包括247家被指控“货币窖藏”的银行。国家特许金融机构（不是大银行，而是“小角色”）坐拥相当于其存款25%甚至更多的现金。在众多小银行中，最臭名昭著的是得克萨斯州坎普第一国民银行，它谨慎持有相当于其存款74%的现金。这些胆小得令人冒火的银行机构将不会从政府那里得到任何联邦存款，也不会获得货币，直到它们觉得是时候向顾客的合理信贷需求开放自己的金库。麦卡杜挥舞着他的名单说：“这些数字表明，有大量可贷资金得不到充分利用。如果将这些资金投入商业或农业票据中，或以适当的担保发放贷款，我们就可以极大改善目前的这一状况。”[29]

重大改善已在进行当中。美国不仅没有出现恐慌现象（这要多亏股票交易的暂停和非常时期通货的强力注入），并且在世界发达国家当中显得与众不同——由于拿定主意要严格遵照金本位制规则（即使没有完全遵循其精神实质），而且最重要的是，美国经济并没有因动摇其基础而突然垮掉。1914年8月，形势似乎随时会恶化。到了1914年12月，美国反而出现了经济景气的意外迹象。

1914年8月，没有人再需要担心美国的黄金会流向伦敦。到了1914年12月，横跨大西洋的主要货币流向从自西向东变成自东向西。[30]从那时起，到1917年春天美国参战，输入美国的黄金要比从美国输出的多11亿美元。还不习惯十位数数字的报界人士大吃一惊：“10个亿！”

《联邦储备法案》又一次提供了货币政策“兴奋剂”。正如前文所述，在每1美元存款中，大银行再也不必拿出25美分作为准备金，现在只需要留存18美分。由于每1美元存款中都有很大一部分可用于贷款或投资，而不是堆放在金库中，比起原本的情况，筹钱更轻松了。人们更容易获得贷款，也更容易发行股票或债券。[31]

华尔街由衷地松了一口气，可美国经济的非金融部分并没有立即如此。1915年，即使是最不严密的统计，也显示美国失业率高达8%。[32]按每磅7美分报价，棉花是完全亏损的。棉花的种植成本要高于这个报价。钢铁厂当时的生产只能达到额定产能的一半。美国人非常清楚，战争给中立国带来了经济优势。但是，正如诺伊斯所言："在以前的战争中，没有一个中立国面临着整个外部世界的金融破产。"[33]

人们很快就发现，交战双方并没有真正耗尽全部财力，但它们一门心思想要打赢战争，它们向美国寻求食物、衣服和弹药，靠着这些物资来彼此作战。1914年之前，美国年出口额从未超过26亿美元。在截至1915年6月的12个月里，美国出口额达到了28亿美元，在接下来的12个月里，达到了43亿美元。

美国从未享受过如此巨大而全面的繁荣。为了满足欧洲对带刺铁丝网、枪支、弹壳、炸药、鞋子、制服布、小麦和医疗用品的需求，工厂忙碌，港口熙攘。伯利恒钢铁公司（Bethlehem Stell Corporation）在1914年年底账面上有价值4 650万美元的订单，12个月后订单额达到了1.754亿美元。[34]直到1915年中期，威尔逊政府还在制订启动政府失业救济的计划。[35]欧洲解决了美国的这个问题。这些福祉似乎没有任何附加条件。1915年，利率低而稳定，消费价格估计上涨了1%，然而股票价格飙升。伯利恒钢铁公司当年年初的股价为46.13美元/股，年终收盘价为459.50美元/股。[36]在这12个镀金月份里，道琼斯工业平均指数攀升了81.7%。统计学家认为，根据美元购买力进行调整后，国民生产总值上升了7.9%。[37]

在本杰明·斯特朗看来，维多利亚时代的《伦巴第街》（*Lombard Street*）作者沃尔特·白芝浩（Walter Bagehot）是中央银行业的最高权威。《伦巴第街》是一本关于伦敦货币市场运作的专著。英格兰银行是他理想中完美的中央银行。

至于12家之多的联邦储备银行，斯特朗希望裁减11家。[38]他认为留一家就够了，只要纽约联邦储备银行能够效仿英国中央银行这个著名的“针线街上的老妇人”（英格兰银行的绰号）即可。

只要轻微调整一下贴现率，英格兰银行保证任何想用英镑钞票兑换黄金（或用黄金换取英镑钞票）的人都不会被拒于门外。人们对英镑稳健性的普遍信心，并不是因为英国中央银行的黄金储备规模（对该储备的潜在要求权来说，这一数字相对较小），而是因为伦敦货币市场的深度和英国中央银行利率政策的技巧。如果伦敦需要黄金，银行就会提高利率。使这些调整产生效果的是英国作为世界货币市场的地位。其他国家的人开始在伦敦借贷。以伦敦某家大银行为付款人的英镑纸币，对全世界来说都是通行的货币。

斯特朗认为，纽约没有理由不能与伦敦竞争金融中心的地位，没有理由不能吸引大量外国存款，也没有理由不能为大量国际贸易提供资金。为了加快这一天的到来，他主张让伦敦所擅长的各类可转让银行工具在美国市场上发展起来。银行承兑汇票是银行同意在特定时间支付一定金额的可交易汇票，这是斯特朗特别喜欢的一种汇票。让银行承兑汇票市场规模突破关键点，美国的贸易和金融将会极大繁荣。[39]

然而，这里有一个重要的前提条件，那就是必须巧妙地说服典型的美国银行家在危机时刻将其储备统筹起来，而不是出于恐惧将其紧紧攥在胸口。斯特朗表示："坦率地说，美国的银行家多少是一群乌合之众。"[40]

1916年，斯特朗被诊断出肺结核。同年，他的第二任妻子凯瑟琳·P. 康弗斯（Katherine P. Converse）带着两个年幼的女儿离开了他。这对夫妇于1920年离婚。[41]斯特朗的岳父、信孚银行前老板埃德蒙·C. 康弗斯（Edmund C. Converse）在1921年去世时留下了一笔价值2 000万美元的遗产。显然，斯特朗夫人没有经济上的理由来维持这段不幸福的婚姻。[42]

1916年2月，斯特朗乘船前往欧洲，对法国和英国的中央银行操作进行了为期两个月的考察，并接受战时金融现代方法的指导。这位纽约联邦储备银行行长一直念念不忘的是与欧洲中央银行联手合作。1916年3月18日，这位到访的美国人与即将成为英国中央银行行长的蒙塔古·诺曼（Montagu Norman）共进晚餐。在诺曼身上，斯特朗找到了一位货币事务上的灵魂伴侣。在第一次对话的几分钟内，斯特朗就注意到诺曼对英国战时借债的泛滥以及这些债权以新的纸币英镑计价的担忧。斯特朗记录道："他表达了和我非常相似的感受，那就是，大量政府短期贷款和发行的纸币如此不费力气地纳入流通，会滋生无数政治骗术，陷金融于左道旁门，在不可兑现法定货币或银币发行方面更是如此。”[43]

“物价稳定”作为现代央行学说的陈词滥调，并不是美联储最初职责的一部分（尽管有欧文·费雪的敦促）。在金本位制下，物价在中短期内相当稳定，在长期内出奇地稳定。比费雪更有头脑的人不相信中央银行甚至应该试图压低（或者，就这个情况而言，抬高）平均价格水平。

随着英国、法国和德国退出金本位，“受惊”的货币在这个中立国找到了一处安全的避风港，美国货币仍和黄金一样坚挺。黄金流入扩张了美国的“基础货币”，信贷以此为依托急剧上升。

1915年，美国基础货币增幅为11.2%。这一指标在1916年为15.2%，在1917年为20.6%，通货膨胀以惊人的速度蔓延。[44]费雪在1913年曾为高生活成本苦恼，那一年的消费价格仅仅上涨了2%，后来几乎涨到天上去了。

《联邦储备法案》是在一个和平和有限政府的世界中起草的，却在战争和国家主义的世界中实施。这就好像一家原本计划在地球上运作的中央银行，不知怎么就被搬到了火星上。固定汇率和黄金自由流动是战前货币安排的特点，美联储不得不即刻调整，以迅速适应无拘无束的汇率和停止流动的黄金库存。

作为信孚银行副行长，斯特朗曾担心美联储钞票会成为美国财政部债务。作为英格兰银行的晚宴嘉宾，他对英国货币和公共财政的非正统转向表示失望。然而，作为纽约联邦储备银行行长，他正准备推动美国的公共债务扩大24倍，并促成中央银行与威尔逊政府之间的可疑联盟。斯特朗一下子成了财政部货币政策的“应声筒”。哈特利·威瑟斯眼中爱德华七世时期银行和货币事务组织的那种完美无瑕已经随风而逝了。

战前，不用说，任何中央银行都不该购买本国政府债务。购买本国政府债务的行为既违背了常识的准绳，也违反了金本位制不言而喻的规则。①

此外，战前没有多少政府债券可买。为了稳定商业周期而校正公共支出、借贷和税收，即现在我们熟悉的“财政政策”，在当时还没有发明出来。在美国，财政部没有无所不包的借款权限，国会把单只证券发行或指定类型证券的批准权留给自身。等到1917年，随着《第二自由公债法案》（Second Liberty Bond Act）②的通过，立法部门才让渡出一定的灵活性，让行政部门按自己选择的方式借到指定限额的债务，21世纪的报刊读者都知道这个上限是“债务天花板”。[45]

由于美国在1917年4月2日宣战，两党对公共债务的厌恶让位给了赢得战争的爱国决心。为了取胜，美国可以抛弃财政上的限制，无论最终付出的代价有多么惊人。1916年，联邦政府财政收入

① 或者极少被明言的规则：1922年，后来担任旧金山联邦储备银行行长的约翰·U. 卡尔金斯（John U. Calkins）在一次美联储理事会议上阐明了中央银行购买政府债券的禁忌。卡尔金斯断言：“也许，《联邦储备法案》最重要的作用就是建立了提供弹性货币所必要的机制，弹性是指它将以源于商品生产和分配的易变现信用工具为基础。一项美国债务并不代表这种性质的交易……在以这些债务作为依托的基础上，这类通货就成了不可兑现法定货币。”艾伦·H. 梅尔策（Allan H. Meltzer），《美联储的历史》（*A History of the Federal Reserve*），第70页。

② 自由公债是一种战争债券，在美国出售，以支持第一次世界大战中的盟军事业。在美国，认购债券成为爱国义务的象征，政府首次向公民传播了金融有价证券的概念。——译者注

7.83亿美元，开支7.34亿美元。到1919年，联邦政府财政收入51亿美元，开支185亿美元。[46]税收只提供了1919年开支的28%，其余的钱都是借来的。

在美国参战之前，斯特朗曾对美联储的实质作用感到担忧。他表示，美联储似乎无法在“这个国家的银行结构中找到一个正常和自然的位置”，并补充说，美联储大概找不到这样的位置，“除非它经受住了真正危机的考验”。[47]

真正的危机发生在1917年4月，当时，特斯朗正在科罗拉多州接受肺结核病疗养。到了1917年6月，他回到了自己在纽约的岗位。当月，威尔逊总统签署了一项法案，将美国的黄金全部集中在美联储的金库中，并扩大了拥有美联储会员资格的银行数量。战争已经在向美国的中央银行露出微笑。

英格兰银行就是为了资助一场战争（那是在1694年）而成立的，斯特朗颇为喜欢美联储成为“政府的银行家”这样的前景。这将提高该体系的声望，尤其是纽约联邦储备银行的声望。人们明白，斯特朗和纽约将让主要的战争融资部门走开。[48]

在深深地呼吸着有疗养作用的高山空气时，斯特朗一直在研究财政政策。他总结说，税收应该是政府的主要资金来源。贷款应主要由通向未来税收收入的短期桥梁组成。长期债券应放在储蓄者手中，而不应将最底层的工薪阶层排除在外。通过投资，这些工薪阶层将明白获取利息收入而不是支付债务利息的好处（不少新债券的持有人误以为是他们欠政府的利息，而不是反过来）。[49]斯特朗呼吁，为了把潜在的投资者调动起来，国家应该发起“一场大规模宣教运动”。[50]从原则上讲，美联储自身不能购买政府债券，也不能直接向财政部提供新印制的美钞，以免通货膨胀进一步加剧。

有太多诱惑令人犯错。华尔街一些最老练的银行家主动提出建议，以贷款或购买证券的形式，将美元直接注入财政部。当这些没见识的人继续向他施压时，斯特朗终于予以回击。他表示：我这么做，也许只是为了让你们这些银行家自己发现，5亿美元现金注入会对已经引起恐慌的通货膨胀率造成什么影响——5亿美元不可兑现法定货币并不比美国独立战争时期发行的大陆币好多少。[51]

不可兑现法定货币？这种继续被定义为23.22格令纯金的美元，难道就一直不可兑换成黄金？的确，它就是这么定义的。至于行使兑换的权利，官方并不鼓励这样做，官方差一点就禁止黄金出境。[52]因此，在主要参战国中，美国独自坚持的货币本位，主要是字面意义上的金本位。无论是从精神上还是实际上说，这都更像是一种意图的表达，即和平到来时，那种坚挺的老美元将再度恢复。不过，并不是每个欧洲交战国都能以像样的方式做出这一表述。

斯特朗在1917年9月对美国银行家协会的一次演讲中表示，关键是不要让战争的紧急状态导致银行信用出现永久性的通胀性扩张。斯特朗说，联邦储备银行的功能是“在紧张时期提供这些临时贷款，无论这种紧张是由战争和政府融资、国内困难或其他什么原因造成的”。他表示：“在这些事情上行使自我控制，意味着储备银行将确保其向我们银行系统所提供的扩张是临时性的扩张，这种临时扩张是由一个包含迅速变现票据和贷款的投资组合代表的，它们在相当短的时间内到期，国会明智地将这个期限定为90天而不是更长。”[53]

这时正处在第二自由公债发行的前夕，通过这一法案，财政部的目标是筹集38亿美元。要不是由于第一自由公债发行的成功，这个目标似乎是遥不可及的，甚至是不可思议的。截至1918年6月，联邦政府已经成功筹借到19.9亿美元。在这一标志性事件之前，联邦政府融资所保持的纪录是1898年为击败西班牙人而筹集的2亿美元。[54]

第三和第四自由公债（发行总额分别为42亿美元和69.9亿美元）都发生在1918年，接下来是1919年胜利公债（发行总额为49.9亿美元）。这些公债总共带来了215亿美元，这个数字不太可能给21世纪美国国债的研究者留下什么深刻印象，却会让那个在1916财政年度结束时债务总额仅12亿美元的国家大吃一惊。[55]

斯特朗并非在每个细节上都实现了他理想的战争融资计划。税收对战争成本的贡献度还不到30%。银行在政府债券发行中所占的份额，远高于斯特朗视为谨慎的水平。诚然，除了相对较少的3.3亿美元，美联储并没有直接向财政部注入资金。但它以美国国债为抵押品，以人为压低的利率进行放贷，对战争时期飙升的通货膨胀做出了重大的“贡献”，尽管有些迂回。

“借钱购买”是斯特朗向美国人提出的投资建议。一个靠工资为生的人可到一家银行按债券的成本借钱。他（她）能够以每周1美元或2美元的利息还贷。[56]这种贷款的利率与债券收益率等同，在3.5%和4.5%之间。对于贷款银行来说，从美联储借款是有利可图的。如果债券收益率是3.5%，而银行以债券为抵押的贷款利率也同样是3.5%，那么这家银行从联邦储备银行的借款成本（利率）会低至3%。如果债券收益率为4.5%，银行以债券为抵押的贷款利率也同样为4.5%，那么银行从联邦储备银行借款的利率会低至4%。[57]银行也可以选择一条更直接的途径来获取政府提供的有保证的利润。它可能（就像许多人那样）为自己购买自由公债。一家储备银行将接受这种抵押品贷款，就像它接受这种贷款抵押品向购买债券的工薪阶层放贷一样。

美国的银行家们并不拒绝这份厚礼。自偿性贷款的理想在和平时期当然是好的，但这场战争呈上了一系列诱人的、新奇的激励和补贴。由于偏爱自由公债而非日常商业贷款，储备银行以国债为担保的贷款利率要低于商业贷款利率。银行家们开始向美联储借款，大多以政府证券做抵押。从1917年中期到1919年中期，商业银行贷款和投资从283亿美元增长到366亿美元。从1917年年初到1919年中期，一项泄露内情的指标——储备银行信贷增了10倍，超过25亿美元。[58]

这座信贷大厦拔地而起。美联储尽管可能不赞成，但还是听从了国会和财政部部长的行军号。正是国会和财政部部长决定了政府需要多少钱以及政府准备支付的利率。美联储，这个在停战日时成立还不到5年的机构，即使它有想说不的倾向，也几乎说不出来；而事实上，它没有这种说不的倾向。

随之而来的通货膨胀将毒害美国的政治，激化美国的劳资关系，扭曲美国的生产结构，考验美联储（发现它是有缺陷的），并为一场全球性的紧缩式萧条做了铺垫。

04

事出偶然的自由放任

1918年1月，当伍德罗·威尔逊主张他的“十四点和平原则”时，战争仍在激烈地进行。从第一点（“公开订立和平条约，无秘密外交”）到最后一点（“必须建立一个各国之间的总联盟”），威尔逊总统描述了一个永久和平、完美、公平、正义的愿景，这让那些追求以交易手段媾和的欧洲外交官颇感不屑。

威尔逊为战争与和平操透了心，他把国内政策问题的出谋划策留给了秘书乔·塔马尔蒂（Joe Tumulty）。塔马尔蒂在题为《受压迫者的反抗》的备忘录中敦促他的上司：“我们再也不应（只是）试图管制，我们必须控制、拥有和运营……我们生活的基本需求。”实际上，政府在控制和运营方面做了大量工作。政府行使了紧急战时权力，于1917年12月控制了铁路，并于1918年7月控制了电话电报公司。而且，由于政府固定了煤炭价格，这相当于拥有了煤田。塔马尔蒂将这些措施视为公共政策的实验室。他提议：“在1918年以后，我们可以走向全国，支持将那些在战争中被证明切实可行的工具永久地保留下去。”[1]

“切实可行”的依据是什么？威尔逊的战时经济既不是市场经济，也不是计划经济，而是一种功能失调的混合经济。在美国参战前，通货膨胀就已经扭曲了包含在价格和工资之中的信息。随着战争爆发，一系列规则、法令和控制手段进一步扰乱了价格机制。在铁路方面，政府指示货运代理公司将与战争有关的紧要物资迅速运抵目的地。但货运代理公司对“紧要”的定义十分宽泛，结果什么都没有改变，除了成堆高耸的、纹丝不动的箱子在当时全被印上了“优先”字样。此外，铁路公司尽管放弃了对轨道和车辆的实际拥有权，但仍保留着对原来的私营部门竞争对手的所有权和竞争意识。总而言之，在政府主导下的铁路建设中，公有制实验并没有取得多少成果。[2]

威尔逊主义者在和平时期对大企业剑拔弩张，在战时也好不到哪里去。他们对美国主要炸药制造商杜邦公司的态度也不例外。战争对这家特拉华州化学巨头来说是道美餐。1916年，向协约国出售炸药给杜邦公司带来了8 200万美元的利润，这个数字是该公司1914年总收入的3倍多。为了让财政部从这些惊人收入中分一杯羹，政府颁布了一项军需税，杜邦公司对此提出了强烈抗议。

美国宣战后，政府开始购买炸药。陆军军械部司令威廉·克罗泽（William Crozier）少将不无道理地拉近和杜邦公司的关系。双方坐下来展开协商，由此产生了本可成为政府有史以来的最大一单合同，但这个合同没有签署生效。威尔逊的战争部部长牛顿·D.贝克（Newton D. Baker）拒绝签名。战前，贝克在克利夫兰市政府任职时，曾倡导将有轨电车线路和公用设施收归市政所有。有人听他说，美国将“在没有杜邦公司的情况下赢得这场战争”。

幸运的是，为了全力打赢战争，这个国家没必要如此。建立一家由政府拥有和管理的火药工厂谈何容易？这是一个代价巨大、流于空谈、行动缓慢的企图，直到停战日那一天，它都没能交付一盎司炸药。尽管姗姗来迟，但杜邦公司和贝克确实达成了和解，位于田纳西州马斯尔肖尔斯镇的生产设备最终生产出了3 500万磅炸药。当谈论到私人与国家的关系时，时任战争工业委员会的物价总监罗伯特·布鲁金斯（Robert Brookings）代表一些威尔逊主义者说过这样的话：“对于战争状态下的美国来说，我宁可在不给私人带来利润的情况下花1美元买1磅炸药，也不愿在杜邦公司从中赚得10美分利润的情况下付给它50美分来买1磅炸药。”[3]

1918年1月，美国经济陷入困境，处于僵死状态。在半个世纪以来最寒冷的冬天，煤炭供应不足。煤炭短缺的原因既不在于矿工，也不在于矿主，实际上也不在于新近征用的铁路。其根本障碍在于，煤炭定价过低，无法约束需求或激励足够的供应。谁是这个扭曲煤价的大权独揽者呢？正是伍德罗·威尔逊本人。

1917年夏天，煤炭生产商和联邦官员召开了一次高层会议，对烟煤来说，每吨3美元是个合理价格。威尔逊总统对这个共识置之不理，他裁定，烟煤的最高价格应该是每吨2美元。[4]矿工和运营者都提出了抗议，运营者争辩说，威尔逊强加的价格会迫使收入微薄的矿井关闭，从而导致美国22%的生产中断。[5]不过，威尔逊总统毫不退让。

凛冬降临，带来了一阵足以使波士顿港冻结的寒潮，这使得情况雪上加霜。波士顿人在新年前夜溜冰的冰层厚度达到了6英寸。零下温度让货运引擎的效率降低了1/4，同时也使水上运输陷入了冰封停滞的状态。在1918年之前的10年里，美国人平均每年消耗10 705万亿英热单位[①]烟煤；在1917年和1918年这两个经济上令人极度兴奋（以及1918年使人打冷战的）的战时年份，美国人平均每年消耗14 212万亿英热单位烟煤。

在组织煤炭的生产和分配方面，美国需要一位具有超人般先见之明的燃料管理者，才能堪比市场取得的巨大成功。威尔逊总统在燃料领域的核心人物威廉姆斯大学校长哈里·A. 加菲尔德（Harry A. Garfield）并不是那种天才。他是被暗杀的总统詹姆斯·A. 加菲尔德（James A. Garfield）的儿子（他目睹了父亲被枪杀的场面），他没法完成这项不可能完成的工作。

哈里·A. 加菲尔德似乎没有怀疑他能有多大胜算。1918年1月16日，在受到怀有敌意的美国参议员的质询时，他坚定地表达了自己对政府配给必要性的信念。为了缓解美国煤炭供应不足的问题，他下令东部的非必要工厂每周连续停工5天（每个周一及接下来4天），直到3月23日（包含这一天）。

密苏里州民主党参议员詹姆斯·亚历山大·里德（James Alexander Reed）质问哈里·A. 加菲尔德，在极端寒冷的天气里，300万工人被迫停产15天，对赢得战争究竟有什么帮助。这位参议

① 英热单位是英美等国采用的一种计算热量的单位，简记作Btu，它等于1磅纯水温度升高1 °F（1 °F =5/9 ℃温度差）所需的热量。——编者注

员提醒他："有人告诉大家，粮食将赢得战争；有人告诉大家，煤炭将赢得战争；也经常有人告诉大家，金钱和债券将赢得战争。"有人必须牺牲，金钱本身不是赢得战争的关键，这些说法都没有错，但财富本身就是一种武器。为什么要将其舍弃呢？

哈里·A. 加菲尔德搪塞说，停产能够使他将宝贵的煤炭转移，从而运往那些因为缺乏燃料而闲置的燃煤船舶的煤舱，以及被冻坏的美国房主的炉窑。但在价格控制这一由来已久的方式中，一项管制催生了对其他管制的需求。哈里·A. 加菲尔德颁布的管制规定数目越多，他认为有必要颁布的具有阐明性质的规定和例外规定的数目也会越多。在波士顿，新英格兰燃料管理人员詹姆斯·J. 斯托罗（James J. Storrow）在1918年1月初致电哈里·A. 加菲尔德，恳求他将5 100吨煤从弗吉尼亚州的汉普顿水道运回波士顿，这些煤是因为北方大纸业公司（一家报纸制造商）才运到这里的。[6]在人人瑟瑟发抖的纽约市，谁都想要的煤炭就堆积在新泽西州哈德孙河对岸，但似乎没人知道该如何合法地将它移过水面。《纽约时报》报道称："对于'把煤运到纽约码头是承运人的责任'的声明，铁路工人评论道，在数百项州际商务委员会颁布的铁路收费标准中，没有一项规定了从各家煤矿运输到纽约市的煤炭收费标准。这些收费标准规定的都是煤炭从煤矿到低洼海岸的运输费用。"[7]

严寒终会消散（至少我们可以信赖这一点），但对于威尔逊总统的领导能力，以及他通过行政命令管理先前自由市场经济的能力，人们却没有这样的信心。

在美国宣战10个月后，美国制造的飞机和机枪还是没有在法国亮相。美国政府大肆宣扬的造船计划严重滞后，人们的生活成本急剧上升。当时紧接着“周一无肉日”（由食品行政官员赫伯特·胡佛领导的机构推出），哈里·A. 加菲尔德又推出了一系列“周一无热量日”。

1918年1月19日，在纽约阿斯特酒店，来自俄勒冈州的民主党参议员、军事委员会主席乔治·E. 张伯伦（George E. Chamberlain）对着午宴上的人群说：“美国军事体制已经崩溃了。”这位参议员宣称，崩溃原因就在于“美国政府的每个官署和部门都是毫无效率的”。为了解决问题，张伯伦敦促一个新的三人“战争内阁”来接管政府中信誉扫地的策划者。用餐的客人们都站了起来，为参议员鼓掌，足足鼓了一分钟，西奥多·罗斯福和温斯顿·丘吉尔也在其中。[8]

1918年初秋，美国军事体制及时恢复了正轨，为协约国令人激动的胜利出力。美国的金融机构也为战争做出了自己的贡献。身兼纽约联邦储备银行行长和自由公债委员会主席的本杰明·斯特朗，居于这一庞大货币势力的首位。1918年9月27日，在第四自由公债出售开始之际，白宫求助的对象正是斯特朗，他在纽约大都会歌剧院发表演讲，继斯特朗之后走上讲台的是威尔逊总统本人。

对斯特朗来说，这项任务不仅仅是个人的胜利，而且标志着美联储就此登上了国家舞台。一家似乎在美国金融界无法找到一席之地的机构，沐浴在璀璨的聚光灯下。

纽约大都会歌剧院有3 500个座位，但斯特朗的债券销售突击队“自由公债军”有3万人。当晚的庆祝典礼是为了赞美他们。加上舞台上可容纳50位要人的位置，还有1 450人的站位，出席人数接近5 000人。纽约那些富有的爱国者求购一票，说愿意支付任何价格，却被告知门票已经卖完了。

当晚，斯特朗率先承诺，在接下来的三周内，第二联储区（也就是他所在的区域）的居民将至少筹集60亿美元计划中的18亿美元。这位中央银行行长称之为“支持民主的美元”。他说，逼迫人们认捐是很容易的，“但那样的话，我们就会失去在公债、战争和国人背后的道德和精神力量。我们不应该只卖债券，我们必须把这场战争兜售给所有美国人”。①

威尔逊刚走进大厅，就赢得了当晚最热烈的欢呼声（下午，当他坐着敞篷汽车在曼哈顿街上行驶时，人们对他欢呼；他微笑着，摘下礼帽向大家致谢）。斯特朗也激起了群众的热情，他大声朗读白宫收到的信息，其中提到了美军首日的新攻势。这是向默兹–阿戈讷（Meuse-Argonne）地区的推进。在那里，一场持续六周的战斗夺去了超过26 000名美国人的生命，这是美国历史上死亡人数最多的一场战斗。斯特朗既不知道也没有预料到这些可怕的事实，反而说：

今天从法国发来的电报显示，美军持续推进了20英里，从阿戈讷森林一直推进到凡尔登以北的默兹山谷，越过兴登堡线，在整个战线上夺回了100平方英里法国领土。行动干脆利落。我们的伤

① 斯特朗后来证实说，他自己几乎变卖了所有财产，把一切所得投入自由公债。《华尔街日报》，1921年8月10日。

亡人数不多。

一个半月后的1918年11月11日，枪声平息了。美国取得了胜利。至于和平，威尔逊总统决定亲自去确保。

正如威尔逊自己所承认的，他有一种“单轨思维”。在处理问题时，他一次只能处理一个。到了休战期，他唯一的关注点就是和平。他只等了一个星期，就宣布打算亲自达成一项和解方案，以便和“十四点和平原则”的文字、精神一致。参议院共和党人刚恢复镇静（在听到这一异乎寻常的外交举动后），美国和平委员会就乘乔治·华盛顿号邮轮，启程前往欧洲。

威尔逊总统是否注意到1918年国会选举的结果：共和党在众议院增加了38个席位，使其获得了238：193的多数席位；共和党在参议院也增加了12个席位，使其获得两院的多数？[9]看来他没有。威尔逊总统设法谈成的任何条约是否通过，都将取决于参议院的投票。然而，威尔逊总统并没有选择邀请一位杰出的共和党人、参议员或其他人士加入和平委员会。在参议院外交关系委员会主席——来自马萨诸塞州的共和党人亨利·卡伯特·洛奇（Henry Cabot Lodge）看来，威尔逊花哨新奇的理想主义掩盖了一种最陈规老套的党派偏见。

在任总统以往从未出过国，更不用说为了与外国列强谈判而离开了。当然，那时候美欧之间还没有往返飞行，没有穿梭外交，最快的航行时间也需要八到十天。塔马尔蒂留在华盛顿处理国内事务，通过信件和电报与总统通信。1918年12月13日，威尔逊抵达法国，在那里待了两个多月。1919年2月23日，威尔逊回到了美国。由于纽约港口的码头工人罢工了，载着总统一行的乔治·华盛顿号邮轮原本打算驶往纽约，结果却开向波士顿。这是美国劳资关系破裂的不祥警讯。威尔逊随后于1919年3月13日回到巴黎。1919年5月10日，塔马尔蒂发电报给他："高昂生活成本这个问题最为棘手……您无法理解各种生活必需品的价格上涨带来了多么严峻的形势。"[10]同年6月4日，也就是司法部部长帕尔默家门口发生炸弹爆炸的第二天，塔马尔蒂给他的上司写了一封发自肺腑的信，信中谈到在劳资之间彻底重新分配国民收入有多么迫切。

塔马尔蒂建议："美国国会应该对和平条约中涉及劳工基本权利的原则表示信任。我认为，对于挽救目前威胁我们的局势来说，这个计划比其他一切都有效。"实在地讲，这样一个战略会带来什么影响呢？其中有联邦最低工资、联邦规定的"作用于所有工商业"的八小时工作制、养老金、联邦医疗保险、联邦住房、"对基本原材料的控制"、联邦补贴抵押贷款、联邦对证券发行的监管以及联邦就业机构。[11]拟议中的塔马尔蒂议程在某种程度上是对未来好几代人社会、经济和监管立法的一种预见。这个方案中缺少的是对主导21世纪公共政策辩论的整体经济的关注，联邦政府对商业周期的管理在当时是一个尚未定型的想法。

1919年6月16日，塔马尔蒂向他的上司提出建议："经济动荡已经出现了许多危险的症状，但我们至少做到了减轻这些症状，并加以控制。"[12]同年7月8日，威尔逊最终回到了美国。第二天，关于他靠岸的头条新闻"纽约人用彩带游行来庆祝"[13]把"高昂生活成本”从头版挤了下来。

威尔逊和塔马尔蒂都是热衷于政治的人，都误信通货膨胀是一个政治问题。塔马尔蒂表示，在达成令人满意的和平之前，这个问题不可能得到解决。[14]这种误解产生了一种不合理的推论，即阻碍物价稳定之路的既不是财政部，也不是美联储，而是参议院外交关系委员会。

威尔逊认为，经济生活已经被政治化了，也理应被政治化。1919年夏天的一个晚上，他在白宫对友人说，一种社会主义的措施是肯定要实行的。他说：“我十分确定，政府必须控制每个人需要和使用的一切东西。”根据这一事实，他的继任者必须“是一个对我们这个时代的这些复杂关系进行了长时间深思熟虑的人”。[15]

这是暴力种族骚乱“红色夏天”的时代，包括1919年7月19日至7月22日期间黑人和白人在华盛顿特区展开的激战。[16]这背后则是生活成本的不断高涨。1919年7月，美国有48个州的生活成本平均涨幅为15.2%，可威尔逊的心思还在别处。他在1919年7月10日对参议院的讲话中发出请求，敦促批准和平条约：“我们或任何其他自由的民众是否会对接受这一伟大的责任犹豫不决呢？我们怎么敢拒绝它，而让世界心碎？”

为条约和国际联盟而战是他的生命之战，而威尔逊总统决心把他的理由展现给美国民众。如果能弄到一列火车的话，当然他会乘火车旅行。可铁路因非法罢工瘫痪了好几个月。店员威胁要在1919年9月2日举行全国范围的罢工。由于铁路仍处于联邦政府的控制下，总统实际上是国家铁路系统的首席执行官。在1919年8

月底与工会领导人会面时，威尔逊以5.9%的加薪和同情地谈及他们的“共同敌人（奸商）”来加以安抚。工会还有更多的要求，但威尔逊向其保证，通货膨胀率“肯定已经达到了顶峰”。《华尔街日报》对威尔逊向“专横兄弟会”妥协表示遗憾，并以社论的形式呼唤那位阐明了这样一个信条（尽管民众供养着政府，但政府不该供养民众）的19世纪总统。“哦，给克利夫兰（总统）一个小时吧！”编辑们哀叹道。[17]

罢工结束了，铁路恢复畅通。威尔逊于1919年9月3日下午6点40分从华盛顿联合车站出发，行程9 981英里，耗时27天。第一夫人伊迪丝·博林·威尔逊（Edith Bolling Wilson）、塔马尔蒂以及总统的私人医生卡里·格雷森（Cary Grayson）陪同。这列火车的7节车厢载着白宫的各色工作人员，其中包括总统和第一夫人各自的仆人（共2名）、8名特勤人员、24名记者和2名乘务员。

威尔逊责备那些像格雷森和第一夫人一样恳求他花些时间休息的人：“这是一次十足的公务旅行。”他每天要在火车后部梯台上发表十多次演讲，有26个主要车站，他根本无法休息。[18]

第22天晚上，临近堪萨斯州威奇托时，威尔逊感到了剧烈头痛。他无法入眠，无论采取什么姿势，他都不能使自己缓解下来。当他坐在椅子上时，痛苦还在持续着。他靠在枕头上睡了一会儿，然后醒过来，紧接着刮胡子，穿衣服，准备下一次演讲。但当他从洗手间出来时，格雷森和威尔逊太太注意到他的脸已经瘫了下来。当他喃喃自语时，唾液从他嘴角的左边流出。塔马尔蒂立刻对记者们说：“先生们，我们不会去威奇托了。总统病得很重。铁路一准备好，我们就必须立即返回华盛顿。除了必要站点外，我们就不中途逗留了。”[19]

威尔逊中风了。他身体左侧受到的损害是显而易见的。格雷森确信自己察觉到了总统智力上的缺陷（这一点不太明显），但他对白宫核心圈子之外的任何人只字不提。

1919年9月28日，周日早上，总统专列返回位于华盛顿的联合车站。在大约1 000人的目睹之下，一名歪嘴微笑的男子靠着自身的力量步向一辆等候在那里的敞篷小汽车。尽管周日街道上几乎没有人，但总统“举起手来，摘下帽子，鞠了一躬，好像他在对一大群人的问候回礼”。吉恩·史密斯（Gene Smith）在《当欢呼声停止时》（*When the Cheering Stopped*）一书中这样描述道：“有足够多的人看到了他的举止。消息瞬间传遍了华盛顿——尽管总统身体还好，但向空荡荡的人行道致敬表明他丧失了心智。”[20]

在白宫，威尔逊的头砰砰地抽痛。他不能安睡，不能工作，也不能阅读。他不见客，当情况稳定时，会和家人一起去吃个晚饭，签署一些不太重要的法案，大声朗读《圣经》或者打一会儿台球。1919年10月2日的一个早晨，他醒来时，发现自己的左手已经完全失去了知觉。他的妻子扶他进入浴室，然后起身召唤格雷森，威尔逊在这空当跌倒了。威尔逊夫人回来时，发现他躺在地板上，昏迷不醒。格雷森在对媒体的公报中说：“总统病得很重，他今天的情况不太好，一整天都躺在床上。”事实上，总统已经瘫痪了。[21]

一旦真相出现真空，谣言就会猛扑进来。民主党的《纽约世界报》评论道：“从他生病开始到现在，病房里传出来的话，没有一句可以让人了解情况。诡秘莫测带来了困惑不解。”[22]

1919年10月3日，即威尔逊总统病情的不完整消息发布后的第一个交易日，纽约证券交易所的股价低开后迅速恢复。《华尔街日报》写道：“大股东不仅在所得税这个考虑因素的诱导下继续持股，而且他们意识到这场战争带来了绝大多数美国大工业企业财务状况的改善。”[23]

大约就在这个时候，美国前总统威廉·霍华德·塔夫脱从华盛顿访问归来，在火车上偶遇威廉·G. 麦卡杜。

麦卡杜透露，威尔逊总统处于“崩溃的状态”，尽管头脑“很清醒”。威尔逊总统的医生嘱咐他不要参与公共事务。[24]

时任副总统托马斯·R. 马歇尔（Thomas R. Marshall）是一名印第安纳州的政治家，人们之所以记得他，主要是因为那句经久不衰的幽默——“美国真正需要的是一支上好的五美分雪茄”。和普通报刊读者一样，他对威尔逊的境况也一无所知。时任农业部部长戴维·F. 休斯敦（David F. Houston）知道真相，因为塔马尔蒂向他道出过实情。但休斯敦不会泄露塔马尔蒂的秘信，哪怕是泄露给总统职位的第一顺序继承人（副总统马歇尔）。[①, 25]无论如何，马歇尔更喜欢自己的职务而不是威尔

① 时任农业部部长休斯敦曾在酒店与马歇尔会面，并在回忆录中写道：“副总统显然非常不安，并对他被蒙在鼓里（不知道总统实情）表示遗憾。他问我能否把真相告诉他，而我却无能为力……副总统表示应该立即让他知晓情况。如果让他承担起总统的职责，那么这顶多是一场悲剧；而对民众来说，这同样是一场悲剧。他认识很多人，他们比他更了解政府的事务。如果他在没有任何预兆的情况下就承担起这一责任，那么这对他来说将是特别困难的。”——译者注

逊的职务。他强调说："决不担责任。"①, [26]

1919年10月6日，在国务卿罗伯特·蓝辛（Robert Lansing）的要求下，内阁举行了会议。这位国务卿表示："政府的事务必须继续下去。"但要怎样继续呢？格雷森被传唤到场。"总统的状况究竟如何呢？"蓝辛问道。这位医生在回答中所说的"天平可能朝其中一边倾斜，也可能朝错误的方向倾斜"是最接近事实的。格雷森还说，威尔逊已经指示他询问这次会议是根据谁的权限召集的。[27] 战争期间似乎无所不在的政府现在变得懈怠而迟钝。威尔逊夫人严厉地看护着她的丈夫，不许他会客，不许他过目任何文件，除非她不在场。有个笑话说，威尔逊夫人不再是第一夫人，已经升任"第一代理人"。[28]

蓝辛撰写了感恩节宣言，塔马尔蒂在征求了内阁建议后，起草了总统向国会提交的年度报告。大多数的公务信件都堆积起来，无人回复，尽管威尔逊太太用她自己的方式处理了其中的一部分：

一封打印精致的信件，从宽阔的左边界一直到打印稿下方的底部，再到右边界，然后越过顶部，来回嵌着写信人的头衔和职

① 1919年10月，威尔逊因中风而无法继续行使总统职责，由此引发的继任危机成为马歇尔担任副总统期间面临的最大挑战。威尔逊本人和第一夫人都不喜欢马歇尔，总统顾问也认为副总统不是继任总统的恰当人选，他们因此和威尔逊夫人一起设法阻止马歇尔通过正式渠道得知总统病情，以此避免他继任。包括内阁成员及国会领导人在内的许多政要敦促马歇尔代理行使总统职责，但由于具体程序有欠明晰，并且马歇尔担心造成影响恶劣的先例，他拒绝从命。行政部门群龙无首的情况导致组建国际联盟的条约无法通过，美国随即回归孤立主义的外交政策。马歇尔一直无法见到总统，也无法确定其病情，直到任期结束。威尔逊病倒后白宫究竟是谁在做决策这一问题至今仍无定论，估计很可能是第一夫人在总统助手的帮助下代劳。——译者注

务，一名女子每天都会在信上用铅笔写下评语，她只受过总共两年的正规教育，又圆又大的字体就像12岁孩童写得一样。[29]

尽管威尔逊总统完全不再是他自己了，但他仍然保持着单轨思维。和平条约消耗了他还能唤起的一点注意力。在其他种种困难中，任其自行解决的问题有煤矿罢工威胁、种族暴力、红色恐慌①、通货膨胀以及1919年11月幅度大到令人震惊且撼动了原本平静股市的利率上升。条约（国际联盟）是他在首都华盛顿所有注意力的焦点。[30]对威尔逊来说，这不仅是在政治上也是在道德上让他全神贯注的问题。他说："去战斗比不光彩的妥协要好上千倍。"[31]

作为一名在妻子看护下的患病男子，威尔逊总统耽于一场与参议院的消耗战。1919年12月底，记者雷·斯坦纳德·贝克（Ray Stannard Baker）记录道："我们的政府似乎已经歇业了。"[32]英国新任驻美大使奥克兰·格迪斯（Auckland Geddes）爵士在1920年6月知会英国首相劳合·乔治（Lloyd George）："僵局是如此彻底，人们几乎有理由说美国没有了政府。"[33]

当时的环境为美国最后一次未经政府治愈的商业萧条埋下了伏笔。

① "红色恐慌"（Red Scare）是指1917年俄国十月革命爆发后美国人对于可能爆发政治激进主义或革命运动的恐慌。——译者注

05

既成事实的萧条

1920年，美国人谈论“繁荣”和“萧条”，谈论“通货膨胀”和“通货紧缩”，但还没有谈论“经济”。[①]他们更没有找到一种天然适合政府管理和激励的企业。在1920年的共和党政纲中，唯一关于“国民经济”的评论就是涉及联邦财政的管理。

尽管如此，看出经济突然垮掉仍然是可能的。根据《美国历史统计》(*Historical Statistics of the United States*)，在不考虑价格变化的情况下，美国国民生产总值从1920年的915亿美元骤降至1921年的696亿美元，跌掉了24%。即使考虑到物价下跌，美国国民产出降幅也达到了9%。对照之下，2007—2009年的大衰退导致美国名义国内生产总值下降了2.4%，经价格调整后降幅为4.3%。

① “宏观经济学”一词是由诺贝尔经济学奖得主、挪威人拉格纳·弗里施(Ragnar Frisch)在20世纪30年代创造的，但是奥地利学派经济学家欧根·庞巴维克(Eugen Bohm-Bawerk)在1891年的著作中预见了弗里施的观点：“一个人如果想正确了解一个发达国家的宏观经济，就不能不对微观世界加以研究。”马克·史库森(Mark Skousen)，《现代经济学的形成：伟大思想家的生活和思想》(*The Making of Modern Economics: The Lives and Ideas of the Great Thinkers*)，美国夏普出版社，2001年，第353页。

1920—1921年，美联储编制的工业生产指数降幅为31.6%；2007—2009年，其降幅为16.9%。

克里斯蒂娜·罗默是美国著名经济学家，她认为有缺陷的政府数据极大地夸大了实际国民生产总值表面上9%的降幅。罗默承认，商品价格的确出现了暴跌，但对商品消费者来说，这种暴跌本身就是一种强心剂。随着原材料成本的下降，制造商利润空间也在增加。实际上，罗默将这场明显的1920—1921年经济飓风降格为一种中等强度的热带风暴。①

21世纪对国民产出的测量是十分复杂的，也是极不精确的。不精确的部分原因就在于太烦琐了。因此，我们也要谨慎对待1920—1921年的统计数据。美国劳工部成为行政部门的历史可以追溯到1888年，但在1914年经济衰退之前，劳工部没有尝试测算过失业率。1921年的一项调查发现，在2 798.9万美国非农业劳动力中，有427万人失业，粗略估计的失业率为15.3%（不考虑那些因气馁而放弃找工作的人，或者工作时间达不到愿望或需要的人）。这个数据充其量是象征性的。颁布于1921年5月的一项法案象征着国民的情绪。这项法案对各国移民加以限制，以1910年定居美国48个州的一国居民人数为基数，控制比例为3%。立法发起人声称《配额法案》（Quota Act）是这个政治体对抗外国激进主义的屏障。

① 克里斯蒂娜·罗默是美国前经济顾问委员会主席，于1988年在《货币经济学期刊》上发表了一篇题为《第一次世界大战与战后萧条》（World War I and the Postwar Depression）的研究论文。她以高度技术性的理由，提议放弃一组国民生产总值估算值，而采用另一组。但一名非专业读者可能会惊讶于这样一个事实：每一组国民生产总值数据，无论是她拒绝的还是她喜欢的，都不是实时编制的。更确切地说，要等到人们有意记录的事件发生三四十年之后，各组数据才被构建起来。

美国劳工联合会执行委员会反对该法案，因为在高失业率时期，这远远不足以保护美国求职者的利益。[1]

物价下降比失业率上升更有案可稽。在12个月的时间里，商品批发价格跌幅为36.8%，消费价格跌幅为10.8%，农产品价格跌幅为41.3%（就下跌速度而言，甚至连1929年大萧条都无法与1920—1921年的物价暴跌相提并论）。道琼斯工业股票平均价格指数当时包含20只股票，而不是30只。该指数在1919年11月达到了119.62的最高点位，在1921年8月触底，跌至63.9的最低点位，从波峰到波谷经历了46.6%的跌幅。债券价格也跌了，无论是自由公债还是胜利公债，政府公债的爱国买家都蒙受了巨大损失。遭到特别沉重打击的是那些受美联储之邀用借来的钱进行投资的人。尽管他们投资的资产价格大幅下跌，但他们为购买该资产所背负的债务仍然固定于账面价值。到了1920年5月，对于1947年到期票息4.25%的自由公债，其1美元面值仅能以82美分（年收益率5.5%）价格易手。政府债券的市价反映出人们自美国内战以来对国家信用从未有过的偏见。

在计算国民收入跌幅时，我们就做不到这样精确了。在声称1920—1921年的经济衰退不过是一点小颠簸时，罗默援引了计量经济学家约翰·肯德里克（John Kendrick）于1961年编制的数据。相较于美国商务部的官方估计数据，她断定这些数据有很大的改善，可商务部数据也是肯德里克本人协助编制的，于1959年发表，仅于1965年修订过一次，那么她的这种判断也只是一知半解。[2]以21世纪的标准来说，这些数据当然都是不充分的，却在《美国历史统计》的标准参考书中永存。

这里有必要回顾一下20世纪的经济学家奥斯卡·摩根斯顿（Oskar Morgenstern）的论点：对国家产出的最佳估计不过是“有根据的猜测”。从40年前准确性大打折扣的统计数据中得出“有根据的猜测”似乎特别可疑（直到1990年——在上述事件发生70年后，政府的计量经济学家才真正开始测量美国经济的服务部分）。引用国民收入核算老前辈西蒙·库兹涅茨（Simon Kuznets）的话，摩根斯顿评论道：“由于国民收入研究中的数据‘部分是行政活动的副产品，部分是对复杂现象直接观察的结果，而我们没有采取旨在减少观察变量的控制措施，我们能做的顶多是以定量的形式来表达意见’。”[3]

那么，一个人对1920—1921年的经济衰退能谈论些什么呢？他又靠什么证据来说这些话呢？我们可以看到，萧条有一个明显成因，即之前的通货膨胀。通货膨胀不仅扭曲了价格和价值，也扭曲了膨胀经济的构造本身。1915—1919年的通货膨胀改变了人们投资、消费和计划的方式。不断上涨的价格引发了投机，低利率和银根松动使投机者更加胆大，易于获得的信贷同样扭曲了直观可见的成败概率。由于贷款人十分乐观，那些原本可能破产的企业获得了一次（或多次）苟延残喘的机会。在萧条之前的1915—1919年，破产企业的数量和那些已破产企业的负债，都下降到了战前的一半。[4]

由于1919年未能带来人们普遍预期的战后萧条，实业家、银行家和农民都为更热火朝天的景气制订了计划。自然而然，许多实业家投资、某些银行家放贷和大多数农民种植的力度，就好像有更厉害的价格上涨就要到来那样。当这些预期与信贷紧缩、惩罚性高利率和价格下跌的事实相冲突时，实业家、银行家和农民又都望而却步。研究商业周期的历史学家韦斯利·克莱尔·米切尔（Wesley Clair Mitchell）做了记录，他在20世纪20年代末这样写道："每一次物价下跌，都会使过度扩张的企业财务状况变得更糟，加剧了人们对无力偿债的担忧以及清偿债务的压力，进而增加了变现存货的压力，物价也就在这种作用下更加萎靡不振。"[5]

根据当时英国经济学家T. E. 格雷戈里（T. E. Gregory）的估算，1921年的世界"比罗马帝国垮台以来的任何时候都更接近于崩溃"。[6]当然，在美国，人们没有把战后的时代精神与"和睦时代"①弄混。在1919—1920年种族骚乱和"红色恐慌"之前，是1918—1919年的全球流感大流行：这场瘟疫造成了4 000万人死亡，其中包括67.5万美国人。②随着1920年1月禁酒令的出现，一个主要产业被取缔了（没错，福音传教士比利·桑迪说，"地狱将永远歇业"）。[7] 1920年9月16日，华尔街发生了恐怖袭击，38人死亡，300人受伤。[8]同年9月，在接下来的时间里，一个大陪审团开始听取芝加哥白袜队涉嫌操纵1919年世界大赛的证词。失业是美

① "和睦时代"（the Era of Good Feelings）主要包括詹姆斯·门罗（James Monroe）任总统的8年，即1817—1825年。在这个时期，美国基本上不存在党派政治，政治和谐、社会经济稳定，大州、小州之间互不信任感大大减少，欧洲世界战火纷飞的恐惧被隔离在美国之外，美国总体上展现出一种和平和繁荣的景象。这个时代之前是联邦党（左翼）和民主共和党（右翼）之间激烈党派纷争的第一党制度，之后是辉格党（左翼）和民主党（右翼）激烈对抗的第二党制度。——译者注

② 美国人口为1.03亿，在第一次世界大战中，美国在战场上的死亡人数总计为117 465人。

国1921年的一个全国性严重问题，促使新当选的沃伦·G. 哈定召开了总统失业问题会议。精力充沛的时任商务部部长赫伯特·胡佛（一个笑话不胫而走，说他是“负责其他一切事务的助理部长”）在这项工作中起了带头作用。会议的一项成果是发表于1929年一份内容广泛的调查报告，标题是《美国最近的经济变化》（*Recent Economic Changes in the United States*）。①

胡佛等人用1 000页以上的事实、描述和分析很好地证明了，1920—1921年的情况要比一场经济衰退更严重。例如，在这两年间，美国汽车产量下降23%，报告净收入超过10万美元的公司数量下降45%，制造业时薪下降22%。根据《美国最近的经济变化》，1919—1920年和1920—1921年，美国平均可支配农业收入（仅来自农业而非副业）下降了56.7%，在农业经济对国民收入的贡献度处于17% ~ 18%的时代，这可不是一件小事。[9] 1919—1921年，美国商业破产案增加了两倍，从6 451件增加到19 652件，而破产企业总负债增加了4倍多，从1.13亿美元增加到6.27亿美元。[10]胡佛等人断言：“自1899年以来，美国制造业生产的实物产品数量一直在稳步增长，只有1921年这一年有明显下降。”

根据韦斯利·克莱尔·米切尔的说法，1920年的衰退发展成1921年的萧条。作为一名历史学家、商业周期理论家和所处时代

① 这显然是对戴维·A. 韦尔斯（David A. Wells）在1889年出版同名书的致敬。作为一名新闻工作者、发明家和统计学家，韦尔斯在解释19世纪末美国经济的快速转型时，预见了约瑟夫·熊彼特（Joseph Schumpeter）的“创造性破坏”这一概念。胡佛组织的该项调查采用了韦尔斯式的方法来研究分析20世纪20年代使人眼花缭乱的、发明创造的10年。

的观察评论家，米切尔判断的可靠性大概不比任何人差。这不仅仅是美国的经济混乱，而且是一场席卷了所有前协约国的全球萧条（被击败的协约国在1919年也经历了一场经济衰退）。韦斯利·克莱尔·米切尔写道："虽然1919年繁荣期、1920年危机期和1921年萧条期遵循着先前的周期模式，但是我们已经看到战争及其突然结束所导致的经济状况对这个周期有多么大的影响。如果说美国商人被战后的需求愚弄，并走上了不明智的道路，那么所有国家的商人也都处境相似、概莫能外。"[11]

这无疑就是萧条，政府会对此做些什么呢？政府就像自己通常做的那样执行稳定不变的原则。1920—1921年，这意味着平衡联邦财政预算，提高利率以保护美联储的黄金头寸，并允许价格和工资摸索到一个新的、更低的水平。至关重要的是，这届政府没做胡佛政府在十年后积极尝试做的事情：没有联邦政府指导下维持名义工资率的努力，也没有联邦政府精心策划的工作分担制。因此，最终也就没人会给1920—1921年的萧条贴上"大"的标签。

1919年12月19日晚，在纽约市，伯利恒钢铁公司创始人查尔斯·M. 施瓦布（Charles M. Schwab）俯瞰着华尔道夫酒店宴会厅的宽阔会场，向宾夕法尼亚协会衣冠楚楚的就餐者发表讲话。这位实业家说，劳动和资本必须结合起来，才能收获某种诱人并能带来繁荣的回报。但他警告说："前方有暗礁潜伏，我们必须穿过激流。"

"有怎样的暗礁潜伏呢？"底特律的汽车巨头们也许会反诘施瓦布。美国的汽车工业（几乎是美国最大当然也是最具活力的行业）满眼只有绿灯。①美国汽车的产量在1919年接近翻番之后，于1920年几乎又翻了一番。[12]福特汽车公司生产了100万辆轿车和卡车，通用汽车公司生产了近90万辆轿车和卡车。[13]通用汽车公司领导人、超凡的梦想家比利·杜兰特在1919年10月确实公开表明过观点，警告了那种将计划赚取但实际并未到手的资金拿去投资的做法。[14]计划建造的杜兰特大厦将以杜兰特的名字命名，而对于花数百万美元建造一座大厦，以便容纳不断扩张且成本高企的通用汽车公司官僚机构来说，杜兰特并不感到满足。[15]

但乐观主义者（杜兰特一向是其中最乐观的）占了上风。毕竟，处于过热状态的景气，似乎是一种幸福的麻烦。燃料、材料和火车车厢都出现了供应短缺。从钢铁和煤炭行业的罢工来看，心满意足的工人也很紧缺。[16]随着美联储开始加息，信贷变得越来越昂贵，还没有算上稀缺。可商机依然无限。机动交通工具还没有脱离幼稚期。加利福尼亚州每千名居民中登记的乘用车数量仅160辆，佛罗里达州仅66辆、纽约州仅51辆。这三个州甚至有1/4的道路没有铺设路面。[17]

因此，汽车领域的前途无可限量。底特律只剩解决钢板长期短缺这样的暂时问题。1919年，钢铁行业单单建造一座冷轧机都还是被迫的。1920年，这个行业建成了87座冷轧机，还有48座冷轧

① 在教区居民景气时期乐观情绪的彻底感染下，托马斯·G. 赛克斯（Thomas G. Sykes）牧师于1920年2月17日从底特律郊区富裕的格罗斯波因特镇教堂（Grosse Pointe Church）辞职，进入房地产行业。赛克斯博士说：“我不想在教堂终老。”他的教区委员会之前每年向他付薪4 000美元，他还免交房租和水电费。《纽约时报》，1920年2月18日。

机在建。[18]底特律体验着匹兹堡的感觉。①

通用汽车公司完全瞻前不顾后，公司的库存分配委员会向各部门负责人宣导谨慎购车的必要性，但都是白费力气。运营主管们推断，由于明天汽车的价格肯定要比今天的高，所以现在买入是谨慎的。在这种情况下，不惜任何代价才是精明的做法。[19]

购车民众迟疑了。到1920年春天，消费者已经停止购买汽车。需求下降的同时，利率上升，1920年6月通用汽车公司库存金额从1月份的1.37亿美元激增至1.85亿美元。[20]

然而，需求持续疲软，到1920年7～8月就消失殆尽了。1920年9月21日，亨利·福特（Henry Ford）宣布将T型车从575美元降价至440美元（可选的电动启动器70美元）。[21]通用汽车公司起初拒绝和福特汽车公司一样降价，后来被迫让步。到1920年10月底，通用汽车公司的零部件和材料库存达到2.1亿美元，超出预算约6 000万美元。

在繁荣时期，通用汽车公司是自融资的，后来它开始向银行求助。在当年入夏以后，宏观经济开始急刹车之前，通用汽车公司月平均汽车销量为5.2万辆；1920年11月，它的销售成绩是1.3万辆；1921年1月，它只销售了6 150辆。大量零件和金属板材不仅是多余的，而且由于工业金属价格崩溃，其价值也被严重高估了。作为一项无可挽回的损失，价值8 490万美元的存货从账面上冲销掉了。

① 当时匹兹堡已是美国著名的钢铁工业城市，有“世界钢都”美誉，而底特律即将成为“世界汽车之都”。——译者注

杜兰特本人有着双重心理负担，不仅是因为他创建并领导着这家公司，还因为这家公司不断下跌的股价。在1920年前几个月，通用汽车公司股票报价30多美元/股；到7月初，股票交易价格为25美元/股。杜兰特作为通用汽车公司主要股票投资者之一，公司股价越跌，他越买。其要害在于，他并非完全拥有自己的股票，而是靠借钱购买的。用华尔街术语来说，他是“用‘保证金’融资的”。保证金债务增强了投机体验。在那个年代，1美元只要付10美分保证金，投机者在保证金融资的股票价格上涨10%的情况下就可翻倍。相反，在股价下跌10%的情况下，投机者就会输光一切。在股市下跌时，经纪人会要求增加担保，即“追缴保证金”；如果没有得到回应，经纪人将不惜代价抛售顾客的股票平仓。

作为一名依赖直觉、性情冲动的商业管理者（尽管他对操作细节的熟练掌握会让下属惊恐），杜兰特是一个胆大妄为的投机者，却并非全神贯注。1920年11月，他并不知道自己拥有多少通用汽车公司的股票（鉴于股价不停下跌，他当然持有太多了），也不知道自己欠经纪人多少钱。他的经纪人至少清楚这一点：他们坚信杜兰特欠钱多达3 800万美元。[22]

最终浮出水面的事实，让摩根公司合伙人这样心理素质强悍的领导者都感到惊恐。他们认为，杜兰特的风险敞口规模不仅给其本人和通用汽车公司造成了风险，也给美国金融体系造成了风险。因此，摩根银行和（在通用汽车公司有大量投资的）杜邦公司都赶来营救。营救过程前后持续了4天，其中包括一个没有休息的星期天，缺乏睡眠的救援队设法筹集了约6 000万美元。这笔钱足以让杜兰特保有尊严但毫无补偿地辞去职位。在还清债务后，这位企业家承认自己破产了。[23]到了1920年12月1日，他也失业了。[24]

小阿尔弗雷德·P. 斯隆在1920年年底详述了通用汽车公司的状况："汽车市场几乎消失了，我们的收入也随之消失了。我们的大多数工厂和这个行业的其他工厂要么停工，要么在工厂里用半成品组装少量汽车。在过时的、虚高的价格水平上，我们背负着高价库存和债务承诺。我们缺钱，我们的产品线混乱不堪。无论对经营还是财务，我们都缺乏控制，也丧失了所有控制手段。对一切事务，我们都没有充分的信息。总之，危机丛生，疮痍满目，无论内忧还是外患，你想要多少就有多少。"①

毫无疑问，美国农业经营者对危机的敏锐甚至不如通用汽车公司管理层，但他们因这场萧条所受的危害还要比杜兰特创立的这家公司严重。农业享受着繁荣，这一点类似于通用汽车公司，尽管农业还缺少现代化便利设施。当1920年联邦人口普查人员询问人们的家庭是否安装室内管道、拥有收音机或电力时，只有一小部分农业经营者会回答"是"。改善的是农业经营者的相对地位，挥之不去的战时通货膨胀推高了其所售东西的价格。收成总值上升到1919年的159亿美元，而1918年是142亿美元，1917年是135亿美元，1914年前5年（1909—1914）平均每年是59亿美元。的确，比起战前的货币，1919年缩水的美元所能购得的东西变少了，而且随

① 改进的管理方法帮助通用汽车公司以相对良好的状态度过了大萧条。小阿尔弗雷德·P. 斯隆说："由于1929—1933年的大萧条，通用汽车公司出现了业务收缩。"但与1920—1921年不同的是，尽管情况更为严重，但收缩是有序的。小阿尔弗雷德·P. 斯隆，《我在通用汽车的岁月》（*My Years with General Motors*），第199页。

着收入的增加，成本也增加了。但1919年农业经营者的条件改善程度，至少和他们的城市亲戚是同步的。[25]

在当时以工业为主的美国，农业经济仍然发挥着关键作用。大约有1 060万人从事农业生产，占到美国劳动力的28%。近一半美国人仍然生活在空旷的乡村或人口少于2 500人的村庄。[26]每个人要么自己耕种，要么认识种地的人。虽然乡村居民的消费能力有限，但他们仍然手握选票。

在第一个完全和平的年份，海外对美国食物和棉布的需求似乎是无穷无尽的。为了给饱受战争蹂躏的欧洲提供衣食，农民的土地种植面积为4 926.1万英亩，这是美国历史上最高的种植面积，比1914年前5年的平均水平多出1 560万英亩。[27]改良的种植方法让以前未开垦的土地变得适于耕作。人人都可以看到，长期以来一直在上升的每英亩产量将维持这个势头。新的机械设备、杀虫剂，更好的轮作方式，改良的植物品种，以及更合理的化肥使用，为持续的繁荣提供了大好的前景。[28]

这就是1919年大丰收时令人振奋的前景。1920年的春天来得较晚、又冷又湿，似乎一度打破了这一令人倾心的良性循环。然而，一旦天气转晴，农民们就下地了。农产品的普遍高价激励他们种植了一块接一块的土地。

成本与膨胀的物价齐头并进，眼下成本已经超过了售价。在真正或象征性地见识过巴黎之后，许多归国的退伍军人选择了不回农场。做出这样选择的军人，每服役一天就可以得到5美元，比1914年的平均水平高出140%。[29]土地价格飞涨（艾奥瓦州的玉米地价格从1910年的每英亩不到100美元涨到1920年的每英亩225美元），利率也提高了，为了筹集1920年种植季节的经营周转贷款，农民会支付高达8%的利息。[30]抵押贷款债务是另一项沉重的开支，尽管是乐观的农民自愿负担的。1910—1920年，所有者自营农场的担保债务翻了一倍有余，从17亿美元增至40亿美元。房地产税是战前平均水平的两倍。[31]尽管如此，与破坏性的铁路运费飙升相比，这些税还算不了什么。从1920年8月26日开始，正好赶上秋收季节，铁路公司将运费提高了25%～40%。在铁路公司看来，这种状况是一项从战时控制切换到和平时期经济的耽误已久的调整，农业经营者则称之为盗窃。

对支付者来说，不断上涨的成本虽然是不受欢迎的，但在1920年春天，似乎并没有涨到无法忍受的地步。高售价足以让农业经营者吸收掉这些成本。然后，赫伯特·胡佛警告了食品短缺，而富有经验的纽约媒体推测小麦价格会从当时每蒲式耳① 2.25美元的市价升至每蒲式耳5美元：《纽约世界报》在"农场危机和粮食短缺的恐惧"这个标题下关于农作物价格仍会上涨的预言已经破产。[32]实际上，那个时候，城市和乡村的农作物价格已经开始震荡。美联储开始收紧信贷，日本遭受了通缩恐慌。但这种震荡在事后比当时更明显。1920年6月，《华莱士农人》（*Wallace's Farmer*）——一份读者群广泛的农业杂志，对"不久的将来会出现恐慌的笼统谣言"不屑一顾。

① 蒲式耳是英美制容量单位，英制1蒲式耳合36.37升，美制1蒲式耳合35.24升。——编者注

《华莱士农人》的编辑鼓着勇气说："依个人之见，我们不认为老式的恐慌在眼下有可能发生，（因为）我们不仅有（为防出现这种情况的）联邦储备银行，还有对各式各样商品持续的需求。"[33]

大多数农业经营者在1920年看到的最高价格，是他们在播种时从杂志上读到的价格。当年的下半年，10种主要农作物的平均价格下降了57%。到1921年5月，这个平均值仅剩12个月前的1/3了。到1921年11月，农作物价格已经降到了1913年的水平以下。[34]带来毁灭的不仅是农作物价格的暴跌，还有依然坚挺的成本。

农民的痛苦程度取决于他种植了什么作物、借了多少钱以及居住在哪里。按这些标准，艾奥瓦州西北部的玉米种植户，即使是一名负担适度的农民，也是最大输家之一。很有可能，他以有史以来最昂贵的价格借钱购买了农田。他也许已经花钱购买了一台新款拖拉机。他是在1921年寒春播种的，希望收成时能得到和当时芝加哥5月1日左右市价一样的价格——每蒲式耳61美分。在这次事件中，他甚至没有获得芝加哥期货交易所1921年12月交易时每蒲式耳50美分的价格，即使是这一售价，他也只实现了56%。

1919年，一车玉米从苏城运往芝加哥，生产者从玉米销售中获得了80%的收益；粮仓费用和佣金占12%，剩余的8%是运费。到1921年的最后几周，粮仓费用和佣金上涨了10%，而铁路运费（继1921年8月下旬震荡之后）上涨了34%。因此，这个来自艾奥瓦州的人曾梦想得到1蒲式耳61美分的80%，也就是大约49美分，却只得到了1蒲式耳50美分的56%，也就是28美分。这极有可能比他的生产成本高不了多少。农业历史学家詹姆斯·H.夏德勒（James H. Shideler）说："一个被广泛引用的故事是，堪萨斯州有位农民把一车苜蓿运到堪萨斯城的市场，当他被问及从中赚了多少时，他说'我赚了对它的种植'。"[35]

但是，来点小幽默并不是农业经营者对"1920年罪行"或"大阴谋"的典型反应。[36]堪萨斯州农民打算自发做点什么，来反对冷酷无情、非人格化的市场，他们发起了一次小麦罢种。1921年，他们发誓要减少30%的种植，减种的小麦就进不了他们先前不得不拿去销售的市场了。1蒲式耳小麦的平均生产成本为2.77美元，被发动起来的小麦生产者要求1蒲式耳3美元的价格。全美农人联合会主席查尔斯·巴雷特（Charles Barrett）在1920年11月的联合会大会上对听众发表了慷慨激昂的长篇演说："如果必要的话，你们就展现出自己有勇气去坐牢。"[37]和《纽约世界报》社论版相反，1921年1蒲式耳小麦价格不是5美元而是1美元。

与棉花种植者和烟草种植者相比，小麦种植者是被动抵抗的典范。为了实现1920年大丰收，棉花生产者们目睹了他们的棉花价格从1920年4月的每磅41.4美分跌至1921年6月的每磅10.3美分。在不久前景气时期流行乐观情绪的反衬下，自暴自弃和财务崩溃就显得更加令人痛苦。这些种植园主向华盛顿进发，不让棉花进入低迷的市场。如果棉农拒绝和其他受苦的同行抱团，他就要面临针对其棉花或人身的报复。1921年1月，在肯塔基州的沃尔顿，大批烟农拥入拍卖会，抗议3万磅白肋烟廉价拍卖。他们蜂拥而至，把烟叶践踏成了卖不出去的碎片。[38]

1921年春末，新组建的沃伦·G. 哈定政府成立了一家农业调查联合委员会来调查此次危机的成因。在一连串快节奏的听证会之后，委员们制作了一份报告，提到了“一场大的萧条，就像我们如今正在摆脱的那种”。[39]对农民来说，这场萧条看上去很“大”。

对哈里·杜鲁门和埃迪·雅各布森来说，这场萧条似乎也很大，他们的堪萨斯城男装店在1921年通缩崩溃中大栽跟头。随着物价暴跌、生意萧条，两位合伙人债务的账面价值，一下就超过了他们视为资产的衬衫、领带、帽子、手套和固定设备的价值。他们为进货而累积筹措的3万美元债务，沉重地悬在头顶上，如今这些存货迅速贬值。

1922年4月，两位合伙人决心放弃。所有商品都不得不贱价甩卖：箭领衬衫售价1.30美元，腰带售价69美分，法式折叠丝绸领带售价39美分。公众也可以带走固定设备：“架子出售——灯架出售，展柜出售——帽柜出售。”

情况表明，在两位合伙人面对的众多债权人中，银行家的态度最为强硬，持有6 800美元借据的安全州银行（Security State Bank）的态度最为冷酷。银行一再施压，但两位前男装店的店主既无资产也无收入来偿还他们所欠的钱。1925年，雅各布森宣布个人破产，列出了10 676.50美元债务（主要是他在借据价值中的份额）以及507美元资产。资产中只有28美元是现金。

杜鲁门比他的搭档更能抵挡那些纠缠不休的债权人。1922年，他当选为密苏里州杰克逊县东区法官。由于公职人员的工资不能被扣押，所以杜鲁门法官的薪水是安全的，不过他的个人银行账户没有得到这样的保护。1930年，一名持有扣押令的律师从杜鲁门个人账户中扣划了110.87美元。

杜鲁门的债务困扰了他多年。尽管他已经偿还了1 000多美元（这是1923年的事了），可利息还在不断增加。到了1929年，他拖欠的债务达8 944.78美元。但通货紧缩对他的催债人比对他本人更没有手下留情。杜鲁门的传记作家罗伯特·H. 弗雷尔（Robert H. Ferrell）说："凑巧，这张安全州银行借据被转给了另一家接手的银行，即大陆国民银行（Continental National Bank），后者于1933年倒闭；1935年，大陆国民银行资产被法院拍卖，杜鲁门借机以1 000美元价钱得到了这张借据。"[40]

06

挨了训斥的花旗银行

1920年6月26日，美国货币审计长约翰·斯凯尔顿·威廉姆斯（John Skelton Williams），也就是美国国家特许银行的首席审计官和监管者，准备在班戈镇召开的缅因州银行家协会年会上发表讲话。根据现代的商业周期定年法，美国陷入萧条6个月了。然而，威廉姆斯这位感情用事和逞勇好斗的弗吉尼亚人似乎没有表现出半点焦虑。

威廉姆斯的演讲以一个家庭的故事起头。他的伯父是美国南方联盟军的军官。1865年，他身受重伤的伯父被美国北方联邦军队俘虏。幸运的是，俘虏他的人不仅是勇敢的士兵，还是“善良而有骑士精神的绅士”。他们来自缅因州。威廉姆斯引用他伯父的话：“我的孩子，你要永远记住，你在任何地方遇到缅因州第11军团的成员时，都要像对待你的兄弟一样对待他。”

这样，这位来自南方的审计长和他的北方听众好似有了纽带，瞬间拉近了距离。威廉姆斯提醒“扬基”（北方）银行家们：“你们所在的州，有着令人难忘的纪录，自国民银行体系57年前建立以来，没有一家国家特许银行倒闭。比起我所能表达的任何语言，这绝对干净的成绩是对你们各家银行的经营管理者及其先辈品质和资格更有力、更好的赞颂。”

威廉姆斯补充道：“如果我们有幸在其他地方也有类似的情况，那么审计署的破产银行部便会无所事事，我们至少会砍掉一个办公室。”

审计长接着说：“这毕竟不是什么遥不可及的愿景。”在过去22个月，他管辖的8 000多家银行中没有一家破产，其间经历了10个月的战争时期，12个月通往和平的调整时期，外加大幅度的严重通货膨胀——比1913年之前40年的平均水平高出了30倍或3 000%。

威廉姆斯宣称：“我非常乐观，希望在座各位有生之年都能看到美国任何地方的银行破产是不可思议的事情。我们听说，在破产银行全体职员被利斧砍掉脑袋的做法形成制度后，中国曾经就是如此；但更不错的预防方法是，务必要让这些银行官员保住脑袋，让他们保持脑子清醒、眼睛睁大。”[1]

威廉姆斯绝不是美国银行业唯一的乐观主义者。物价会持续上涨的信念是如此普遍，足以维持大量放贷，但从1921年的角度回顾，这些贷款最好不要发放。就在威廉姆斯讲话的同时，查尔斯·M. 施瓦布在1919年年末提到的那些金融暗礁，已经开始带来震耳欲聋的撞击。

利率已经上升了6个月。1919年11月3日，纽约联邦储备银行提高了以商业票据为抵押向会员银行贷款的利率；旧利率是4%，新利率是4.75%。纽约货币市场立即收紧。到1919年11月11日，隔夜贷款报价已经高达30%①。先前，放松的银根给繁荣提供了资金。现在，紧俏的银根开始使它窒息。1919年11月，道琼斯工业平均指数下跌了12.8%。

1920年1月23日，螺丝又拧了一下，纽约联邦储备银行加息至6%，但这次股市几乎没有感到害怕。《华尔街日报》在社论中对货币政策更强硬的风格举杯致敬："对于美联储提高贴现率的行动，银行业中弥漫着一股欢欣鼓舞的气氛，并且明显感觉松了一口气。"[2]通用电气公司报告，1919年下半年出现了"该公司有史以来最多的订单和随之而来的产量飞跃"。[3]

事实证明，通货膨胀是一个棘手问题。在1920年的前5个月，商品批发价格上涨了17.5%。利率仍居高不下，但看涨人士分辩说：对资金的需求反映了投资机会的丰富。[4]

1920年4月18日，东京一家银行倒闭，导致大米、棉花和丝绸的价格暴跌，迫使日本商品交易所关闭。第二天，纽约证券交易所的股价坍塌，通用汽车公司股价跌幅达8%。日本和美国一样，从第一次世界大战中获益。在不到两年的时间里，日本丝绸价格飙升了400%。[5]物价上涨以及对物价上涨永无止境的预期，勾起了日本人的想象力，人们使劲策划新企业、打广告、融通资金；股价一涨再涨。1920年年初，当美国人购买丝绸的步伐突然放缓时，以大量抵押为特征的日本投机大厦不堪重负、轰然倒塌。

① 日息0.1%左右。——译者注

美国人也许不想要“通货紧缩”，但他们确实渴望更便宜的物价。持续的高昂生活成本，引发城市居民穿上了乡下款式的工装裤，这是朴素、无通货膨胀生活方式的象征。忍无可忍的购物者成立了工装裤俱乐部和旧衣俱乐部。在纽约市，30名具有宣传意识的消费者联合起来，宣布成立一支“消灭惊人生活成本的军团”。[6]

通货紧缩以先发制人的姿态，让反通货膨胀斗士措手不及。到1920年4月的第三周，布鲁克林百货公司的商品价格和纽约证券交易所的股价都在下跌。1920年5月3日，费城零售商约翰·沃纳梅克（John Wanamaker）登出广告，启动了一次全场20%的打折促销活动。[7]其竞争对手们跟在沃纳梅克背后，通货紧缩的雪球明显滚动起来。就好像有人按下转换开关似的，卖方市场变成了买方市场。

不断下跌的物价带来了人们对库存精打细算的倾向。在通货膨胀的影响下，商人们下了很多订单，为使至少一次这种购买可以按时得到满足。现在，他们开始取消所有订单，除了他们真正需要的那个订单（甚至连这唯一订单也取消了）。没有预防“取消症”①的疫苗，这是一种新的美国商业传染性疾病。②

如果审计长威廉姆斯宣称美国银行业偿付能力不可动摇的那番话让花旗银行的职员听到了，那么他们可能会感到脸红。至少，他们的银行并非那么坚不可摧。在谢里尔·史密斯（Sherrill Smith）

① “取消症”（cancellitis）是用“取消”（cancel）和“炎症”（litis）造出来的词。——译者注

② 1920年11月29日，《纽约时报》以“萧条归咎于缺乏信仰”为标题，引用了波士顿靴子和鞋类俱乐部主席奥利弗·M. 费希尔（Oliver M. Fisher）的话，将四处蔓延的订单取消归咎于这个时代的道德败坏。

这位在1920年2月检查过花旗银行账簿的联邦审计官看来，这家曾经为胆小者服务的胆小银行，似乎经历了一场公司性格的180度大转变。

史密斯记载道："该银行以前保留超额准备金的纪录曾令人羡慕。直到最近，它才成为一家大借款机构，当然在相当长的时期内，都没有如此。但现在该银行的借款异常庞大，有迹象表明，在未来一段时间内还会如此。"在1920年3月24日结束检查时，花旗银行的资产负债表显示，其活期存款为3.687亿美元。活期存款是该银行基本的、惯常的和无可非议的资金来源。不过，其资产负债表还显示，该银行从其他家银行借入了1.817亿美元，从美联储借入了6 110万美元。曾经古板守旧的花旗银行正在拼命扩张。

花旗银行的海外业务彰显出雄心壮志。就整体而言，该机构资本、盈余和留存收益的总和，仅比花旗银行国外分支机构5 300万美元的负债总和多出2 600万美元。史密斯承认自己十分担忧。正是银行所有者在银行的利益（资本、盈余和留存收益）保护了储户在危机中免受损失。

史密斯评论道：

我相信这家银行正在竭尽全力跟上这里以及许多分支机构的业务增长步伐，但人们只能断定这正变得越来越困难。同样明显的是，设立包括存款银行和贴现银行在内的外国分支机构，意味着在这些国家的商业生活中大手笔地持续扩大投资。总之，这笔投资可以很容易地变成一项固定投资，这些分支机构即使可以撤资，通常也只有在因为汇率变化而蒙受相当大的损失之后才能撤资，并且这种损失可以轻易抹去或极大减少这些分支机构的收益，就像最近在古巴哈瓦那发生的情况那样。[8]

为了讲清外国银行业的危险，这位审计官继续说，只要看看花旗银行在俄国的飞来横祸就知道了。史密斯向华盛顿提出忠告，这些事例表明，“超出人力控制范围的情况是如何毁掉一项投资并导致数百万美元损失的”。也许，正如花旗银行所宣称的那样，最糟糕的时刻已经过去了，管理层已经一笔勾销了所有可能发生在俄国的损失（除了少数残留问题），但史密斯仍持怀疑态度。此外，在审计官总结自己的评论时，花旗银行已开始迅速积累大规模的外汇风险敞口。银行管理层告诉他，银行真的别无选择，这是维持花旗银行在国际金融领域崇高地位的代价。史密斯说：“这也许是对的，但这也会让该银行在获利的同时承受巨大损失的风险，并且对于存款银行来说，这是不明智的。”

存款银行有义务保护公众资金，而花旗银行却没有履行好这一基本义务，特别是在古巴，这一义务被抛弃了。

糖是古马这个岛国的特产，而且似乎是当时的世界所匮乏的。糖价从休战时的每磅4美分涨到1919年的每磅8美分以及1920年春天的每磅22美分。以每磅4美分的价格种植甘蔗，曾经是有利可图的。对制糖厂、铁路和相关基础设施的新投资，只要糖价为每磅8美分就能带来惊人的回报，更不用说每磅22美分了。只要投资者有信贷需求，这家花旗银行就打算满足其需求。1919年，花旗银行有22家新分支机构在古巴开张。[9]

正如景气时期的银行家常犯的毛病，在古巴经济井喷式的增长中，来自花旗银行的这些人没有做到一丝不苟。他们对信贷分析尤其轻视，不断上涨的物价似乎使这项乏味的苦差事变得毫无必要。花旗银行发放各种贷款，对制糖厂的运营周转资金、上游供应商、新增制糖产能和不断增加的食糖库存都提供了融资。美国巧克力制造商米尔顿·S. 赫尔希（Milton S. Hershey）和他的好时公司欠下花旗银行500多万美元。不过，据来访的联邦银行审计官弗兰克·L. 诺里斯（Frank L. Norris）判断，赫尔希至少是个作风严谨的商人，投资于"价值不菲的产业"。[10]花旗银行在古巴更典型的生意是向作风草率的商人放贷。[11]到1921年年底，花旗银行对古巴食糖贸易的总风险敞口达到7 900万美元，相当于该银行资本金的80%。

糖好久都卖不出每磅22美分的价钱了。1920年后期，当诺里斯参观花旗银行的古巴分支机构时，糖价又回到了投机狂潮开始之前的水平。诺里斯向总部报告说，有人要承担相当大的损失，"而且从目前迹象来看，不会是制糖厂的老板"。

诺里斯反问他的上级："对储户负有庄严责任的银行，应该豪赌甘蔗未来的收成吗？要知道，甘蔗产量极度依赖天气，以及靠租赁而非自有种植园来过度扩张的投机者不知餍足的贪欲。"

身为民主党人的威廉姆斯是否出任美国首席银行审计官一职全凭总统决定。选民一旦选出了一位新的共和党总统，也就实际上解雇了威廉姆斯。和伍德罗·威尔逊一样，威廉姆斯工作的最后一天是1921年3月2日新总统就职之日。自1914年以来，威廉姆斯一直担任审计长。这是风雨飘摇的7年，因为他热衷行动，富有激情，而且嘴不饶人，招致怨恨。他是银行家们的死对头，是严格和固执的规则执行者，也是令人生畏的长篇大论、好辩逞强的书信撰写者。据说，威廉姆斯“坐着不动也气势凌人”。[12]

威廉姆斯的前任审计长写道：“与其说是威廉姆斯先生在担任审计长时的所作所为，让他受到了太多的批评，让他的管理不受欢迎，不如说这是他的行事方式导致的。”当然，花旗银行的银行家们可以为这一评价做证。

威廉姆斯曾在弗吉尼亚大学短暂地学过法律。1895年，在他30岁时，他构想了一个用铁路连接纽约和佛罗里达的计划。到1900年，海岸快线铁路系统（Seaboard Air Line Railway System）完工，威廉姆斯成了公司总裁。仅仅3年后，这位企业家在与金融家托马斯·福琼·瑞安（Thomas Fortune Ryan）的华尔街之战中落败，对他一手创立的事业丧失了控制权。

这位失望的铁路建造商对新的海岸快线管理层不断地提出批评。他指控闯入者花了太多钱。他们欠了太多债务，付了过高利息，出了太多佣金，总而言之，会把威廉姆斯这条南方铁路的财务命脉转移到华尔街的金库中。在1907年恐慌之后，海岸快线破产，威廉姆斯被证实了有先见之明。

这位胜利的批评者宣称：“这不是自夸，但这对那些感兴趣于海岸快线证券的人来说是证据。我对该系统事务的看法是有充分根据的，我请大家注意这样一个事实，即我对这一产业的趋势及其财务和经营管理结果的预言，近年来全都化为了现实。”[13]

尽管威廉姆斯被指定为破产的海岸快线的接管者，但他并不是1912年买下这条重组铁路控制权的资本家之一。收购财团的领导者——巴尔的摩市的S. 戴维斯·沃菲尔德（S. Davies Warfield）对媒体说：“海岸快线显然是美国南方的产业。”但沃菲尔德的合作伙伴中包括一些华尔街巨头，比如花旗银行的弗兰克·范德利普、大通国民银行的阿尔伯特·H. 威金（Albert H. Wiggin）和信孚银行的本杰明·斯特朗。

至于威廉姆斯，他在里士满银行行长这一职位上待了很久之后，于1913年才接受邀请加入威尔逊政府的财政部。他结仇不断，以至1914年，威尔逊要力排众议才能任命他为审计长。

1921年，审计长威廉姆斯似乎没有注意到政治日历即将到来的翻页。他的审计官当然也是如此。他们游历了欧洲、南美和古巴，参观了花旗银行设在那里的分行。他们在该银行位于华尔街55号的总部检查了账簿，在感到不满意之后，便把花旗银行管理层代表召集到华盛顿进行自我申辩，让其解释花旗银行的种种行为，尤其是在古巴的做法。

到了那时，古巴政府已宣布暂停偿还债务。美国萧条正在加剧。花旗银行欠纽约联邦储备银行1.44亿美元，也就是其法定准备金的3倍。1921年2月22日，周二上午10点，审计长威廉姆斯、副审计长托马斯·P. 凯恩（Thomas P. Kane）和包括诺里斯在内的三名审计官开始讯问这家美国最大的储蓄机构中三名不太清楚状况的代表。

当时，威廉姆斯对花旗银行并非没有好感，这家银行的事务让他忙得不可开交。1913年，当威尔逊一家入主白宫时，他们就发现花旗银行在财政部里安插了一名间谍。一位领花旗银行薪水的职员——洛塔·M. 泰勒（Lotta M. Taylor）——在财政部大楼审计长办公室里占着一张桌子。在这个战略性位置上，她能够复制审计官的秘密报告，并将其转交给花旗银行华尔街总部。因此，花旗银行高层对各个国民银行状况的了解，跟审计长一样透彻，显然其他任何私营机构都做不到这一点。

1913年11月，在华盛顿特区的一家银行美国信托公司（United States Trust Company）①遭遇挤兑后，这些极不寻常的事实才得以曝光。当时担任财政部助理部长的威廉姆斯调集了100万美元公共资金来阻止恐慌。严格来讲，任何信托公司都不受联邦监管，因为没有一家信托公司是由联邦政府特许的。但威廉姆斯断定，破产会产生广泛的影响，因为美国信托公司拥有5家分支机构、640万美元存款和5万名储户，是首都银行业态不可分割的一部分。（威廉姆斯随后解释说："当时美国的金融状况令人情绪不安，或多或少令人高度紧张，而且人们严重担心，在华盛顿造成威胁的骚乱可能会蔓延到其他城市，从而带来灾难性的后果。"）因此，他拿100万美元联邦存款向该地区的国家特许银行撤钱，并指示接收机构将资金重新存入受到创伤的美国信托公司。挤兑突然停止，美国信托公司的事态终于得到了成功解决。

由于这一突如其来的激进公共政策，威廉姆斯和财政部，包

① 不要与现在的美国信托公司（U.S. Trust，美国银行的子公司）混淆。

括财政部部长威廉·G. 麦卡杜，遭到了共和党报纸《纽约论坛报》的指斥。当威廉姆斯在1914年当上审计长时，他在1914年的审计长年度报告中，从头到尾讲述了银行挤兑风波、《纽约论坛报》的攻讦和花旗银行渗透政府办公室的故事。威廉姆斯写道："在前几届政府中，花旗银行从政府那里享受到了特殊的优惠和特权，特别是在与财政部打交道方面。"[14]很明显，那些特权已经过期了。这一切都是1921年讯问的前传。

威廉姆斯为这次会见定下了讯问的调子。

这名审计长在致三名花旗银行高级职员的开场白中说："布朗先生，我们将着手处理对欧洲分行的检查报告。诺里斯先生检查了贵行在安特卫普、布鲁塞尔、巴塞罗那、马德里和热那亚的分支机构。审计官忠告说，截至他检查的时候，这些银行的监督和管理还有很多需要改进的地方。"[15]

这是该银行最轻的违规行为之一。审计长和他的工作人员已经查明了许多可疑的贷款。令人发愁的是，威廉姆斯的手下似乎比银行家更了解信贷。

一笔60万美元的贷款给了长期担任国民担保公司（National Surety Company）总裁的威廉·B. 乔伊斯（William B. Joyce）[16]，这太能代表花旗银行做生意的方式了。这个借款人以4.25%的利率获得贷款，远低于当时6%的利率。此外，审计长注意到，贷款期限是不明确的，这是对借款人的一种不寻常的让步。银行难道不可以提前收回贷款并重新设定利率吗？

"可以。"其中一名被告承认了。但花旗银行选择不承认："这是个信誉问题，仅此而已。”

乔伊斯用他的60万美元买了自由公债。另一位来自花旗银行的访客说：“当时，我们是按票面利率贷款的。”也就是说，这家银行是按债券支付的利率贷款的。

布朗插话说：“这是在鼓励人们购买自由公债。”

审计长问道：“他是唯一被你鼓励去买自由公债的人吗？”

“那倒不是，我们鼓励成千上万人这么做。”

“我认为，鼓励顾客购买自由公债是非常值得赞赏的，”审计长说，“但我怀疑永久性提供60万美元贷款是否明智或有商业头脑。”[17]

审计官又发现了一笔低于市场利率的贷款。美国商业债券公司（American Debenture Company）的乔治·S. 米滕多夫（George S. Mittendorf）借款2.95万美元，利率才5%。审计长想知道他为什么付了那么少的利息。威廉姆斯对来自花旗银行的银行家说：“请注意，我不愿让人觉得我在抱怨低利率。我应该很愿意看到比一般水平更低的利率，但我认为‘雨应该降给义人，也应该降给不义的人’。如果你给一个客户4.5%的利率，那么当这笔利率为4.5%的款项放出时，你也应该考虑一下其他顾客。利率5%的放款也一样。”

布朗的一位同事回答说，这些都是例外，银行的利率通常是统一的。

在给米滕多夫的贷款中，低利率并不是唯一个让人感到惊讶的事，这位审计长观察到：“这笔利率为5%的贷款，似乎在你们的账本上存在了10或15年了，一直是这个利率，或者更确切地说，是从1907年开始的。这是一位你们应该很容易认出的老朋友，至少你们中的一些人应该很容易认出。你们中哪位还记得他吗？”

没人能记得。[18]

接着，审计长转向另一笔贷给M. 哈特利·道奇（M. Hartley Dodge）2 981 727美元的款项。道奇是雷明顿军火公司董事长，社交广泛。在大多数人看来，道奇非常富有。威廉姆斯说：“它似乎被记在账上好久了。”这是一笔健康的贷款吗？花旗银行副行长中的一位回答说：“这是一笔不错的贷款，但还款出现了迟滞。”

威廉姆斯问道：“你能收回吗？”

“是的，先生。”

“现在吗？”

“是的，先生。”

“你不认为在向他提供了5年左右融资之后，把贷款收回来，还一点钱给储备银行是件好事吗？”

副行长回答：“嗯，我们在尽快收贷，还清我们的债务。”

威廉姆斯说：“我想你说的是你们现在可以收贷。”

“是的，我们可以，但这可能会有困难，就像我们可以收回的其他贷款一样。”

对此，布朗补充道：“我们可以通过让人们破产来收回大量贷款。”[19]

现在，审计官把矛头指向古巴。其中一位对花旗银行的代表说：“从整体上看，你们所有古巴分支机构的经理都是不称职的。他们中的大多数人甚至都不适合贷出2 000美元的最高信用额度，他们不适合从事信用分析。他们的信用调查报告在很多情况下都是不完整且凭主观估计的。我发现，当你们的许多经理不能从客户那里获得合适的财务报表时，他们会征得借款人的同意，到对方的办公室查看财务账本，启动试算表，以便对方能虚构出确切的数字。你们有太多钱被套牢在给甘蔗种植者的贷款上，这些人从不提供财务报表，无法证明自己有任何流动资产，他们主要从银行借款，不仅从你们的银行借款，还从其他银行借款，他们以未来的作物收成做抵押，贷款金额达到了最高额度。”

当诺里斯谴责古巴分支机构松懈的安全措施（20万美元或30万美元会藏在小保险箱中，一名“称职”的窃贼可以在半小时内打开）[20]、花旗银行办公室“一墙钉子洞”[21]的邋遢外观或抵押品屡屡发生的问题时，花旗银行的客人没有多说什么。在巴亚莫市，银行向一个牛贩子提供了一笔102 423美元的贷款，据称这笔贷款以1 500头牛为担保。但事实上，诺里斯说，这里根本就没有牛：借款人在把受偿优先权交给银行之前就把牛卖了，或许他是在贷款登记员的默许下这么做的；他把牛卖了，把收益留给了自己。无论如何，牛根本不存在。[22]

诺里斯说，他曾和一位古巴银行家谈过，这位银行家指控花旗银行（在一定程度上，还有加拿大皇家银行）破坏了古巴的市场。向诺里斯提供消息的人说，当地的贷款银行知道自己的客户是谁。它们知道不同的种植园或庄园手上有什么，真正有可能生产什么。它们知道这些事情，所以它们在贷款方面没有新来的银行那么随意。诺里斯用外交辞令总结道：“以上是那个古巴银行家的观点，在看了你的合同之后，我很满意地看到，你在抢生意时可能有点无拘无束。”[23]

多年前，哈特利·威瑟斯对伦敦花旗银行进行了调查，找不到一样值得批评的缺点：在货币理论和银行业实践方面，花旗银行几乎没有什么可以改进的地方。显然，对于1920年的美国银行业，他不可能得出这样的结论。

审计长威廉姆斯也向受训斥的花旗银行代表提出了过分随意放贷的指控。相对于5亿美元的存款，他们只能出示900万美元现金（包括金币、银币和纸币，还有清算所黄金凭证、其他法定货币以及在美联储托收的项目）。未抵押的美国政府债券持有量不到15万美元。

在自我辩解中，花旗银行高管回答说，纽约的不良贷款总共才4 000万美元。其中一人反问审计官："考虑到我们过去一年所经历的一切，你是否认为此时的这4 000万美元占迟滞贷款①的比例很高？"

威廉姆斯的一名手下回答说，他会点头赞成，尽管就像他所相信的，不良贷款的总金额实际上更高。但他肯定承认，这场萧条与不良贷款"有很大关系"。此外，桌对面的审计官继续回答说，花旗银行不是一家普通银行，而是美国第一大银行。为了配得上自己的实力和地位，花旗银行肯定有义务让自己的偿付能力起码维持在最低限度。

① 迟滞贷款（slow loan）是监管机构或银行认为有违约风险的贷款。迟滞贷款的还款时间比一般贷款要晚60至90天，具体取决于监管机构的定义和贷款期限。——译者注

07

受到鼓励的通货紧缩

本杰明·斯特朗受的正规教育只到高中，他对学术研究没什么兴趣。但当站在一旁的学院派曲解他或美联储的成绩时，这位纽约联邦储备银行行长也不情愿保持沉默。E. L. 博加特（E. L. Bogart）教授在美国经济协会的一份出版物中批评了美联储，引来斯特朗1919年年初致货币经济学家埃德温·W. 甘末尔（Edwin W. Kemmerer）的一封长达20页且极有先见之明的信。在发泄了对博加特的不满之后，斯特朗对当前时局做了自己的分析。

斯特朗在谈及战争引起的通货膨胀时表示："我们的力量只是轻微受损……相比之下，今后由此产生的磨难也将是温和的。我相信，财政部和联邦储备系统采用了一种略微不同的政策，而我正打算为之努力，这将确保在未来一两年内我们银行业的状态将得到大规模的清理整顿，确保尽早停止政府举债以及实现价格水平的大幅下降。"

斯特朗所暗示的"略微不同"的政策不亚于一项让美国经济

突然陷入困顿的计划。

斯特朗接着说："不过，我也相信，这必然伴随着一些相当严重的损失，因为我们已经高企的价格发生在一个享有异常繁荣的国度。不幸的是，与外国竞争对手相比，美国商家和厂家维持着过多的存货。我相信，这段时间将会伴随着大规模失业，但时间不会很长，且在经历一两年由失业引起的不适、窘迫以及些许损失、混乱之后，我们就会得到接近立于不败之地的银行业，得到与其他国家相比更有竞争力的价格水平。我们将能够发挥广泛且重要的影响力，使世界恢复到适宜生活的正常状态。我们必须要有一个关于这些事情的理论，并且至少要有勇气去实践和陈述它。"[1]

这些话隐含着一种对市场自我矫正的性质以及美国金融力量和韧性兼备的深刻信念。没有任何历史证据表明斯特朗是一个性格残忍的人。他没想给失业者造成痛苦。他所期待的萧条是一种"必要的邪恶"。工资和物价一样，都被扭曲了。两者都涨得过高，不得不掉头回落，它们迟早会跌至可持续的水平。如果美联储能助推它们一把，那么它们及时恢复到可持续的繁荣就更好了。

在敏感性和训练方面，斯特朗和他同时代的人都是银行家，而不是经济学家。在联邦储备委员会中，只有一位专业经济学家以理事身份任职，他就是阿道夫·C. 米勒（Adolph C. Miller）。作为加州大学伯克利分校多年的金融学教授，他是一位实践性的经济学家。联邦储备委员会主席W. P. G. 哈丁（1880届亚拉巴马大学毕业生）是一位商业银行家。和斯特朗一样，约翰·斯凯尔顿·威廉姆斯也没有上过大学，他们都是在工作中而不是在课堂上学习商业和金融知识的。

16岁的W. P. G. 哈丁是亚拉巴马大学49年历史上最年轻的毕业生。在塔斯卡卢萨镇的J. H. 菲茨银行（J. H. Fitts & Company）做了3年职员之后，年轻的W. P. G. 哈丁便搬到了伯明翰，在伯尼国民银行（Berney National Bank）做助理财务主任。

后来，W. P. G. 哈丁晋升至财务主任，接着被聘任为同业对手伯明翰第一国民银行（First National Bank of Birmingham）的副行长，并最终成了这家银行的行长［2006年，伯明翰第一国民银行更名为美国南方银行（AmSouth Bancorporation），被地区金融公司（Regions Financial Corporation）购并］。1908年，W. P. G. 哈丁当上了亚拉巴马银行家协会主席。他是民主党人、共济会成员、圣公会教徒，还是3个孩子的父亲。1914年，他被召到华盛顿，成了伍德罗·威尔逊分权式新中央银行最初的理事会成员。1916年，他当上美国联邦储备委员会第二任主席。

2014年，经济学家和银行家似乎在不同的知识世界中分庭抗礼。银行家也许满嘴行话，但能让人听懂。经济学家（其中的货币经济学家）用晦涩难懂、佶屈聱牙的高等数学语符进行交流。在W. P. G. 哈丁的联邦储备委员会中没有这样的语言障碍。米勒是伯克利经济学家，威廉姆斯是自学成才者，W. P. G. 哈丁是亚拉巴马大学的天才，尽管他们并不总是意见一致，但他们似乎能理解彼此的说话方式。[①]

在经济和货币政策上，他们都接受了一般意义上的自由放任方法。对于1美元被定义为黄金重量，没人表示怀疑。除了威廉姆斯，没有一个人如此暗示美联储有权推翻市场决定的价格结构。通货膨胀扭曲了这些价格。现在，通货紧缩必须纠正这些错误。

和信孚银行前行长斯特朗的主张一样，米勒教授也主张降低物价。1919年，米勒在美国政治和社会科学院就“战后重新调整”发表演讲时表示：“凡有通货膨胀的地方，就必然会有通货紧缩，这是经济恢复健康的必要条件。”他说，银行必须像钓鱼绞盘收线一样回收战时贷款带来的通货膨胀增量。至于我们其他人，这位经济学家补充道，增加生产或减少消费才是前进方向。他建议人们工作和储蓄。[2]

撇开这些强硬言论，美联储继续压低它准备好放贷的利率，而它的会员银行都很乐意以这个利率借款。从1918年9月到1921年7月，该体系的会员机构从美联储借入的美元超过了它们必须持有的美元（法定准备金）的100%。直到一年过去，W. P. G. 哈丁等人才果断采取银根收紧政策。最后，当他们确实采取了严厉措施

① 戴维 · F. 休斯敦、查尔斯 · S. 哈姆林（Charles S. Hamlin）、埃德蒙 · 普拉特（Edmund Platt）和D. C. 威尔斯（D. C. Wills）填补了1920年的联邦储备委员会。休斯敦于1887年毕业于南卡罗来纳大学，并在哈佛大学获得政治学硕士学位。1913—1920年，休斯敦担任威尔逊政府的农业部部长，于1921年之前担任财政部部长。哈姆林于1886年毕业于哈佛大学，1893—1997年和1913—1914年两度担任财政部助理部长。普拉特也是一名哈佛大学毕业生，于1888年毕业，是一名报纸编辑和共和党国会议员。威尔斯高中毕业后在匹兹堡银行界一路高升，后来成为贝尔维尤市民国民银行（Citizens' National Bank of Bellevue）行长。

时，他们没有半途而废，而是将关键利率提高1.25个百分点，达到了6%。这是美联储从那时起到现在最猛烈的政策手段之一。理事们自身也并非有十足的把握，他们需要投两轮票，才让这个6%的利率得到批准。即使在此时，投票结果也是接近的：4比3。先前咄咄逼人的米勒投票附议了多数，只不过他这次投出的票和上一次相反。①这一天是1920年1月21日。

在预期的承受者身上，货币冲击的威力最初没有显示出来。银行继续放贷，信贷继续扩张，物价继续上涨。短期利率确实被推高了，这倒是符合预期和计划，却引来参议院的质疑。1920年3月，议员们盘问道，纽约货币市场最近通行的"高利贷"利率原因何在？央行官员回答说，这应该归咎于非个人的供求力量而不是我们。[3]但央行官员要对他们自己的财务状况负责。根据法律有关规定，储备银行必须持有的黄金和其他合格资产储备，至少相当于它们发行的联邦储备券的40%。问题在于，借贷及支出超过了维系美元的可用担保。1920年1月，整个银行系统的平均准备金率仅为42.7%。只有通过巧妙地将资金充足储备银行的担保转移到资金不足储备银行，这个体系才能避免宣布暂停黄金兑现那种可能引起恐慌的窘迫局面。美国财政部助理部长拉塞尔·C. 莱芬韦尔（Russell C. Leffingwell）在1920年1月21日联邦储备委员会会议上警告与会

① "米勒已经一次又一次指责理事会是由财政部控制的"，理事会其他成员和日记作者查尔斯·S. 哈姆林厌恶这些指控，"然而今天他公开宣布，他改变了自己的投票，一反其信念，就因为财政部部长和W. P. G. 哈丁主席想要这个6%的利率（他真是趋炎附势的人!!!）。"财政部部长那时是联邦储备委员会依据职权自动任职的当然委员。弗里德曼和施瓦茨，《美国货币史（1867—1960）》，第230页。

官员，美国离退出金本位只有危险的一步之遥。[4]

1920年5月，W. P. G. 哈丁召集12家储备银行代表到华盛顿开会，讨论令人担忧的信贷状况。即使像6%这样显然具有惩罚性的利率，也似乎并不足以遏制通货膨胀。实际上，膨胀的泡沫已经开始破裂：日本的丝绸市场已经崩溃，沃纳梅克的大百货公司开始了唤醒市场觉悟的清仓甩卖。[5]制造商们无法从惊恐的银行家那里借到钱，甚至没办法给先前延过期的贷款再次安排延期，于是纷纷通过抛售战争债券来筹集资金。[6]第四自由公债（4.25%，1938年到期）的1美元面值从年初的94美分跌至82美分，享受税收优惠的收益率为5.82%。在1920年5月的低价位，也就是后来被证明是熊市底部的时候，美国财政部庄重承诺的回报率要高于客观上安全程度较低的美国铁路类优质债券。[7]

看着美联储黄金头寸不断缩水的W. P. G. 哈丁，很难假设通货膨胀已经结束，或者通货紧缩已经开始。因此，在向美联储各区域分支机构的特使致辞时（每一位特使都是所谓的C类董事①，就职业而言，都是商业银行家），主席在会议开头描述了一些严酷的事实。在战争期间的19个月里，美国国家特许银行的贷款以每年10.5%的速度增长；在到1920年4月1日的12个月里，其贷款增长了25%左右。

W. P. G. 哈丁接着说："很明显，这个国家如果要继续提高物价

① 联邦储备银行设9个董事席位，其董事分为3类。在由会员银行选举的6位中，3位是职业银行家（A类董事），另3位是来自工业、劳工界、农业或消费部门的著名人士（B类董事）。理事会任命的3位董事代表公众利益（C类董事），不可以是银行官员、雇员或股东。——译者注

和工资，削减产量，扩大信贷，并试图通过非生产性经营和交易使自己获益，就必定会加剧不满，培养激进主义。如果我们坚持这样的方针，那么这将会带来真正的危机。”

因此，手头的工作是一项棘手的工作，即“在不削减基本生产、不冲击工业的情况下，进行正常而健康的清算，并尽可能不干扰合法商业和商业活动”。也就是说，在刹车时，方向不失控，车辆不碰撞。[8]

如果有人能做到这一点，那就太棒了，但阿道夫·C. 米勒坚持认为，这一点是做不到的。这位经济学家预言：“我可以毫不犹豫地为自己辩解，我对经济前景一点也不乐观，我从来没有预测过美国经济会出现通货紧缩。我认为，如果我们谈论通货紧缩，那么我们只是在自欺欺人。”[9]

威廉姆斯身为货币审计长，在理事会中享有当然席位，他也在这时发言了。他倾向于低利率，并且很快就对通货紧缩怀有强烈厌恶的态度。不过，就目前而言，他和米勒或W. P. G. 哈丁并没有太大区别。

威廉姆斯说：“在我看来，工业机构现在支付的大量工资给你们提供了一个积攒银行储蓄存款的绝好机会。前几天我听司机说，他花钱买了3件丝绸衬衫，10美元一件，这让我大为反感。”

没有记载告诉我们，听众是如何认可这个人对奢华生活的控诉的，毕竟他自己乘着一辆配有专职司机的汽车。威廉姆斯继续说：“我认为，当这些奢侈铺张的个案引起我们的注意时，如果我们提醒这些挥霍者注意开设储蓄账户的重要性，那么这将是有益的。”这并不是说美国的困难是美国独有的，也不是说美国可以通过自己的努力来克服这些困难。通货膨胀是世界性的祸害。但是，如果每一家银行都能成为“节俭的传教士”，更好地管理自己的资源，情况就会好很多。

阿道夫·C.米勒也许怀疑过美国能否实现真正的通货紧缩。但威廉姆斯很有信心，他说：“我认为，我们应该而且必定会带来合理程度的通缩或收缩。”[10]

与大多数观察人士一样，威廉姆斯也没有从1920年春天的通货紧缩消息中得出悲观的推论。他指出，1919年是美国内战以来企业倒闭率最低的一年。对于他的指控，威廉姆斯强调说，美国各国家特许银行，“从1918年1月1日到1919年10月31日财政年度结束时，创造出的免于破产纪录要比历来最好的纪录出色很多倍”。缅因州的银行家们也听到了他这种引以为豪的语气。[11]

审计长没有观察到的是，人造的低利率夸大了有幸支付这种利息的借款人的财务实力。1920年年初，公司破产之所以还比较罕见，不是因为公司管理者更优秀。各家公司之所以没像早先那样纷纷破产，是因为宽松的信贷让其得以推迟降罚的日子。威廉姆斯所提到的令人鼓舞的“商业死亡率”统计数据，很可能无法在6%的新利率状态下存活下来。事实上，当利率达到7%时，这些公司根本生存不下来。7%是纽约联邦储备银行在1920年6月1日首次实行的利率，其他储备银行也紧随纽约联邦储备银行的脚步。

威廉姆斯赞成6%的利率，但他对7%的利率发出了警告。在他指导下的银行审计官，也带着怀疑警告过不要这样做。除了超过

5 000美元的活期贷款①，纽约的最高法定利率是6%，7%的利率则是反常的。威廉姆斯告诫W. P. G. 哈丁，如果7%的利率被采纳，那么这种反常利率将惩罚自由公债的爱国买家，它将扼杀掉对合法借款人的贷款。[12]

事实证明，威廉姆斯的批评很有远见，尽管没有立即受到欢迎。对许多人来说，这个批评也并不显得特别有说服力。尽管纽约州设定了高利率上限，但许多市场利率已经超过了7%。在1920年5月18日的会议上，由美国一些最优秀的金融头脑和顾问组成的联邦储备委员会讨论了这个问题。除此之外，专家们还一致认为，7%的利率会关上战后通货膨胀狂欢的大门。前货币审计长A. 巴顿·赫伯恩（A. Barton Hepburn）在宣布7%的利率之际告诉《华尔街日报》："这个国家的民众到目前为止还没有意识到节俭、贷款清偿和减少信贷使用的必要性。除非普遍的奢侈行为得到遏制，否则我们永远无法实现预期的通货紧缩。"奢侈，确实如此：平均每个美国人每年消耗93磅糖；而在1850年，这一数字仅为18磅。赫伯恩说，这只是"我们轻率花钱和消费的一个例子"。[13]

① 活期贷款（call-money loans）是一种短期金融贷款，在贷款人要求时立即全额支付。和有固定的期限和还款时间表的定期贷款不同，活期贷款不需要按照固定时间表，放款人也不需要提前通知还款。——译者注

08

“史无前例”的经济崩溃

坏时光并非由股市崩盘来宣告。几十个商品市场的连续崩溃，让萧条找到了存在感。对于受影响的生产商和消费者来说，这些价格的下跌是立竿见影的，也是具有新闻价值的，但没有引起全国的注意，当然也没给美联储留下深刻的印象。1920年8月底，理事们大胆地说：“已有迹象表明，过渡期正接近尾声，总体形势改善在即。”[1]

经济衰退以一种交错的方式开始了，有效起点取决于一个人的居住地和所处行业。就一般物价而言，日本和英国的商品批发价格见顶在1920年3月，法国和意大利的商品批发价格见顶在1920年4月，美国、德国、印度和加拿大的商品批发价格见顶在1920年5月，瑞典的商品批发价格见顶在1920年6月，荷兰的商品批发价格见顶在1920年7月，澳大利亚的商品批发价格见顶则在1920年8月。[2]

对于美国生铁、复合钢或牛肉生产商来说，商品价格在1920

年5月并没有由升转跌，而是一直上涨到了9月。铁杉、硅酸盐水泥、砖、烟煤和原油的生产商一直到1920年12月都享受着商品价格的上涨。直到1921年1月，报纸出版商才在合约新闻用纸上缓了口气。这时，销售红雪松木瓦和精纺毛纱的交易商又一次提前读懂了周期天气的变化，他们所买卖商品的价格在1920年2月达到顶峰。[3]棉花价格在1920年4月和5月开始下跌，与美国商品批发价格平均水平一致，但棉花价格暴跌的剧烈程度和速度非比寻常。1920年4月16日，在纽约，每磅中等棉花的价格为43.25美分，1920年9月跌至30美分，1920年11月跌至20美分，1921年3月跌至12美分。[4]教科书教导我们，当其他条件不变时，低价比高价诱发更多需求。但棉花的价格直线下跌，似乎让潜在买家望而却步了。他们自身就能感受到，不管今天的价格低得多么离谱，明天的价格肯定会低于今天的价格。[5]

1919年买家的恐慌（对棉花和几乎其他一切的恐慌）被1920年开始的以卖家的恐慌取而代之。农业萧条事后的国会调查报告的作者们研究了自1800年以来的物价走势，他们得出的结论是“1920—1921年的崩溃是史无前例的”。[6]

就W. P. G. 哈丁个人而言，棉花市场的危机令人发愁。当身为伯明翰第一国民银行行长时，在棉花价格低迷或作物歉收的情况下，他曾命令本行信贷部门对棉花种植户别太严厉。可是，作为全国性通缩政策的发起人，他难以在抽紧银根的一般政策之外，给予家乡州受损的棉花种植者以特殊对待。[7]

在华尔街，股价跌幅只比农产品价格的跌幅略小一些。道琼斯20种工业股票的平均价格指数在1920年第二个交易日，也就是1月3日，以109.88点的当年最高点位收盘。1920年4月16日，该指数收于104.73点，当日棉花价格也见顶了。1920年9月16日，也就是华尔街摩根公司办公室外发生炸弹爆炸的那一天，平均价格指数已降至88.63点。1920年12月21日收盘时的最低点位是66.75点，这代表了1920年从波峰至谷底跌去了39%。到这时为止，投资铁路类股票的情况要好得多，因为铁路类股票在一年内大部分时间都在小幅上涨，这或许表达了人们内心对铁路网那种战时政府控制终告结束的如释重负。

1920年10月20日，美国金属制品协会和美国金属制品制造商协会在新泽西州亚特兰大市举行联合会议。在此之前，纽约联邦储备银行的一位主管描绘了一幅反映通货紧缩未来的乐观景象。发言人罗伯特·H. 特里曼（Robert H. Treman）指出，随着农民和制造商将通货膨胀撵走，零售商和工薪阶层也会如此。他说，明年春季或夏季的商品零售价格会更低，工资也必须下降。

“就商品转手和存货清算而言，通货紧缩过程才真正开始，我们必须预想时间将是几个月，甚至几年。”特里曼继续说，“在这个过程中，我们必须预料到工资水平会有所下降。商品成本的很大一部分可以追溯至劳动力成本，所以在工资紧缩出现之前，根本不可能出现真正或持久的通货紧缩。”

没人告诉我们，听众是如何接受这壶冰水的。当美国金属制品制造商协会主席弗雷德里克·H. 佩恩（Frederick H. Payne）少校站起来发表讲话时，他严厉谴责的不是央行官员，而是商业道德的“洼地”——在订单取消的阴影下，这种毛病俯仰皆是。佩恩说：“订单应该像契约一样得到信守。”他预测，到1921年，借钱将变得更便宜、更容易。正如《纽约时报》对他评论的转述，物价和工资将会变得“更理智”。[8]

暴跌的物价并不是约翰·斯凯尔顿·威廉姆斯心目中的“理智”。这位货币审计长改变了主意。他不接受美联储从1920年5月底开始对商业票据实行7%贴现率的做法。他不再像以往那样支持货币政策上“合理程度的通缩或收缩”，他和下定这个决心之前判若两人，他要求降低利率。

在紧缩银根的问题上，这位审计长就和他在托马斯·福琼·瑞安的铁路管理问题上一样，不爱把意见憋在心里。他将股价跳水和自由公债的价格震荡，归咎于将利率调升至7%的决定。此外，他说，华尔街各家银行通过向经纪人和证券交易商提供隔夜贷款，赚取了不合理的利润，其利率远高于6%的正常法定上限。[9]

如果银行家们留意其健谈的审计长，那么他们只会一笑了之。他们知道，威廉姆斯提到的那种超高利率（反常的10%、20%甚至50%）只在短暂的银根紧张时刻为市场所接受，而且在纽约证券交易所的实际货币市场业务中所占的份额微不足道。[10]国会如果想要改善美国金融的水准，并敦促国民信用联盟（National Credit Men’s Association）和投资银行家协会（Investment Bankers Association），就要通过法律挫败像庞兹（Ponzi）这样的骗子。1920年8月曝光的庞氏骗局曾威胁到波士顿银局体系的稳定性。[11]

其他城市的银行如果没有摇摇欲坠，那么也在为价格和商业活动的持续低迷做好防御。花旗银行副行长乔治·E. 罗伯茨（George E. Roberts）称，这本来就是应该的。一些人误以为，战时物价和工资膨胀水平是永久性的（也许花旗银行在古巴的信贷人员就处在被误导者之列）。在不希望如此的人当中，罗伯茨就是一个。

《华尔街日报》援引罗伯茨的话："如果最近的价格水平是永久性的，那么所有货币和支付固定数额货币的所有债务都将贬值大约一半。这将意味着人们以储蓄银行存款、本票或人寿保险形态持有的储蓄的大部分（也许半数）就好像被海绵抹去了一样。这将意味着将其财产转换成债券或抵押担保证券的退休农民或商人，收到的利息和本金偿付大约只值他期望的购买力的一半。薪资只进行了部分调整。许许多多工薪族因为这种变化而成为输家。铁路和公共设施几乎被通货膨胀摧毁。除非以牺牲别人为代价，没人能从通货膨胀那里得到好处，通货膨胀使整个社会和产业组织陷入混乱。"[12]

对"灾难"而言，"再调整"是漂亮话，在俄克拉何马州民主党参议员罗伯特·L. 欧文（Robert L. Owen）看来定是如此。就像卡特·格拉斯引导了《联邦储备法案》在众议院的通过，欧文也引导了该法案在参议院的通过。欧文和格拉斯分别于1856年和1858年出生在弗吉尼亚州的林奇堡，但格拉斯留在了当地，欧文西迁到了印第安人的领地。欧文在切罗基人的学校里任教，担任印第安人的联邦代理人，并在1890年组建了第一马斯科吉国民银行（First National Bank of Muskogee）。1907年，俄克拉何马州加入联邦，身为民主党人的欧文成了美国参议员。

1920年，这位参议员关心的不是因为通货膨胀而蒙受损失的储蓄者，而是饱受通货紧缩打击的生产者。他和威廉姆斯一样，开始给联邦储备委员会写抗议书。他猛烈抨击了“通货紧缩政策的心理效应”，并谴责了信贷紧缩。欧文在1920年10月对W. P. G.哈丁说：“银行对投机商人和牟取暴利者实行了一种自然而恰当的歧视，但生产者和分销商有资格根据其所经营商品的价值获得信贷。”[13]现在同样身为美国参议员的格拉斯，从美联储而不是欧文的角度看问题。2020年11月底，《纽约时报》也注意到了这个问题。《纽约时报》评论说，到目前为止，还没有出现恐慌。《纽约时报》指出，近年来的通货紧缩或萧条总是伴随着对货币或信贷的恐慌。有偿债能力但缺乏流动资金的银行和企业在互相踩踏中被迫破产。是的，这一回有“13家农民银行”倒闭了，但这些小邻里机构并不是华尔街意义上的真正银行，而是投资机构，甚至是“投机性质的合会”；它们设法为农民提供一年时间来销售其农作物。《纽约时报》承认，这是意图良好且友善的经营方针，但对于各家允许存款人随时取钱的银行来说，这是危险的经营方针。这篇社论又捅一刀：“农民真正需要的是更多类似华尔街的银行业务。”[14]

1920年年末，丹尼尔·古根海姆（Daniel Guggenheim）在接受《泰晤士报》采访时给支持通货紧缩的文献增添了佐证，他是极成功的矿业家族中的一员。他派的耳目到美国西部开展了一次实情考察，回来报告说，“拓荒之子”一点也不像东部人那样悲观。古根海姆说：“农民、农场主、矿工和商人都遭受了严重损失，不过他们似乎觉得，在战争繁荣期过去之后，这是不可避免的；现在物价已经达到一个较低的水平，材料供应和劳动力成本都下降了，再加上效率的提高，明年就能依靠某个至少会带来可观平均利润的条件开展生产。”

古根海姆承认，他们中有很多人失业，但正如《纽约时报》所写，这些人“主要处在流动、漂泊的阶级”。古根海姆继续说：“那些成了家的、生活稳定的美国人保住了工作，在高工资时期攒了很多钱。他们提高了自己的生活水平，无论吃还是穿都更精致，他们的孩子也获得了更好的教育机会。总的来说，美国劳动者的境况比我所知道的任何时候都要好。他意识到自己的工资必须削减，而不是盲目地与减薪做斗争，只要减薪不太多且不与生活成本比例失衡即可。”

有多少美国西部工薪阶层是这样看待事物的，古根海姆不敢肯定。然而，他试图解释笼罩在美国东部人身上悲观情绪的根源。他说，税收“扼杀了进取心”，而膨胀的工资逐渐侵蚀了劳动效率（员工在有史以来收入最多的发薪日欣喜若狂，在工作周刚好过一半时就给自己放几天假）。这位实业家断言，通货紧缩将部分治愈这些弊病，它将“在短期内调整货币市场，使那些需要钱的人能够得到钱”。这笔钱将“大量投资于商业企业，从而使机器开始运转起来”。[15]

当坐下来写一封公函时，审计长威廉姆斯就一直坐着不动。当放下手头工作站起来时，他就有“干货”展现给大家看。10页左右的单倍行距打字纸，连同统计和文献附录，是威廉斯的标准作品。审计长在1920年12月28日致W. P. G. 哈丁主席的公函就是这些“大贝莎重炮”[①]信件中的一封。

在信件开头，威廉姆斯回顾了他在1919年10月就物价暴跌加剧向W. P. G. 哈丁发出的警告。两个月后，矛盾却更加尖锐，缓和美联储严厉政策的必要性更加紧迫。威廉姆斯承认，联邦储备委员会之前一致赞成银根抽紧政策，以阻止1919年恶性通货膨胀，随后陷入的萧条的确是一场全球性衰退（他踌躇了一下，断言世界各国从未如此命运相连），并且希望经济立即复苏是不合理的。

美联储尽管无法创造奇迹，但也绝不能满足于无所作为。威廉姆斯写道，对那些家庭被剥夺了小康生活或者每周在必需品上囊中羞涩的男女而言，告诉他们明年或后年一切都将会（或也许会）好起来，“是可怜的安慰”。贫穷的匮乏和窘迫不能靠着保证将来某个时候会有更光明、更美好的日子来缓解或消除。我们的愿望和目的必须是防止当下的民众和成长中的孩子受苦遭困，避免生活和这个国家给孩子留下不堪的第一印象。

威廉姆斯似乎是在鼓吹家长作风，但他本人马上否认了这一点。

> 我绝不相信家长式政府，但我认为，在紧急情况下，政府权力可能会被非常恰当地（也应该）运用来稳定商业，在受威胁时避免金融恐慌，防止商业危机。

威廉姆斯继续说，战争兴起了一种家长式作风，把政府推到

① “大贝莎重炮”是第一次世界大战期间德国使用的一种威力巨大的420毫米超大口径超重型榴弹炮。——译者注

了指导和控制国家商业的位置上。不管你喜不喜欢，这就是事实。

> 操之过急，放弃政府的指导、影响和援助，就像占着一台庞大、复杂且微妙校准好的机械，之前在新条件下为了新目的拼命操作这台机器，然后又将其舍弃，结果出现了混乱、无序和失灵的状况，只好让先前的管理者再度校准并尽可能使之运转。[16]

不能说一个接受了“禁酒令”而此前接受了威尔逊战争社会主义计划的社会，无条件地反对积极行动的政府。威廉姆斯也没有这么反对。他回忆起自己在1913年干预美国信托公司运营的经历，证明为什么财政部阻止了“好多”次金融恐慌。正是财政部在1914年组织了一个私人借贷基金池来稳定棉花价格（尽管从不少于1.3亿美元的可贷资金中仅提取了28 000美元）。①

那么，威廉姆斯打算让W. P. G. 哈丁做什么呢？降低利率，这也是最重要的：以自由公债为抵押，以4.5%的统一利率放贷，而不是6%（7%是适用于商业票据的）；取消对会员银行征收的利率附加费，根据美联储武断的判断，这些银行过度放贷。威廉姆斯熟

---

① 在棉花这个敏感话题上，威廉姆斯有意不提尼古拉斯·比德尔（Nicholas Biddle）19世纪30年代后期策划、终归失败的价格支撑计划。比德尔是美国第二银行行长，这家银行也是美联储的前身。在取得一些初步成效之后，市场威力重占上风，棉花价格再次下跌，比德尔及其银行成了输家。美国第二银行于1839年暂停兑付，并于1841年永久关闭。位于纽约的商业银行行长约翰·A. 史蒂文斯（John A. Stevens）说，这是个“可喜的解脱”。他认为，结束比德尔的操纵将“让商业事务再次回归正常和自然的轨道”。布雷·哈蒙德（Bray Hammond），《从革命到内战的美国银行与政治》（*Banks and Politics in America from the Revolution to the Civil War*），普林斯顿大学出版社，1957年，第522页。

悉的一个案例是，一家美国西部地区的银行不得不支付19.5%的利息从当地联邦储备银行借钱，再借钱给那些陷入困境的客户。

威廉姆斯继续说，这样做是没理由的。他提醒W. P. G. 哈丁，如果美联储几个月前因自身储备头寸遭遇极限而早早收紧信贷，情况就不是现在这样了。这时，拥有大量黄金和其他合格抵押品的储备银行，可以轻松地加大放贷力度，从而加速美国经济的复苏。根据威廉姆斯的计算，从通货膨胀顶峰到通货紧缩低谷，美国工厂、森林、农场、农田和工厂的价值总计减少了120亿～180亿美元。按最高估计，这几乎相当于自由公债未清偿的余额。

威廉姆斯说：

> 我从美国各地国家特许银行审计官那里听到了很多可怜又可笑的故事，堪萨斯城区首席审计官最近告诉我，在他管辖的部分地区，最令人心碎的悲剧正在上演，农民被赶出农场，牲畜和农具被卖掉，穷途末路的家庭流离失所。
>
> 他还向我通报了农民无情地卖掉一切的情况，并表示，在美国西部部分地区，货币如此不足，以至农民的马有时以低至每匹3美元的价格出售，他们贫穷的邻居买下这些马后就牵去屠宰，用马肉喂猪，并靠出售马皮获得一些报酬。[17]

威廉姆斯继续滔滔不绝（他还没完成一半），在美国南方，农场骡子在法拍中以每头10美分的价格成交。在怀俄明州，有多余的牛饲料，但没有吃饲料的牛。在俄克拉何马州，种植者没去采摘地里的棉花，因为付不起工钱。在北卡罗来纳州，绝望的人们纷纷自杀，包括“一家经营良好和成功的国民银行行长，他显然不堪忍受身边一日不如一日的悲惨状况”。

在这种情况下，威廉姆斯要求他的审计官克制自己。他告诉W. P. G. 哈丁，他给自己所监管的银行“穷尽适当手段防止在治安官拍卖中洗劫诚实的债务人以及破坏他们的家庭，包括延长贷款期限，给他们尽一切可能保住农场和农具、贸易工具或商业设备的机会，让这些债务人有机会偿还债务、赎回典质品，并重新站立起来”。实际上，审计长颁布了他自己的个人信贷政策，以此来阻止美联储高利率政策带来的后果。

威廉姆斯引用了亚历山大·蒲柏（Alexander Pope）《普世祈祷》（*Universal Prayer*）中的话——“我对别人慈悲就是对我自己慈悲”，恳求W. P. G. 哈丁扔掉央行规则手册。他写道：“如此生动地呈现在我们面前的事实和状况，不能用理论来反驳，也不能用解释来摆脱，更不应该用含糊的猜测、承诺或未经考虑的经验来处理。它们要求明确而有力的行动（即使必须无视先例），中止或放弃既定的规则，制订新的计划和方法。”[18]

通常情况下，威廉姆斯会不失时机地颂扬他监管下的银行，甚至包括那些不在他监管下的银行。1920年5月，他向欧文参议员谈到了美国各州和联邦特许银行的“极好状况和优良作风”，称这种情况为“目前整个形势中最令人欣慰和放心的事实之一”。但在1920年12月27日，他向W. P. G. 哈丁表达了截然不同的评价。他说，华尔街的大银行处境不妙。一些最大的银行不仅给存款人带来了危害，也给整个体系的稳定带来了风险。

1920年5～12月，商业环境和商品价格当然都恶化了。那些在1920年春天看上去还挺健康的银行，很可能在圣诞节前就堕落到了亏损的地步（任何受到糖价冲击的银行，比如花旗银行，肯定都感受到了商业周期的寒流）。但威廉姆斯本人在对美国各银行做出明显悲观的新评价时，并不满足于修订他先前对形势的解读。他宁愿让人们觉得，华尔街的银行总是顺风而行，而现在，微风变成了狂风，其中某些银行可能会倒闭。就此而言，银行经营者们也没那么讨人喜欢了。

在威廉姆斯看来，曼哈顿下城的庞大借贷规模不仅是一个金融问题，还是一个道德问题。他告诉W. P. G. 哈丁，为什么这些银行业巨头中有一些向美联储借了1亿美元。这是“一些储备银行最近向其所在地区所有会员银行发放的贷款总额的两倍”。[19]

纽约某家银行从联邦储备银行借的钱（也就是1.34亿美元）比堪萨斯城联邦储备银行给其1 091家会员机构（分布在包括美国堪萨斯州、内布拉斯加州、科罗拉多州、怀俄明州在内的地区以及密苏里州、俄克拉何马州和新墨西哥州的部分地区）贷出的款项总额还要多，这到底有没有关系？没错，根据这位审计长的说法，的确有关系。这样的例子（他列举了不止一个）说明了纽约货币市场高利率的坏影响力。活期贷款的高利贷利率，将资金从必要的农业转移到了股票赌博的不必要消遣上。

“当我们分析美国东部那些受青睐的大银行从美联储借款的用途时，这些资金分配的不平等和不公正就变得很明显了。”威廉姆斯继续说个不停。审计长惦记着一家特别受青睐的东部银行，这家银行擅长自我交易，并从美联储那里获得了九位数的贷款，从而为这桩可疑的生意提供了资金。

尽管威廉姆斯在信件中小心翼翼，没有透露这家在道德和经济上都存在问题的机构名称，但他还是毫不犹豫地附加了一份未经改动的审计官报告。这份文献的标题是“关于董事长威金对大通国民银行和大通证券公司所欠债务的备忘录”。[20]

阿尔伯特·H. 威金在金融史上留下了伪君子的名声，他在1929年大崩盘中悄悄卖空了自家银行的股票，但他的声誉在1920年尚未被玷污。当时，审计长办公室注意到大通银行（Chase Bank，目前摩根大通银行名称的第二个组成部分）令人担忧的内幕交易模式。威金当时52岁，当了3年的董事长。他是几十家公司的董事，显然非常富有。当然，他的个人资产负债表非常庞大，他自己的银行为他的负债大方地提供了资金。

调查备忘录显示，威金及其妻子、两个成年女儿及女婿向大通银行借了980万美元，另一位董事威廉·B. 汤普森（William B. Thompson）向大通银行借了550万美元。比较起来，审计官指出，汤普森和威金夫妇欠大通银行的钱超过了大通银行在实收资本一栏所显示的数字，即1 500万美元（盈余一栏有另一个1 500万美元）。

调查备忘录指出，在威金担任董事的公司中，有许多家也是借款数额巨大，仅美国糖精炼公司就欠了810万美元。还有借给其他官员和其他附属公司的其他款项，管理人员、董事、关联方和关联公司的信贷总额接近4 000万美元。

威金不必从谁那里得知美国商业正在崩溃，他可以从他参加董事会议的公司股价中看出这一点。1919年7月，国民管道电缆公司（National Conduit & Cable Company）的股价为24.75美元/股；1920年12月20日，其股票报价为2美元/股。在同一时间段，因斯派里申铜业公司（Inspiration Copper Company）的股价从78.88美元/股暴跌至28美元/股。早在1920年2月28日，密苏里太平洋公司（Missouri Pacific Company）的股票交易价格为31.88美元/股，而12月21日的交易价格为11.50美元/股。

这位审计官在对大通银行的调查中总结道：“对一家国民银行的负责人来说，把时间和精力投入太多外部事务是很不幸的。此外，在动荡时期和崩溃市场中，这样的关系会遭到议论，很容易对银行信用产生反作用。”

09

审计长咄咄逼人

威廉姆斯致信给W. P. G. 哈丁，并非是私下切磋，而是为了公开地记录在案。他把这封信的副本寄给了联邦储备委员会每一位委员。1921年1月13日，W. P. G. 哈丁代表自己和委员会的其他成员，态度生硬地进行了回复。“亲爱的审计长先生”是他冷冰冰的敬称。

大西洋两岸经济学家都在为一种新的货币体系寻找理由。在战前金本位制下，汇率是固定不变的、不可侵犯的。如果有什么是必须调整的，那也是商业、就业或物价，而不是货币的黄金价值。约翰·梅纳德·凯恩斯和欧文·费雪坚持主张，如果在物价保持稳定的同时允许货币价值调整，那么战后世界的情况要好得多。为了实现“物价稳定”这一宏愿，理论家们提倡一种新型的中央银行模式，现在应该由W. P. G. 哈丁和斯特朗这样的人来看管货币了。中央银行成功的新标志不再是以固定法定汇率完全兑换成黄金的货币，而是稳定的物价和充沛的就业机会。

威廉姆斯在要求“明确而有力的行动，即使必须无视先例”

时，似乎暗示了这些新想法，但无论是处于攻势的威廉姆斯，还是处于守势的W. P. G. 哈丁，都没有以经济学家的抽象方式表达他们的观点。他们更愿意像讲求实际的人那样争辩，诉诸必要性和同情心（在威廉姆斯的理由中），以及经验和常识（在W. P. G. 哈丁的理由中）。

W. P. G. 哈丁对他那不友好的同事说："我揣度，你向委员会致信的目的是公开地记录你的观点，如果你只是想让委员会考虑更改贴现率这件事，那么凭你身为委员会成员的资格，你可以随时将该主题列入议事日程，也可以在委员会召开的任何会议上非正式地提出。"[1]

所以，如果威廉姆斯决意越过收信人，向未指名的其他人发话，那么W. P. G. 哈丁也打算这么做。W. P. G. 哈丁指出，目前的麻烦有一大前因需要加以处理。1919—1920年的通货膨胀需要平息，而在战争期间被束缚手脚的美联储现在采取了有力且适当的行动。直到1920年5月，参议院才通过了一项决议，指示委员会"向参议院提供建议，并告知其打算采取或者向美联储会员银行推荐什么措施来处理当前的货币和信贷膨胀及由此带来的高物价，以及采取或推荐采取什么进一步的措施来松动信贷，以便扩大1920年的农作物销路"。①

但是，崩溃已经降临，这是必然的。就像战时通货膨胀一样，商品价格的紧缩也超出了美联储的控制范围。这不是什么凶兆。

① 由于商品价格刚刚开始创纪录地下跌，这是一个非常糟糕的时机，"当前"的通货膨胀正在迅速结束。

W. P. G. 哈丁断言："我们认为，所发生的收缩有点类似于气球被刺穿时撒气的情形。"

当然，"调整"是剧烈而痛苦的，也是不可避免的，即使是"通胀刺激"也不能让它拖延太久。美联储以威廉姆斯所反对的7%利率制止了一个更严重的问题。事实上，W. P. G. 哈丁认为："美联储实施的政策已经阻止了现代最严重的金融灾难之一。"

至于威廉姆斯建议美联储用新的未经检验的措施取代经过检验为正确的措施，W. P. G. 哈丁回答说，为什么他和委员会的其他成员拒绝这样做，"尤其是当那些新计划和方法从根本上说是不可靠的时候"。

只剩下回答威廉姆斯那令人恼火的指控，也就是在纽约联邦储备银行（以及华盛顿联邦储备委员会）疏忽大意的应允下，给予像大通国民银行这样看似不足取的申请机构如此大量的融资。

W. P. G. 哈丁很乐于向威廉姆斯指出，作为一家国家特许银行，大通国民银行属于审计长自己的监管范围。诚然，美联储有权审查它选择的任何会员银行。但是，基于它对威廉姆斯手下审计官的信赖，储备委员会认为无须进行任何此类重复劳动。

W. P. G. 哈丁说："我们很惊讶国家特许银行在你的监管下会发生这样的情况，我们想知道为什么你的审计官没有及早发现并报告这些情况。"[2]

没有多少人能驳倒威廉姆斯，更没有什么人能在言辞或文字方面超越他。审计长用他亲笔写的四封信对W. P. G. 哈丁的信件予以回击。每一封信在篇幅长度、参考文献（相关或不相关的）和善言力诤方面都达到了威廉姆斯的标准，而“第四枚火箭弹”（日期为1920年2月28日）在燃烧力方面达到了新的水准。在这封信中，审计长打算证明纽约州特许的担保信托公司陷入困境。威廉姆斯提醒W. P. G. 哈丁，他以前也这么说过，尽管纯粹的重复指出只是略微降低了这些指控的杀伤力。担保信托公司的声誉非常高，威廉姆斯倒不如把矛头指向摩根家族。

由于担保信托公司的合法存在取决于纽约，所以是纽约的审计官检查其账簿。担保信托公司从功能上说是一家银行，它吸收存款、贷款和投资。实际上，这家公司的存款总额在纽约排名第二（仅次于花旗银行），为4.819亿～6亿美元。在所有信托公司中，只有存款额达到2.223亿美元的纽约银行家信托公司（也就是信孚银行）接近于担保信托公司。

作为一家信托公司，担保信托公司属于有合法投资房地产资格（威廉姆斯的指控否认这一特权和诱惑）的那一类银行。担保信托公司的优势还在于：它留出的闲置资金（准备金）要少于其“表亲”（国家特许银行）必须维持的法定准备金。[3]在美联储出现之前，纽约各家信托公司比国家特许银行更容易受挤兑的影响，这一点在1907年恐慌中得到了充分证明。但现在，美联储的信托公司会员有资格以等同于联邦特许机构的条件借款。当然，令威廉姆斯感到满意是，担保信托公司证明了这一点。

1921年1月17日，在华尔道夫–阿斯托里亚酒店举行的纽约州银行家协会年度宴会上，担保信托公司总裁查尔斯·H. 萨宾（Charles H. Sabin）与W. P. G. 哈丁主席一起登上讲台，这体现了担保信托公司的地位。这位负责人回顾了银行业从1920年学到的教训，表达了“保守的乐观、重鼓的勇气和恢复的信心”。在他的问题清单上，排在第一位的是“在个人、商业和政府事务上奢侈荒唐的蠢行”。萨宾承认，未来当然还有很多问题，在一轮又一轮银根抽紧之后，问题总是会出现的。对于如何解决这些问题，当时有很多异想天开、不切实际的想法，包括惩罚性的监管和对未分配利润征税。他表示：“这种破坏了俄国的反常思维和轻率言论，如今也在试图损害我们的私营机构和公共机构。由于这些反常思维和轻率言论，那些捏造的、荒谬的谣言就传播开来了，中伤的都是有偿付能力的公司和健全的金融机构，它们必须被杜绝。”[4]

在星光璀璨的担保信托公司董事会上，坐着古根海姆兄弟公司的丹尼尔·古根海姆，新泽西标准石油公司董事长A. C. 贝德福特（A. C. Bedford），伯利恒钢铁公司总裁尤金·G. 格雷丝（Eugene G. Grace），摩根公司合伙人托马斯·W. 拉蒙特（Thomas W. Lamont），普尔曼公司总裁约翰·S. 朗内尔斯（John S. Runnells），继承人、骑手和游艇驾驶员，哈里·佩恩·惠特尼（Harry Payne Whitney），还有威廉姆斯的老冤家托马斯·福琼·瑞安。很难想象，这个梦幻般的人选组合会导致一家银行破产，但威廉姆斯肯定意识到，瑞安有致命的弱点。

严格来讲，国家特许银行的监管者与任何一家信托公司之间都没有正式的监管业务往来，特别是与担保信托公司这种迄今为止没有嫌疑（表面看来如此）的公司。但一位美联储主席有充分理由对会员银行，尤其是像担保信托公司这种大银行遭到的不当行为指控感兴趣。尽管在那个时代，从官方角度来说，没有哪家银行“大而不倒”，但银行家和监管机构都清醒地意识到，令人震惊和引人注目的倒闭会对银行体系构成怎样的风险。如果担保信托公司倒闭是可以想象的（萨宾似乎没考虑过），那么这肯定会让远离华尔街的窗户在其震撼下嘎嘎作响。1919年年末，纽约联邦储备银行向该机构提供了高达1.2亿美元资金，这大约是信托担保公司资本和盈余总和的两倍，是纽约储备银行自身平均资本的5倍多。[5]

担保信托公司承担了过度的风险，这是威廉姆斯所引用的审计官报告中表达的一个明确信息。审计官指出的麻烦到底有多严重，这个麻烦对一般银行意味着什么，以及这些困难对美联储的高利率可能意味着什么，这些问题都还没有明确的答案。

当纽约州审计官在1920年5月底对担保信托公司进行检查时，这场萧条才刚刚开始给美国商业留下显著的印记。但是，担保信托公司账上已经有了困难迹象，可疑贷款总计2 800万美元。在“价值可疑或流动性差的投资证券”的标题下，威廉姆斯引述了一位审计官的话，“数额相当大，总计约700万美元；在此处列出是不实际的”。[6]国外部门还有另外500万美元的“迟滞贷款”，投资证券市值损失约290万美元。在这些伤痕累累的资产中，有海岸快线铁路，也就是托马斯·福琼·瑞安从威廉姆斯手中夺走的这家铁路公司的债券，担保信托公司已经为此付了130万美元。担保信托公司的市场报价仅64.1万美元，相当于面值1美元仅剩49美分。迟滞贷款中的2 800万美元有半数牵涉萨宾总裁，据说他在交易中充当了担保人或有其他一些个人利益。总的来说，被确认为迟滞、可疑或损失的资产（包括刚刚提到的按市值计价的损失）总计至少有4 340万美元，担保信托公司的资本和盈余为6 630万美元。威廉姆斯强调，“快速”或流动性强的资产总计只有210万美元，“不到其存款总额的0.5%”。

1920年7月7日，审计官在提交给纽约银行监管机构的一份报告中总结道：“这家公司成长十分迅速，以至审计官经常会发现它的管理跟不上发展，情况看起来也并不总是像其他机构那样能够得到有效解决或平滑运转。”威廉姆斯向W. P. G. 哈丁引用了这一措辞，还加上了他自己风格犀利的、大写字母（此处用黑体表示）的总结：

提交给联邦储备委员会和纽约联邦储备银行的审查报告明确表明，担保信托公司已成为巨大的投机引擎；它不仅在美国各地，而且在国外，都在促进投机计划和冒险活动。

首先，它将自己的资金投资于高度投机性的新老公司的股票。

其次，它在各种投机性银团中以联合账户参与联合证券的承销。

再次，它向那些从事各种投机活动的借款人提供资金。

最后，这些交易资金主要来自纽约联邦储备银行的借款。在我写信给你的时候（也就是1920年1月28日），借款总计接近1.31亿美元。[7]

威廉姆斯继续说，而且担保信托公司继续利用纽约联邦储备银行的慷慨融资。担保信托公司每月借款4 700万美元（几乎是担保信托公司资本的两倍）到1.29亿美元不等。

审计长在第10页补充说："我不认为我有必要在这个时候讨论这个问题，即联邦储备委员会和纽约联邦储备银行是否在对此类贷款授信方面行使了合理适当的自由裁量权。"他还附加了5页纸来引用他以前关于担保信托公司的书信，以防W. P. G. 哈丁遗忘。

从表面上看，威廉姆斯对纽约州审计官调查结论的解读令人深感不安。如果像担保信托公司这样声名显赫的机构一直在滥用美联储的信贷安排，使自身处于狂风恶浪之中，那么推定其他更经不起航行考验的银行和信托公司肯定在进水下沉，也不无道理。

然而，审计长在一个姿态、一句话或一个论点中所主张的，在另一个姿态、另一句话或另一个论点中似乎都被抹去了。他对同事既友好又不友好。他时而失望悲观，时而通达乐观。对于美联储，他一会儿谴责，一会儿称赞。对于通货紧缩，他也是一会儿声讨，一会儿默许。

和其他理事一样，威廉姆斯在联邦储备委员会有一间办公室。[8] W. P. G. 哈丁想知道，如果威廉姆斯有批评意见要提出，那么为什么他不直接面对面地提出呢？为什么他不在联邦储备委员会的定期会议（W. P. G. 哈丁可没有忘记威廉姆斯时好时坏的出席率）上抛出他降低利率的要求呢？审计长并没有以这种礼貌的方式行事，而是将他经常令人不安有时甚至是尖刻的评论付诸书面，并在委员会之外散播他的信件副本，包括传阅给参议员卡特·格拉斯。[9]威廉姆斯在信件中传递出对美联储的敌意。然而，1921年年初，他很高兴地邀请理事们到他靠近里士满的乡村庄园过周末（W. P. G. 哈丁和另外两人都接受了邀请，W. P. G. 哈丁发现威廉姆斯是一个非常和善的主人）。[10]尽管威廉姆斯在致W. P. G. 哈丁的信件中严厉批评了中央银行的管理，但在他亲自撰写的最新出版的《1920年货币监理署年报》中，他又让人莫名其妙地称赞了中央银行的管理。

这是威廉姆斯在1921年3月辞职前对美国银行业状况的最后证言。读了它，人们也许会认为，审计长支持7%的贴现率政策，而不是反对它。美国避免了“在其他地方造成严重破坏的金融危机和彻底混乱”，根据W. P. G. 哈丁的说法，这“在很大程度上归功于联邦储备系统出色的效率和稳定的影响”。[11]

在读威廉姆斯年报时，谁也不会设想，花旗银行正遭受“糖贷”（sugar loans）的灭顶之灾，大通国民银行充斥着自融交易，纽约担保信托公司是一部“投机引擎”。审计长证实，在1920年6月30日之前的12个月里，各家银行从未有过如此高的利润。此外，自1914年（碰巧是他开始担任审计长职务的年份）以来，各家国家特许银行的累计净收益比1870—1913年的43年的累计收益要多出1 800万美元。至于不足，审计长指出，“当年倒闭的5家小规模国家特许银行的总资本是22.5万美元，占所有国家特许银行总资本0.017%”，成绩“比国民银行体系建立以来整整57年的平均水平要好上16倍”。[12]

在通货紧缩这个充满焦虑的话题上，审计长年报的作者显然也没有和那个纠缠着W. P. G. 哈丁不放的人商量过。几乎所有商品价格在全球范围内都出现了空前暴跌，这的确是毁灭性的，正如审计长笔下所承认的那样。但毕竟这是“不可避免的”，并且事实上这也并非完全有害，因为“从经济上说，如今在好多方面，美国比过去几年都要来得基础稳固”。[13]威廉姆斯补充道，希望加快这一天到来的步伐，“普通公民辛苦赚来的1美元，能够换取与战前用这1美元所能获得的无论在数量还是质量上都相差无几的东西”。

因此，联邦储备委员会的全体人员似乎（令人惊奇地）达成了一致。价格，进而是工资，持续的、急剧的甚至多半是猛烈的回落，才是前进的方向。

10

祸兮福所倚

美国的商业、农业和劳动力都在“重新调整”。物价和工资会下降，就像这两者在战后经常发生的情况一样。债务人将遭受损失，任何以虚高价格购入过多农作物或工业产品的人也会如此。由于1美元黄金价值（肯定）不会变更，调整的负担就不得不落在了那些赚得美元、欠下美元、贷出美元或储蓄美元的人身上。然而，在这段战后重新调整的特殊时期，有一个显著的不同，即没有出现似乎注定发生的金融恐慌：美联储已经注意到了这一点。

这就是纽约金融媒体在1920年年末和1921年年初的叙述。媒体编辑们并没有否认通货紧缩正在发生。① W. P. G. 哈丁主席也不

① 持反对意见者包括W. 杰特 · 劳克（W. Jett Lauck），他是代表铁路工会抵制通缩性减薪的经济学家。1921年4月，劳克向铁路劳工委员会提交了一份12.5万字的概要。他声称，由十来家华尔街金融机构组成的“资本联合体”，在摩根公司的恶意领导下，“故意让农民遭遇通缩，然后着手促成工业停滞，好让工人工资下跌”。劳克的概要认为，铁路公司以没钱为借口，而事实上，即使是在战时国有化的短暂插曲和州际商务委员会下令降低费率之后，铁路公司还是很有钱的。劳克指控说，资方在打击工会，并将继续打击，“直到劳方屈服，并同意放弃其与雇主组织进行大规模集体谈判的权利”。《纽约时报》，1921年4月20日。

否认。所有行家（也就是那些新闻媒体给予“名嘴”礼遇的人）都认为有必要进行调整。

W. P. G. 哈丁发表了一次又一次的演讲，宣称美好时光即将到来。这并不是说，尽管物价在跌，但是曙光在前；而是说，因为物价在跌，所以曙光在前。1921年1月7日，他出席了一场在曼哈顿下城德尔莫尼科餐厅举办的晚宴。这场宴会欢迎海军部部长、落选的民主党副总统候选人富兰克林·D. 罗斯福体面地重返私营部门。《巴尔的摩太阳报》出版人范·利尔·布莱克（Van Lear Black）保证，即使投票人拒绝让他担任公职，这位受欢迎者也会得到一份私企职务和相应的薪水以作为奖赏。马里兰州富达信托和存款公司（The Fidelity Trust and Deposit Company of Maryland）——布莱克在这家公司也有股权——刚刚任命这位失望的政客为副总裁（那种可以免于银行日常事务而去发表政治演说的“副总统”）。[①, 1]

在餐后甜点时间，在雪茄烟雾缭绕的氛围当中，W. P. G. 哈丁向用餐者致辞，重申了他迄今为众人所熟悉的乐观态度。他表示，发生金融恐慌的可能性本就不大，但现在就连这略微的风险也消除了。他尤其欢迎北达科他州银行最近的表态，这家银行承认，不让小麦进入市场并且以期实现1蒲式耳3美元价格的法子是徒劳的。更好的做法就是，像这家银行现在给其农民客户的建议一样，以市场所能承受的任何价格出售他们的农作物。就像W. P. G. 哈丁所说的，1蒲式耳小麦要价1.49美元；在1921年11月的低位上，薄式耳小麦价格仅剩0.93美元。

① 副总裁和副总统在英文中都是一个词组，即vice president。——译者注

波士顿联邦储备银行在评论物价暴跌时表示："这是令人欣慰的一个原因，在此期间，逐月来看，尚未出现对经济结构造成冲击的全面商业灾难或普遍困境。相反，我们看到了两个重要先决条件为未来的商业稳定奠定了持久的基础。一是清算和通货紧缩，两者都是有序的；二是日益令人满意的银行状况，准备金增加和贷款减少。"[2]

毫无疑问，北达科他州种植小麦的农民，并不比亚拉巴马州的棉花种植者和怀俄明州的羊毛牧场主更满意清算和通货紧缩的进程。但一个人的索价就是另一个人的成本。消耗大量煤炭和钢铁的铁路公司，自然对这些关键投入要素的成本下降感到高兴。1921年3月，报纸出版商同样欢迎有机会以每磅5美分的价格购买新闻纸，虽然现有的价格尚未达到战前每磅2美分的老价格，但它也只有1920年10月的一半。

暴跌的价格既是祸也是福。它使美国的出口更有竞争力，也使美国的投资更具吸引力（当然，也更有价值）。它使得联邦储备委员会的理事们更愿意考虑降低利率。它让厌倦通货膨胀的购物者松了一口气，至少对那些仍有工作的人来说是这样。

黄金开采业是物价下跌的特别受益者。尽管美元价值（也就是黄金价格）由法律固定，但是开采黄金的成本是可变的，它在战时和实现和平之后的一年多时间里一直在攀升。现在，黄金开采成本在下挫，矿商利润空间在上升。矿商利润空间越高，生产动力也就越大。当然，它们生产的是货币本身，在萧条时期，每个人都想要更多的货币。

正如一份由联邦政府资助的对这场萧条的事后调查得出的结论所说，不利化为有利的情况有很多。哥伦比亚大学社会学家斯图尔特·A. 赖斯（Stuart A. Rice）表示："我们并不总是能从表面上评价灾祸，它会把一个人拖到毁灭绝望的境地，它对另一个人充当了增强锐气和磨砺潜力的磨刀石。因此，失业有时是好事，尽管总体是坏事。对相关人士来说，失业往往是无法弥补的灾难。"

断言失业可能是"好的"，甚至"有时是好事"，并非赖斯欠缺考虑的匆忙结论。他的说法，得到俄亥俄州米德尔顿的美国轧钢厂的就业主管S. R. 雷克塔努斯（S. R. Rectanus）的证明。在萧条接近尾声时，雷克塔努斯对政府的一份问卷进行了回答，他对失业塑造品格的这个方面大加赞赏。他说："根据我们的经验，如果没有因失业而造成的特殊灾难，我们也就不能说这个人或那个人特别受益，但我们通过相当密切的观察得到的一般印象是，我们社区的道德素质在过去15个月得到了加强。"[3]

其他受访者坚持认为，失业"总体是坏事"，甚至更糟糕。他们指出，失业者吃不饱、穿不暖，生活再无乐趣可言。失业者把处在学龄的孩子送去工作，或者寄养在别人家里，即使能够保住自己的房产，也常常无法给房间供暖。宾夕法尼亚州伊利市的锤磨机造纸公司（Hammermill Paper Company）的人事主管证实："失业的影响是致命的。它打击了士气，摧毁了勇气、信心和抱负，最终导致了贫穷，再没有比这更大的邪恶了。"[4]

戴维·米切尔（David Mitchell）是一名美国西部的煤矿工，他和锤磨机造纸公司的主管看法一致。他不同意轧钢厂的主管的看法，他似乎也不赞同丹尼尔·古根海姆对商业周期的乐观看法。戴维·米切尔说："一名工作者就像处在传送带上一样，传送带位于悬崖边上。你工作了一段时间，还了债。当失业降临了，你又背了债。每次你都比以前要往悬崖靠近一些。当工作重新开始时，你就会发现自己变弱了一点，与工厂的战斗不像以前那样成功了。你的债权人变得警觉，他可能会扣发你下次的工资收入。这家工厂就把你逼下了悬崖。"[5]

1921年8月，纽约市"拯救生命联盟"主席哈里·M. 沃伦（Harry M. Warren）博士报告说，美国被一股"自杀浪潮"吞没。[6]他说，在1921年的前6个月里，联盟接到了6 509起自杀事件的报告，而1920年上半年只有1 771起。大都会人寿保险公司的一份死亡报告证实："自杀率月复一月地攀升，同比超过了1920年的相应数字。一个有意思的问题就是，弄清1920年观察到的自杀情况是否实际上要归咎于失业状况。"[①, 7]

约翰·斯凯尔顿·威廉姆斯的档案里藏着一幅报纸漫画，这幅漫画并不是审计长本人画的，但可能出于他所激发的灵感。画面上是来自骨科医学"血桶时代"的手术室，未被麻醉的患者名牌上

① 这个问题并不容易回答。战争三年前就结束了，我们现在所知的创伤后应激障碍在当时是一种尚未被诊断出来的疾病。1918—1919年的肺炎大流行造成的死亡肯定让许多人失去了亲人，随后又让人们感到绝望。1921年，美国自杀情况为每10万人中有12.4人。这个指标在恐慌的1907年（14.5人）更高，在大萧条最后一年（1932年，17.4人）还要更高。《美国历史统计》。
事实上，根据美国主要人寿保险公司联盟的数据，美国1921年的总死亡率为8.24‰，使那一年成为"有史以来最健康的一年"。流感实际上已经消失了，与1920年相比，肺炎死亡率下降了50%。最具威胁性的杀手是一种新型的机械化杀手，精算师们戏称为"机动车杆菌"（bacillus automobilis）。《纽约时报》，1921年12月11日。

写着"生意"。手术对象明显大汗淋漓，他看着那位叫作"通货紧缩"的医生挥舞着一把巨大的横锯，开始切除他的右腿。令"生意"更担忧的是，医生没有注意到长入肉内的脚指甲（"投机和高价"），而这才显然是病人寻求治疗的原因。"生意"恳求道："天啊！医生，你就不能切得离脚趾近一些吗？"这位无暇听病人牢骚的外科医生贴着"联邦储备委员会"的标签。[8]

好多位有名望的经济学家同意这位漫画家的观点。对古斯塔夫·卡斯尔（Gustav Cassel）、费雪和凯恩斯来说，美联储的通货紧缩是残酷而巨大的错误。如果他们的用语没有威廉姆斯那么情绪化，他们的结论就会与这位急性子的弗吉尼亚人差别甚微。他们都认为通货紧缩是祸根和诅咒。

稳定才是完美的理想，他们极力强调，最首要的是稳定物价。金本位制是昨日的正统。新的世纪呼唤黄金价值并非固定不变的货币。或者，即使世界选择恢复固定汇率，也不应将其固定在战前水平。这样做会使下跌的物价和高到令人无法接受的失业制度化。

对于货币改革家来说，通货紧缩有些中世纪色彩。伦敦的巴克莱银行想知道，除了经济萧条，通货紧缩还会导致什么。物价下跌会抑制商业活动，从而减少税收。这家银行总结说，这是一项"通过延缓贸易复苏和降低国民生产能力，从而让它想要消除的邪恶变本加厉"的政策。[9]

是的，卡斯尔承认，美联储寻求渐进的通货紧缩，但这是不可能的。中央银行可以让物价下跌，但它既不能控制住物价下跌的速度，也不能控制住平均价格最终探底的深度。我们只要想想美国的经历就知道了。1920年10月，W. P. G. 哈丁等人有把握地说，价格“再调整”即将进入尾声。这时，美国劳工统计局统计的价格水平为225。到1921年6月，该指数为148，跌幅为34%。[10]

卡斯尔认为：“通过联邦储备银行在削减信贷方面的积极努力，特别是通过它们的高贴现率，联邦储备银行已经带来了大量的有时是鲁莽的累积库存的销售，并极大减少了用于各种新建和改建工程的资金需求，对企业造成了重大的阻碍。”[11]

公道地说，美联储无法否认这一点。事实上，W. P. G. 哈丁主席在赞扬北达科他州银行努力推动小麦的立即出售时，已经公开支持更低的小麦价格。通过言辞或利率，他至少得到了他想要的通货紧缩。

和卡斯尔一样（当然和W. P. G. 哈丁不同），凯恩斯坚持认为通货紧缩等同于萧条。在美联储培养的这种环境中，“主要靠借来的钱运营”的现代商业活动将戛然而止。凯恩斯写道：

> 现在关门歇业符合每个生意人的利益，尽可能暂缓订单符合那些对开支精打细算的人的利益。聪明人会把他的资产变成现金，从商海沉浮的风险和拼搏中撤出，并在回乡退休的平静生活中，等待他现金价值的稳定升值。可能会出现通货紧缩的预期已经够糟了，确定的预期则是灾难性的。因为相较于货币价值向下的波动，现代商业世界的机制甚至更不适应货币价值向上的波动。[12]

这些学者也没把道德制高点让给W. P. G. 哈丁等人。在1919年秋季发起的通货紧缩运动前夕，联邦储备委员会占据了这个制高点。联邦储备委员会写道："接受美元因战争环境而贬值，并在此基础上确立未来的美元本位，就等于承认战争制造的通货膨胀及其导致的不公。"[13]

完全不是这样的，费雪反驳道。20世纪20年代初的多数未偿债务，绝对没有以1913年的坚挺美元来签订合同，其中大部分是以战时或战后膨胀起来的美元支付的。给付金钱的合同永远都在成文、更新和完成中。有些合同很旧，有些合同很新，但大多数合同的签订（如果仍采用战前的形式）可能不超过一年。

凯恩斯在赞成费雪时写道：

> 因此，这时货币贬值持续的时间已经足够让社会适应新的价值，通货紧缩甚至要比通货膨胀更糟。两者都是"不公平的"，会让合理预期落空。但是，通过减轻国债负担和刺激企业发展，通货膨胀会在天平另一端增加一点砝码，而通货紧缩在这一端则没有。[①, 14]

威廉姆斯疏远了这个国家的银行家，尤其是城市银行家，他在联邦储备委员会中是不受欢迎的人。W. P. G. 哈丁本来就不会对

① 持相反观点的是受人尊敬的学院派经济学家。因此，1920年6月，普林斯顿大学教授埃德温·W. 甘末尔在7%的贴现率执行之后，对一群银行家说："我们必须收缩，我们必须小心谨慎地实现它。然而，只有等到我们的业务出现大幅收缩时，我们才能继续并取得很大的进步。如果让我用三个词来概括我接下来要说的话，那么我会说工作、储蓄和还清欠款。"莱斯特·V. 钱德勒，《本杰明·斯特朗：中央银行家》（*Benjamin Strong: Central Banker*），第182页。

他随着威尔逊总统离任感到难过。威廉姆斯离开了审计长的职位，也必然退出联邦储备委员会。联邦储备委员会和威廉姆斯都很乐意看到对方的背影。1921年2月26日，威廉姆斯在信中尤其谴责了本杰明·斯特朗"愤怒和桀骜的语言"。同时，他通过暗指"不公正的批评和评论令人遗憾地接近于我所不能容忍任何人超越的极限"，几乎要向董事会发起一场决斗[15]。在W. P. G. 哈丁的签名底下，联邦储备委员会于1921年3月2日发起了反击，指控威廉姆斯触犯了法律，因为他没有按规定在每个日历年至少两次检查他监管下的国家银行（审计长在以前的信件中已经多次承认）。W. P. G. 哈丁等人继续说："现在审计长称，联邦储备银行应该自己纠正这些它从未被告知，也从未引起它注意的严重状况。这种出尔反尔的辩词几乎不配得到带尊重的答复。"[16]

尽管威廉姆斯可能受到美国金融界核心圈的厌恶，但他和农民、农业州议员关系良好。在1921年7月致佐治亚州奥古斯塔商会和佐治亚州新闻协会的讲话中，这位前审计长指责"联邦储备委员会多数成员这种执迷不悟和冥玩不灵，让伴随着价值急剧萎缩的损失和破坏变得更加严重，变得更加不可承受"。威廉姆斯发誓，他要反抗这些不公，"用我所能掌握的一切公平手段，用双拳，继续战斗下去"。[17]

但是，W. P. G. 哈丁先出了拳，或者说想要动手。W. P. G. 哈丁、威廉姆斯和本杰明·斯特朗被传唤到联合农业委员会做证，说明农民苦难日益加深的根源。此时，联邦储备委员会和威廉姆斯彼此已经不再对话（尽管威廉姆斯肯定没有停止谈论美联储）。回应货币政策批评家（尤其是威廉姆斯）抨击的重担落到了W. P. G. 哈丁和斯特朗肩上。双方一开始交流就不愉快，这时W. P. G. 哈丁猛地冲向威廉姆斯。《纽约时报》报道了1921年8月3日在国会听证会上的那次会面：美联储主席之所以没能掐死那个折磨他的人，只是因为“苦苦挡在他对手面的同事”及时插手。

尽管不再有动手袭击的记录，但不愉快仍在继续。结果爆出来，威廉姆斯本人也曾支持联邦储备委员会之前的通货紧缩政策。这位前审计长对大通国民银行（该银行被谨慎地匿名）贷款行为的抨击，还有他关于联邦储备委员会在物价开始飙升后仍然极度无知地维护升息的争辩，都没有给他加分。记录显示，威廉姆斯之前和大多数人都投票赞成对借款超限额的银行收取利率附加费，也就是所谓的累进利率。威廉姆斯无力地反驳说，在当时的情况下，他没有得到充分的信息。[19]

事实上，美联储确实制订了一个通货紧缩计划，并且设定了收缩性的高利率。W. P. G. 哈丁和斯特朗并没有对他们的批评者做出太多让步。

当这位主席入座证人席时，纽约州共和党众议员奥格登·米尔斯（Ogden Mills）对W. P. G. 哈丁说：“人们普遍认为，1920年整体价格的下跌是由于信贷所受的限制，而联邦储备委员会应对这种限制负责。”

W. P. G. 哈丁回答：“这不正确，我们在1920年致力于防止银行体系崩溃。促进价格上涨或下跌都并非我们的职责，但信贷是基于价格的。1920年，我们有了显著的迹象，一场暴跌就要来临。”

“美联储如果没有采取行动收紧信贷会怎样呢？”来自威斯康星州的共和党参议员欧文·卢瑟·伦鲁特（Irvine Luther Lenroot）问道。

W. P. G. 哈丁说：“你可以看到古巴发生了什么，经济会出现崩溃，而银行破产则会加剧这种崩溃。”

伦鲁特说：“假设联邦储备委员会更早采取限制措施，难道物价上涨的势头不会减弱吗？”

W. P. G. 哈丁说：“这是可能的，我跟你说实话，如果早一点提高利率，价格和投机的失控运动就可能得到遏制，而且情况可能会变得更好。”

美联储愿意容许的程度也就到此为止，再也不能听之任之了。斯特朗在三天的做证中做出了自己的反驳，他的证词填满了367页笔录页面，并有40张图表和47张统计表支撑。[20]这位纽约联邦储备银行行长在威廉姆斯面前寸步不让，还大胆做出了一个预测：“为那些一味沉浸于悲观情绪的人的利益着想，我想要说的是，我们已经进入了经济周期的复苏阶段。”[21]

11

不关政府的事

1920年6月8日，在闷热的芝加哥体育馆，参加共和党全国代表大会的代表们鱼贯而入。此时，萧条对他们来说，不再只是谣言。美联储的工业生产指数在1920年3月开始走弱，糖、棉花和小麦的价格在1920年5月见顶，汽车销售疲软，普通股进入熊市已有8个月了。[1]

在共和党人威尔逊政府经济困境假定的受益者制定的竞选纲领中，商业环境不过是事后附加进来的。纲领中唯一能让代表们振奋起来的似乎是对国际联盟这一紧迫议题巧妙的观望。[2]就1920年的政治经济思想而言，不存在什么“美国经济”。经济整体还从未进入人们的脑海，政府在指导、管理和刺激经济方面的作用也同样没被设想过。

正如各委员会习以为常的那样，共和党的纲领起草委员会回顾过去，决定谴责已经结束的通货膨胀。这份纲领称，高昂生活成本应主要归咎于民主党缩水为50美分的1美元；同时也宣称，“货币和信贷的总体扩张”是美元购买力减半的主要原因。要摆脱混乱局面是没有捷径可走的，而且“造成的大部分伤害都是无法弥补的”。共和党（主张“诚实货币和健全金融”的政党）誓言要“对高昂生活成本采取激烈而持久的打击”，它将通过包括“对过度扩张的信贷和货币实施大胆而明智的收缩”在内的一些措施来实现这一目标。①

1920年6月28日，在旧金山集会的民主党人也没有表露出对未来经济前景的任何暗示。他们一样愤怒地责骂高昂生活成本，但把这一现象归咎于共和党人在国际联盟问题上的冥顽不化以及“无良奸商”。然而，尽管共和党蓄意阻挠，但是“美国政府的信用并未受损，联邦储备券是全球通行的价值单位，美国是世界上保持自由黄金市场的伟大国家”。通过重申其对战前美元黄金价值的承诺，民主党也可以说是在货币政策争论中选择了通货紧缩的一方。

在1869年以来的10位总统中，俄亥俄州出了6位，并且在1920年很有可能贡献第11位。共和党候选人、参议员沃伦·G. 哈定是《马里昂星报》（俄亥俄州）的前编辑和出版人。他的民主党对手、俄亥俄州州长詹姆斯·M. 考克斯（James M. Cox）曾是《代顿每日新闻》的编辑和出版人。社会党候选人尤金·德布兹并不是俄亥俄州人，尽管这在他的政治劣势中是最微不足道的。德布兹因

① 1923年，民主党总统候选人威廉·G. 麦卡杜指责这一政策是通货紧缩崩溃的真正原因。人们意识到共和党极大可能会赢。沃伦·G. 哈定执政已经迫在眉睫，为了对共和党的政策做好准备，人们提前采取了行动，银行家收回贷款，商人清算存货。利用这些辩词，麦卡杜收获的政治得分要高于金融或经济得分。在共和党政纲的起草者们坐下来工作之前，通货紧缩早就在进行中了。麦卡杜致格拉斯，1923年5月7日。

反战在亚特兰大服刑10年。[3]

德布兹在监狱里，选举活动必然是静止状态的。当考克斯到美国各地巡回演讲时，沃伦·G. 哈定起初更愿意待在家里。不用说，德布兹的演讲没有留下什么记录。沃伦·G. 哈定在马里恩县发表的演说安慰人心，而考克斯似乎一从交通工具下来就情绪失控。“考克斯因超速被捕，卷入一次铁路事故，被推搡、围堵和质问，被身体疲劳、嗓门沙哑和消化不良折磨。”一位历史学家这样描述那场竞选。[4]无数的竞选口号不论从哪位政客嘴里发出，都很少提到商业和农业崩溃这一事实。

威尔逊曾希望这次竞选是对国际联盟的一次“伟大而庄严的全民公决”，如果去掉“庄严”这个词，那么他的这个愿望有时还算成立。考克斯不失时机，不以国际联盟为重点，而是迅速以沃伦·G. 哈定筹款委员会所谓的腐败为重点。这家委员会正筹集800万美元（不，考克斯后来自我纠正，是3 000万美元），以便用钱买下白宫。这是阴谋家的“商业把戏”，他们企图寻求“在工厂门口亮出刺刀，在农场门前牟取暴利，把政府重担压在别人而不是自己肩上，把联邦储备体系变成大企业的附庸”。[①, 5]

在国际联盟斗争中对抗的双方就像一对犹豫不决且扭打在一起的拳击手。候选人沃伦·G. 哈定决心要阻止1912年那样的分裂再度发生，当时那场分裂迫使共和党人在威廉·霍华德·塔夫脱和

① 1920年，共和党的开销大概以3∶1的优势远远超过了民主党，尽管两党各自花费的规模还不确定。根据艾奥瓦州共和党参议员威廉·S. 凯尼恩（William S. Kenyon）的说法，共和党在地方、州和美国所有竞选活动上的花费为810万美元，而民主党的花费为220万美元。罗伯特·K. 默里（Robert K. Murray），《哈定时代》（*The Harding Era*），第67页。

西奥多·罗斯福之间做出选择（最终是威尔逊胜出）。沃伦·G. 哈定用尽浑身解数，安抚那些支持国际联盟的共和党人。考克斯在颂扬国际联盟的同时，也试图安抚民主党中的保留意见者。1920年8月10日，宾夕法尼亚州共和党参议员博伊斯·彭罗斯（Boies Penrose）打断了这场外交政策辩论，他表示选民们可能更关心的是高昂生活成本，而不是国际联盟。[6]眼下，选民对物价上涨的担忧，要弱于对劳动力市场紧缩的担忧。正如彭罗斯所说，价格呈直线下跌的商品清单在不断加长，其中有燕麦、硫酸、结构钢梁、牛、黑麦、鞋革、松木地板、普通砖和新闻纸。[7]

这似乎都没有引起沃伦·G. 哈定和考克斯的注意。当然，无论是总统候选人，还是他们的竞选伙伴（共和党的卡尔文·柯立芝和民主党的富兰克林·D. 罗斯福），都没有急于推出刺激消费或投资的计划以及预示着现代宏观经济管理的其他计划。

一如往常，双方都谴责联邦财政的浪费铺张，都支持更加系统高效的政府收支管理，也都支持平衡的联邦预算。考克斯（威尔逊进步主义的捍卫者）作为俄亥俄州州长，也是制定劳工补偿金法案的领导者。[8]他谈到了一个比他似乎准备实施的更激进的经济议程。但和沃伦·G. 哈定一样，考克斯认为，政府少干预而非多干预更有利于商业。

1919年1月，堪萨斯城一位名叫E. 蒙特·赖利（E. Mont Reily）的新闻记者给“我的共和党同僚”写了一封通函，提议沃伦·G. 哈定担任共和党在1920年的旗手。考虑到沃伦·G. 哈定的“资产”，赖利若有所思地说：他来自总统的摇篮俄亥俄州；他只有53

岁，很年轻；他的演讲天赋甚至超过了伟大的威廉·麦金莱；他在1912年一直忠实于塔夫脱；他相信“正常的事态、正常的思维和正常的立法”。为了取得成功，赖利提出了一个竞选口号：“哈定，回归正常。”①, 9

赖利之前并未见过沃伦·G. 哈定，但似乎知道他。这位候选人所代表的是“常态的”共和党中间路线。沃伦·G. 哈定是一个好共和党人，他支持高保护性关税，以便使美国工业能够创造良好的就业机会。他支持对移民进行更严格的限制，取消战时超额利润税，减少对高收入者征收的战时附加税，以及为农民提供更多的信贷。他支持集体谈判和工联主义，但不支持不受抑制的工会力量。

在担任总统之前，沃伦·G. 哈定经常参加肖陶夸②巡回演讲。早在1904年，人们只需要花25美分就能听他（他当时是俄亥俄州副州长）在马里恩军械库发表题为《亚历山大·汉密尔顿：美国命运的先知》的演讲。沃伦·G. 哈定似乎吸取了汉密尔顿学说的精髓，因为他倡导低税和政府对经济最低限度的干预。1920年2月，这位总统候选人宣称：“我们需要更多的自由而不是监管。”他在选举日前后发表的一篇文章中写道，“商业活动中更少政府介入，政

① 阿尔伯特·D. 拉斯克（Albert D. Lasker）是1920年替共和党管理宣传事务的广告人，他将以赖利为灵感的简化版口号推而广之，即“回归常态”（Back to Normalcy）。罗伯特·K. 默里，《哈定时代》，第51页。出于对他“哈定最初拥趸”身份的认可，总统在1921年任命赖利为波多黎各总督。赖利搞砸了工作，并于1923年辞职，这让沃伦·G. 哈定松了一口气。

② 肖陶夸（Chautauqua）是19世纪末期与20世纪早期在美国非常流行的成人教育运动，在美国农业地区广为传播，这一运动为社区提供娱乐与文化教育，运动成员包括当时的演说家、教师、音乐家、艺人、牧师和其他各方面的专家。后来，这一运动随着广播、电视、电影等的崛起而逐渐消亡。——译者注

府事务中更多商业核算”是他的政纲。沃伦·G. 哈定在这篇文章中提议成立一家新的联邦机构来管理政府财务。[10]

不过，沃伦·G. 哈定的计划主要是他本人。他是个性情盖过理念的候选人。和蔼、英俊、谦逊、平静和看得见的平凡（最重要的是“正常”），相对于近些年那些满塞白宫的超凡大人物们来说，他是一股清流。如果让漫画家来下笔，那么西奥多·罗斯福全是肌肉，伍德罗·威尔逊全是脑子，沃伦·G. 哈定则全是笑容。知识分子对此嗤之以鼻，尤其是威尔逊的支持者。“如果我们能打败什么人的话，”爱德华·M. 豪斯（Edward M. House）对布兰德·M. 惠特洛克（Brand Whitlock）说，“那么我们肯定能打败沃伦·G. 哈定。”[11]由于沃伦·G. 哈定谈及威尔逊的一些话，考克斯称他的这位共和党对手是骗子，还补充了一句：“我想，要让平庸之辈向伟大人物致以感激之情，实在是太苛求了。”[12]马里恩县前新闻记者H. L. 门肯（H. L. Mencken）嘲笑他是“一名三流的政治应声虫，长着一张电影演员的脸蛋，还有着体面的农具商人的智商和共济会会员的想象力”。[13]

沃伦·G. 哈定欣然承认了他智力上的局限。他承认自己不能理解税收问题的利弊，他听取意见的最后一个人就是他觉得最有说服力的人。[①, 14]威尔逊这样评价即将成为他继任者的沃伦·G. 哈定：“哈定什么都不是。”[15]沃伦·G. 哈定反过来这样评价威尔逊：“他是半个世纪以来最睿智的人物之一。”[16]

① “我根本就搞不懂税收问题，”沃伦·G. 哈定曾对助手大倒苦水，“我听了一方的说法，觉得他们是对的，然后——天哪，在和另一方交谈后，又觉得他们一样正确。”

沃伦·G. 哈定是撕裂创伤的包扎者，是旧日争吵的调解者，是受损自尊的慰藉者。进步主义①共和党人本不想和他有什么瓜葛，但现在也成群结队地报名替他助选。[17]这一部分共和党人被这个不会说他们坏话的人解除了武装——事实上，沃伦·G. 哈定不会说任何人坏话，包括那个受尽辱骂的民主党现任总统。早些时候，有人建议共和党将竞选活动的矛头对准病中一蹶不振的威尔逊。沃伦·G. 哈定表示反对。他对自己的竞选经理说："如果计划是这样的话，那么我猜你们提名了错误的候选人，在通往白宫的道路上，我永远不会踏过伍德罗·威尔逊抱病的身体。"[18]

沃伦·G. 哈定凭直觉意识到这个开展进步主义实验和十字军东征的国家有多么疲惫不堪。1920年5月，也就是沃伦·G. 哈定被提名的前一个月，他宣称："美国现在需要的不是英雄史诗，而是创伤愈合；不是万应灵药，而是回归常态；不是激进革命，而是复原如初……不是大动手术，而是平和安详。"[19]

和门肯一样，麦卡杜也大肆嘲笑了沃伦·G. 哈定的风格，他称其说话时"一大堆浮夸词句在旷野中游荡，以便寻求一个主意"。[20]可是，美国人对这位"额头不冒汗珠，鞋面不染一尘，眼中不烧妒火"的冷静候选人产生了好感，一位没有什么党派倾向的观察家这样评论道。[21]记者和历史学家马克·沙利文（Mark Sullivan）品评说："当考克斯称他是顽固分子时，沃伦·G. 哈定并没有火冒三

① 进步主义是1890年后兴起的思潮，支持劳工权、社会正义、反垄断和福利国家等左派观念，20世纪初在共和党中有许多拥护者，以总统西奥多·罗斯福为代表，但在罗斯福另组进步党并败选后，共和党和进步主义渐行渐远。20世纪30年代尤其是新政以后，进步主义主导了民主党的政治方向。——译者注

丈。沃伦·G. 哈定是保守分子，一个真正的保守分子，他的性情使他成为这样一种人。”[22]

当竞选活动达到高潮时，考克斯坦率地说：“国际联盟这个话题占据了我的整个灵魂。”[23]沃伦·G. 哈定可不会说这种话。

缅因州（可靠的共和党州）在较早的时候进行了投票，原本预计投给沃伦·G. 哈定的选票会胜出2万张，结果胜出了6.6万张。[24]美国大选前夕，考克斯在芝加哥市和阿克伦市结束了他的马拉松式拉票。在那两个地方，他重申了威尔逊的主题，即这场竞选实际上是一次道义上的公投，是对“世界文明是否应该团结在一起，以一个共同目的来防止战争悲剧”的考验。然后，他说：“美国的每一个叛徒明天都会投票给沃伦·G. 哈定。”[25]

共和党胜出的选票数量多到令人震惊。沃伦·G. 哈定赢得了1 620万张选票，考克斯是910万张（德布兹是94.2万张）；沃伦·G. 哈定获得了404张选举人票，考克斯只获得127张。给这次总统选举的胜利继续加码的是，选民将众议院的303个席位给了共和党，民主党是131个席位；共和党在参议院的多数席位也增加10个，达到了22个。威尔逊的助手乔·塔马尔蒂说：“这是一场山崩，一场地震。”[26]

1920年11月2日的大选日碰巧也是沃伦·G. 哈定的生日，这位即将当选的总统用一大块庆祝蛋糕结束了晚餐。就在此时，据《纽约论坛报》的博伊登·斯帕克斯（Boyden Sparkes）报道：“一小群人零零散散地沿着过道走来，踏入门廊。其中有一名妇女，她走到门口，犹豫了一会儿，然后才按响门铃。”

沃伦·G.哈定起身迎接他们，“他的餐巾还在手里”。

其中一位颤巍巍地念起一份预先认真准备的颁奖讲稿；然后，老卢瑟·米勒（蓄着长须的印刷工，《马里昂星报》最年长的员工）把一份礼物塞进这位编辑（沃伦·G.哈定）手中。这是一把金制印刷尺。接着，这位老印刷工说出最后一句致辞:《马里昂星报》每个人都知道，这个国家将会有一位好总统。

这时还是《马里昂星报》编辑的沃伦·G.哈定想说几句。他的脸颊抽搐颤抖着，连着嘴角和鼻翼的皱纹加深，泪水夺眶而出。他努力做出答谢，然后才开始和所有人握手。[27]

12

和克利夫兰所见略同

到沃伦·G. 哈定总统在1921年3月4日就职演说开始提到经济时，他已经对开国元勋、世界大战、国际联盟、美国主权、战争收益、“人类抱负”和美国必须恢复其“向前的、正常的方式”进行了深刻的思考。他没有说出“萧条”或“衰退”这两个词，尽管衰退已经持续了15个月。他也没有提出政府计划来阻止衰退。相反，他似乎相信供求的治愈能力。

沃伦·G. 哈定敏锐地指出：“经济机制错综复杂，各部分相互依赖，并经受了异常需求、信贷膨胀和价格剧变带来的冲击和震荡事件。”战争以及战争财政引发的通货膨胀，搅乱了这一机制，而修复它的负担则落在了民众身上。“价格必须反映出战争活动带来的高烧正在消退。”他表示（似乎是在向美联储主导的通货紧缩致敬），“也许我们再也不会见到先前的工资水平，因为战争总会重新调整薪酬……一切惩罚都不会轻描淡写，也不会平均分配。这没办法做到。从无序恢复成有序，不可能瞬间发生。我们必须面对严峻的现状，冲销自己的损失，从头开始。这是文明最古老的一课。”

总统继续说，政府将尽自己的职责，尽管他似乎不能具体说明该如何做。政府不应该也不愿做的是拙劣地修补市场体系。沃伦·G. 哈定承认，政府肯定也有其他替代方法，但没有更好的方法。他表示：“我们最好的保证是有效地执行我们那接受过验证的体系。”

门肯用“咕咕哝哝”、“胡话连篇”和“梦呓一般”来贬低沃伦·G. 哈定的讲话。这是一个夸大其词的判断。就经济实质而言，沃伦·G. 哈定总统无懈可击。正是通过价格机制，数百万美国人调整了错位的经济机制。保持库存、希望在未来某个日期卖出更高价钱的经销商和制造商，并非只是自欺欺人，也是在耽误经济的复苏，美国商会内刊《国民生意》(*Nation's Business*) 1921年1月刊主张：“在合理期限内，这两类人越早服药，我们就会越早回到正常时期。”[1]

沃伦·G. 哈定总统原本可能没有意识到萧条的深度和持久度，但被他提名为财政部部长的银行家兼实业家安德鲁·梅隆（Andrew Mellon）却不是这样的。梅隆是美国最富有的人之一，而且从他担任至少60家公司董事的优势来看，他也是最具商业头脑的人之一。他随后将1921年危机描述为“这个国家经历过的最严重的危机之一”。[2]

对沃伦·G. 哈定和梅隆来说，正是形势的严重性要求削减联邦开支和降低税率。而且，在梅隆个人看来，政府还需要降低利率。在1912年以前的12年间，联邦政府的开支从未超过7亿美元，而这些开支的资金是源于关税的消费税。1917年，也就是美国参战的第一年，美国军费开支飙升至近20亿美元；到1919年，这个数字突破了180亿美元。对沃伦·G.哈定来说，这些数目庞大得让人惊恐不安。他的首要财政任务是恢复战前的国家财政秩序和平衡。

事实上，已经没有办法回到九位数联邦预算的伊甸园了。战前，美国公共债务几乎从未超过10亿美元。[3] 1921年，美国有近230亿美元的债务，其每年的利息成本约为10亿美元。[4]新行政当局决定，立即采取措施减少政府收支水平。令人高兴的是，沃伦·G.哈定在1921年6月20日签署了《预算和会计法》。该法案旨在建立预算局，将政府建立在像商业那样讲究效率的基础上。1921年6月29日，在新预算主管查尔斯·道威斯的陪同下，在匆忙召集的政府高官会议上，沃伦·G.哈定总统一眼望去，现场约有1 200张焦急的面孔。[5]沃伦·G.哈定说：

> 本届行政当局致力于在政府内部过一段时期的紧日子。这样说绝不是想要批评过去，而是重新认识消除政府不严密、不科学支出的必要性。在当今世界，没有一种威胁比得上日益增长的公共债务和不断增加的公共开销。人们似乎已经形成了这样一种印象，那就是国库取之不尽、用之不竭，并由此产生了这样一种信念，即在公共支出中永远不必考虑效率和节约。我们就是要扭转这种局面。[6]

道威斯兑现了总统的诺言。在截至1922年6月30日的财政年度中，这位能干的预算主管将联邦开支从上年的51亿美元削减到

33亿美元。在1920年财政年度，预算显示出2.91亿美元盈余，这是威尔逊在任最后一年。在经济萧条的1921年，盈余增至5.09亿美元；在经济复苏的1922年，盈余增至7.36亿美元。

尽管不稀罕革命性经济体系的任何部分，沃伦·G. 哈定还是热衷于破坏全球海军和外交的既定秩序。企图完成这种颠覆的手段（也是为了一个更精简的联邦预算）是1921年11月召开华盛顿海军会议，其目的在于阻止太平洋的海军霸权竞赛。国务卿查尔斯·埃文斯·休斯（Charles Evans Hughes）让参会代表大吃一惊，他呼吁拆除66艘主力战舰，其中拆除美国海军30艘，同时暂停海军建设（10年）。这次会议制定了7项条约，尽管这7项条约并没有带来沃伦·G. 哈定所渴望的普遍和平。[7]

令人难以置信的是，如果沃伦·G. 哈定、梅隆和道威斯想通过花掉而非节省纳税人的钱来鼓励商业活动，那么或许至少有400万人会声援他们。这种声援来自退伍军人，据美国退伍军人协会及其国会友人称，为国效劳并没让他们享有应得的奖赏。在1920年大选前，关于士兵赏钱（或者对退伍军人来说更好接受的术语是“适应性补偿金”）的讨论在国会突然出现。前威尔逊政府官员拉塞尔·C. 莱芬韦尔很快就痛击了这个观点。莱芬韦尔冷哼道：“那些被征召去参战的年轻人归来时比以前更优秀、更强壮、更会自我奋斗，我们不需要呼吁他们去工作、去存钱，或者像任何有自尊的人应该做的那样去照顾自己，而是自鸣得意地听取他们发起的赏金诉求。”[8]

当然，莱芬韦尔是民主党人，而1920年提出了首个酬恤金法案的密歇根州众议员约瑟夫·W. 福德尼（Joseph W. Fordney）是共和党人。[9]来自密苏里州的民主党参议员詹姆斯·亚历山大·里德（James Alexander Reed）支持该酬恤金计划，而另一位来自密西西比州的民主党参议员约翰·夏普·威廉姆斯（John Sharp Williams）则对该计划予以谴责。支持者和批评者之间使用的言辞升温到和巨额金钱利益相称的热度。支付给美国战时陆海军所有前军人的现金据估计高达数十亿美元。

19世纪80年代末，联邦财政的主要问题是盈余（每年的税收收入都堆积在财政部）。急于缓解这一困难的是本杰明·哈里森（Benjamin Harrison）总统的养老金专员詹姆斯·坦纳（James Tanner）下士。在第二次牛奔河战役中，其膝盖以下的双腿截肢，他对退伍军人要比国债债权人更有同情心。“上帝！帮帮这些盈余吧！”他喊道。[10]

沃伦·G. 哈定政府有理由担心坦纳精神的复苏。作为一个非常适合于拉票的策略，酬恤金这个主意在参议院特别受欢迎。假如这样的立法通过，梅隆和沃伦·G. 哈定恢复财政秩序这个头等大事的希望也就宣告破灭。

在身为总统反对酬恤金之前，身为候选人的沃伦·G. 哈定早就反对这个概念了。1920年9月，陆军报纸《星条旗》的一名记者到访马里恩，征求这位共和党总统候选人对酬恤金问题的看法。沃伦·G. 哈定是直率的。虽然他全心想要帮助伤残人员，但他无法支持任何一般性拨款计划。他提到了气氛低迷的美国国债市场。他表示，这个市场已经负担过重了。[11]

1921年7月初，美国政府决定直接向国会提出反酬恤金法案的理由。梅隆致信新泽西州共和党参议员约翰·S. 弗里林海森（John S. Frelinghuysen），为节制开支声辩。他说，颁布这样的立法，将使纳税人承担“巨大而不确定的负担”，并“实际上挫败政府的节俭和紧缩计划”。[12]虽然要发多少酬恤金并没有确切的数额（这将取决于退伍军人从拟议的联邦政府援助菜单中选中了哪些），但是总费用极有可能在30亿美元左右，甚至可能达到50亿美元以上。请记住，这位财政部部长指出，这种预期的资金流出将与50亿美元短期国债到期日在时间上一致。①

1921年7月13日，沃伦·G. 哈定甘冒风险，在参议院会议厅亲自向他的前同事陈述了自己的理由。当天下午2点，当沃伦·G. 总统大步走进会场时，参议员们（旁听席上挤满的旁观者和各色代表）都起立为他鼓掌。

沃伦·G. 哈定开始讲话，酬恤金法案当然是参议院的事务，但政府的行政分支欠了立法分支一份对国家财政状况不加掩饰的账目。在执政的前4个月里，本届行政团队开始明白，“如果不是我们对美国始终不渝的信念，那么财政状况将使我们所有人都感到震惊”。

沃伦·G. 哈定接着说，应该立即做到三件事：一是减税，二是为战争债务再融资，三是理顺美国战时盟友欠财政部的债务。酬恤金法案不管有什么优点（沃伦·G. 哈定继续反驳了这些优点），都没有理由在立法次序中占据最优先的地位。

① 美国1921年国民产出，以名义美元计算（不根据购买力调整），总计为696亿美元。

“不可想象，”沃伦·G. 哈定继续说，“在维持过高战争税的同时，期待商业的复苏和正常和平方式的恢复。更加不可想象的是，在减轻税负的同时，让我们的财政部承担30亿到50亿美元额外义务。”

直接印刷美钞的权宜手段在当时还不可行，沃伦·G. 哈定提醒参议员们注意金本位制度固有的约束。他表示：“我们的政府一定不要承担它不打算履行的义务。没有政府的不可兑现法定货币会为我们支付账单。全球的外汇兑换证明了那是个错误的理论。在战争中，我们可能依靠爱国主义牺牲，但目前我们面对的是市场、供求关系的影响，还有和平时期不可动摇的信用法则。”

数以百万计失业者需要的是繁荣。减税和削减开支将促进繁荣。酬恤金法案会使之陷入困境。“坚固稳定的金融和牢不可破的信心，对于恢复工商业都是必不可少的，”沃伦·G. 哈定继续说，“如今正冲我们而来的经济衰退，是战争后果不可避免的一部分。自世界创始以来，它就一直尾随着战争。调整不可避免，冲销不可逃避，高价带来的损失不会缺席，通货膨胀之后的通货紧缩不可抗拒。寻求政府救济以求尽可能减少困难是完全恰当的，政府已经提供了尽可能多的帮助。政府正在提供帮助，但是所有梦寐以求的特殊法案和所有心驰神往的特别恩惠，都不能避免所有的灾痛，也不能避免所有的损失。美国民众固有的精神状态将使我们坚决果敢地致力于我们的任务。关于税收和支出的明确保证，将有助于这种有益的精神秩序。通往常态的唯一可靠途径，就是沿着自然在人类所有经验中标上了印记的那条路线行走。”[13]

当时正值沃伦·G. 哈定声望如日中天的时期（他刚刚宣布了海军裁军会议计划且如愿以偿），参议院搁置了酬恤金法案。在众议院，民主党的大演说家伯克·科克兰（Bourke Cockran）对总统践踏国会“神圣权利”的行为怒火中烧。[14]由于沃伦·G. 哈定在参议院要面对他以前的朋友和同事，《纽约时报》编辑将沃伦·G. 哈定的道德勇气和民主党前总统（无畏的格罗弗·克利夫兰）相提并论，并给予他非常慷慨的赞扬。[①, 15]

① 酬恤金法案于1922年夏天被再次提出。该法案以众议院333票赞成、70票反对和参议院47票赞成、22票反对而获得通过。沃伦·G. 哈定在非大选年国会选举前不久否决了这项议案。众议院投票推翻了沃伦·G. 哈定的否决，而参议院这次则支持了沃伦·G. 哈定的否决。马克·沙利文，《我们的时代》(*Our Times*)，第211页。

13

经济复苏计划

安德鲁·梅隆看上去根本不像曾经的商业巨头。在一位新闻记者眼中，他简直就如同“一个疲惫而又生恐丢掉工作的记账员”，他黯淡的肿泡眼极好地预告了他并不诚恳的握手：只把手指尖与对方触碰一下。梅隆不苟言笑、一脸苦相，头发和胡须都已斑白。他会在小雪茄熄灭之后，重新点燃烟蒂。他的深色西装松松垮垮地挂在他瘦削的身躯上。

梅隆的性格特征似乎和沃伦·G. 哈定没有任何相似之处，但和沃伦·G. 哈定一样，他也是汉密尔顿主义者。在梅隆1924年出版的《税收：人民的事务》(*Taxation: The People's Business*) 一书中，他以首任财政部部长的权威为依据，主张平衡预算和偿还公共债务：“从政府成立之初起，这两者都与政府的基本政策相一致。”[1]

这届政府就凭这个没有富豪样子的“克利萨斯”①之力让经济复苏了起来。梅隆的策略是通过削减来实现经济增长。他敦促缩减

① 克利萨斯是公元前6世纪的吕底亚国王，以富有著称。——译者注

税率、利率和公共支出。

事实上，自1920年5月债券市场价格触底（也就是说，收益率处于高位）以来，市场利率就一直下降。梅隆寻求相应地降低受美联储支配的利率。作为联邦储备委员会的当然成员，1921年4月4日的会议是他第一次就降息发表意见的机会。在那次会议上，他敦促所有贴现率为7%的联邦储备银行将贴现率降低到6%。①，[2]当W. P. G. 哈丁主席以这样的政策可能会恢复股票市场的多头投机为反对理由时，梅隆回应说，少量投机未必是件坏事。本杰明·斯特朗劝告说，最好等到工资和物价稳定在人们更能接受的较低水平之时再降低贴现率。[3]

波士顿联邦储备银行在1921年4月15日将贴现率从7%下调至6%。[4]纽约联邦储备银行在1921年5月4日将贴现率从7%降至6.5%。亚特兰大联邦储备银行也紧随其后，在1921年5月5日将贴现率从7%降至6%。W. P. G. 哈丁急忙说："贴现率的变化并不表明政策有任何变化，而仅仅是承认了这个事实，即证明7%的贴现率是合理的紧急情况已经过去了。"[5]

梅隆真正想要的是"政策变更"。1921年6月4日，《纽约时报》刊登了一篇来自华盛顿的小道消息，推测当年夏天美联储将进一步降息。如果说财政部部长本人也是在该报耳边窃窃私语的"财政部

① 在正式会议上，梅隆是一个把想法埋在心底、深藏不露的人，除非话题涉及他的专业能力。"关于这个问题，斯芬克斯（Sphinx，希腊神话中长着翅膀、狮身人面的神秘怪物，以沉默著称）有什么要说的？"沃伦·G. 哈定总统在一次内阁会议上打趣地询问他的财政部部长，此前大家对某个问题进行了广泛的讨论，但梅隆觉得自己没什么好讲的。"嗯，总统先生，"这位为难的金融家回复说，"我认为从正反两面都可以说出很多理由。"罗伯特·K. 默里，《哈定时代》，第181页。

官员”之一，那么这似乎也不是没有道理的。

斯特朗极不情愿地顺从了放松银根的计划。一方面，他相信（这是古典信条），中央银行不应该领导市场而应该跟随市场。他认为，市场还没有表态。另一方面，斯特朗在1921年5月5日致英格兰银行行长蒙塔古·诺曼这位友人的信中写道：“在这种情况下，顽抗总是容易招致政治报复。我最后得出的结论是，最明智的方针就是至少部分满足降低利率的要求。”[6]1921年4月28日，诺曼将英国的银行贴现率从7%下调至6.5%。

作为世界上最重要借款国之一的财政官员，如果梅隆是那种性格兴高采烈的人，那么他可能会为借贷成本下降的消息而欢呼。大约75亿美元的短期国债很快就必须偿还或再融资。当然，立即偿还是不可能的，因为政府没有钱。这些债务将不得不进行再融资。也就是说，以财政部部长希望的更低利率重新打包成交错到期的证券。梅隆再融资从1921年6月7日开始，发售5亿美元债券，其中三年期票据收益率为5.75%，一年期票据收益率为5.5%。虽然没有立即实现利息成本的节省，但投资者仍对这种新债券趋之若鹜。

有了这一可喜的消息，梅隆就可以宣布，在截至1921年6月30日的财政年度，财政部很可能会报告5亿美元盈余。他还说，在过去11个月，政府总债务减少了3.5亿美元，降至约240亿美元。至于未来盈余，政府不会被拿去花掉，而是将“大部分用于短期债务偿还，主要是进行法律规定的累积偿债基金操作、当前战争储蓄债券的赎回和其他公共债务的偿还”。这个汉密尔顿式政策的现代版得到了《纽约时报》社论热情的支持。编辑尤其赞赏财政部减少未清偿短期债务的做法，称这是战后财政的主要成就之一。《纽约时报》承认："我们的做法有缺陷。有些人回顾过去，认为我们应该做得更好，但我们已经做得很好了。我们的情况是世界上最好的，而且在不断改善，尽管财政部还是太过于依赖货币市场。"[7]

沃伦·G. 哈定政府虽没有念叨"国民生产总值"这个当时还没出现的说法，却推动着恢复繁荣的计划。到1921年夏天，沃伦·G. 哈定政府已经着手处理联邦预算，宣布召开世界裁军会议计划，并颁布了紧急关税以保护农业经营者不受进口农产品的影响（事实上，进口农产品并不是农业经营者的问题，这项立法对他们一点帮助也没有）。梅隆还未完成的是他特别看重的对战时联邦税法的全面修订。事实证明，这是一项艰难的举措。

两党领导人就必须做什么达成了广泛的共识。1919年和1920年，梅隆之前的财政部部长戴维·F. 休斯敦和卡特·格拉斯，都坚决主张废除超额利润税和加给较富裕纳税人收入的附加税。这和梅隆在1921年的主张一致。由于缺乏领导，威尔逊政府无法将这些愿望转化为行动。

沃伦·G. 哈定也没有立即采取行动。他决定，让众议院拿起紧急关税这块遮羞布，而与此同时，参议院则开始花时间讨论减税。但除了军人酬恤金法案（在本届执政当局眼中，这是一项令人憎恶的财政措施），参议院似乎什么都不同意。因此，1921年8月，众议院开始了艰苦而有争议的工作，即修改税法。

1921年，个人所得税颁行还不到10年（它和美联储的降生年份都是1913年）。收税者和纳税人都还在彼此试探、斗智斗勇。大多数美国人不用支付任何税费。1920年，美国只有不到18%的工薪族被要求提交纳税申报表。现行税法规定，对少于4 000美元的收入征4%的税，对超过4 000美元的收入部分征收8%的税。附加税的税率从1%（对5 000美元以上的收入）到65%（对100万美元以上的收入）。公司缴纳10%的所得税率，其被视为“超额”的利润也要纳税。1921年8月4日，梅隆在众议院筹款委员会做证时敦促废除超额利润税，并将个人收入附加税的最高税率减半至32%。再加上对4 000美元以上的收入征收8%的基本税率，联邦最高税率从73%降至40%。

众议员筹款委员会主席乔·福德尼（Joe Fordney）是萨吉诺市白手起家的木材商，本身就是汉密尔顿主义者。他和梅隆一样，认为降低边际税率会增加而非减少收入。较低的税率将激励企业发展和承担风险，同时抑制对免税州和市政证券的被动投资，美国有许多富有的储蓄者在那里找到了避难所。

事实证明，向富人征税是非常困难的。1916年，在征收高额战时附加税之前，1 296名纳税人承认自己的收入超过30万美元。1919年，只有679人这样做。随着纳税申报总人数激增12倍，收入30万美元以上的纳税申报人数减少了一半。参议院财政委员会最终将注意力转向税收问题，得出的结论是，32%的最高附加税税率将比 65%的税率得到更多税收。该委员会表示，极高的边际税率正推动资本流入市政债券，并鼓励纳税人“通过赠予、收入化整为零、避免有利可图的销售，以及将资金投入未来前景看好但不会立即产生回报的投资项目等手段”来避税。[8]

此外，美国纳税人在申报收入时也没有手按《圣经》。记者和历史学家马克·沙利文表示：“对许多人来说，这些税收似乎是（但它的确就是）政府通过行使不可抗力来掠夺个人财产的。”

> 在人与人之间的私人交易中，当把双方自愿被承认和遵守的伦理，放到政府任意要求而公民非自愿缴纳的交易场合中时，这种伦理似乎就不那么令人信服了。逃税伴随着风险，风险尽管严重到要罚款或监禁，却丝毫未损及逃税者的良心。在这种情况下，人们十分愿意逃税，并且涉及的金额庞大。[9]

乔·福德尼的委员会开出的税单，大致就是梅隆想要的那张。它令人欣喜的特点包括从1921年1月1日起实行新的降低了的附加税（最高为32%），并取消了超额利润税。

众议院对这一措施的反应十分谨慎。在第一次世界大战的巨额账单仍未到期之际，一些人怀疑减税是否明智，其他人则反对富人以任何借口减少纳税。“不到5 000人（其中大多数是大发战争财的人）每年因为10万美元以上的收入支付更高的附加税，”奥斯卡·E. 凯勒（Oscar E. Keller）[明尼苏达州共和党人（或者更确切地说，他的政治观点足够清晰地表明他是“独立”共和党人）]抗议道，“然而，梅隆部长希望将他们为维护政府提供的5亿美元削减一半，并把额外负担增加给小厂主、批发商、零售商、工人和农民。”[10]另一位共和党人——芝加哥的阿尔弗雷德·迈克尔森

（Alfred Michaelson）宣布，只有他提议的两项修正案获得通过，他才会投票支持该法案。第一项修正案是对5 000美元以下的所有收入免税，第二项修正案是对所有超过100万美元的收入征收100%的附加税。

最终，迈克尔森没有如愿，梅隆也没有如愿。沃伦·G. 哈定总统在感恩节前签署的1921年税收法案令所有人失望。超额利润税被取消了，但公司所得税税率却从10%提高到了12.5%。政府对高收入者的额外收税是有上限的，不过上限是50%，而不是梅隆想要的32%。政府对资本利得实行了特别税率；对许多投资者来说，税率为12.5%，且没有规定持有期。[11]

对于一个控制着政府各分支的执政当局来说，新税法远远算不上政治胜利，但它确实揭示了这届执政者的汉密尔顿主义血统（如果还是有人怀疑的话）。事实上，沃伦·G. 哈定的计划就是减少商业活动中的政府介入，而增加政府事务中的商业核算。

14

工资逐物价而跌

1919年11月3日，道琼斯工业平均指数创下119.62点收盘新高，但道琼斯铁路平均指数未以收盘新高巩固工业指数的这一记录却是个值得注意的不祥事实。如果某只股票表现强劲，那么一切还都顺利，比如美国银行票据公司（几乎难以满足公众对新股的需求）和雄心勃勃的可口可乐公司（作为一家禁酒令的早期受益者，正准备在纽约证券交易所上市）。但这些好消息涉及的是公司而不是国家，美国经济的未来前景仍不明朗。

《华尔街日报》中敏锐的编辑威廉·彼得·汉密尔顿（William Peter Hamilton）说："通常来讲，股票市场可能总会领先商业状况好多个月，它受到的影响源自每个人真实知识的总和。"[①, 1]在那个

① 约翰·穆迪（John Moody）（以其名字来命名的信用评级服务的创始人）否认了这一点。他争辩道："我们详加研究就会发现，股市是贸易的产物，是贸易身后的跟班，而不是贸易环境的引领者或创造者。"大约一个世纪之后，威廉·彼得·汉密尔顿看起来似乎是对的，而穆迪是错的。沃尔特·A. 弗里德曼（Walter A. Friedman），《算命先生》（*Fortune Tellers*），第89页。

时代，内幕交易没有任何违法之处，公司信息披露也很少。在这样的情况下（在缺乏当今那种与生产、就业、价格、消费者和商业情绪等相关的大量经济数据的情况下），真实知识是嵌在股价里的。根据《华尔街日报》创始人之一查尔斯·道（Charles Dow）提出的股价变动理论，工业和铁路的协调运动尤为重要。当一项指数的新高或新低被另一项指数的相应变动确证为可靠时，美国企业总体上就极可能沿着其预示的走势上行或者下行。在1919年11月3日未获得这种确证的情况下，走势是下行的。

人们不需要理解道氏理论，凭直觉就能知道战后繁荣正在结束。随便哪个人都能看出，资金越来越紧张了。《华尔街日报》称，保证金杠杆投机者愿意支付高达20%的利息来“玩股票”，而且他们很乐意付钱。股市在上涨，不是吗？对那些破开华尔街大门而入的形形色色的非专业投资者来说，这一点是显而易见的。饭店厨师、殡仪业者、工会官员和有闲阶层的女士都是这场闹剧中的人。

股市价位是不是太高了，或至少是投机过度？本杰明·斯特朗领导的美联储分支机构的表态毫无顾忌。纽约联邦储备银行1919年11月1日宣布：

整体而言，市场似乎是按投机而非投资的规则来运行的。买家受的引导似乎来自预期因素，而非以收益和股息方式所体现的业绩。钢铁工人罢工恰恰代表着萧条影响力的逆转，因为当前的市场观点夸大了钢铁企业初看起来取得的胜利。此外，很大程度上由市场活动促成的活期借款高利率，并没有对交易者起到威慑作用，而仅仅被当成对预期利润的一种偶然和轻微的抵消因素。在这段时期的大部分时间里，紧急清算显然是缺席的。[2]

1919年11月3日，纽约联邦储备银行贴现率上升了0.25到0.75个百分点，具体取决于支撑贴现的抵押物性质。如果是以商业票据担保的15天贷款，那么利率从4%升至4.75%。斯特朗解释说，“大量信贷中的一部分”受了误导，进入“投机”渠道。[3]对斯特朗信息的正确理解是，货币当局根本不担心一场通缩清算；相反，货币当局打算倡导这种清算。

货币当局不久就实现了这一志向，至少与股价有关。从1919年11月3日到1920年5月的第三周，工业指数降幅为27%，跌至88点。1919年5月创下的91.13点周期高点的铁路指数的降幅为23%，跌至70点。或许正如威廉·彼得·汉密尔顿所假设的那样，股市已经预料到了债券收益率上升和物价下跌这剂苦药。

1920—1921年，美联储最后一次旋动贴现率的螺母（1920年6月1日，从6%上升到7%），对物价并没有产生立竿见影的影响。这似乎在人们的预料之中，高层金融家也公开赞成7%的新利率。当时，在这个生机勃勃的国家，商业脉搏似乎仍在跳动。例子比比皆是。例如，从1919年1月1日到1920年5月15日，纽约电话公司雇用了大量接线员，员工人数从8 600人增加到了14 000人。这些语速极快的人接一通电话所用的时间甚至只有1920年年初的一半。1920年，仅在纽约市，纽约电话公司的资本支出就高达3 200万美元。

1920年9月16日，也就是华尔街爆炸①当天，道琼斯工业平均指数仍处于80点的高位。《华尔街日报》社论版对此嗤之以鼻。该报称："此事将促成一系列专栏文章，这些文章在很大程度是无用的。你不能扼杀一个观念，这是个幼稚的说法。你可以扼杀一个坏观念，好比奴隶制或工会垄断制②，但你不能炸毁美国宪法。"③，[4]

1920年11月3日的选举日，恰逢道琼斯工业指数达到1919年高点一周年。在创下新高之后12个月，道琼斯工业指数下跌了29%。即使没有察觉到共和党的压倒性大胜，市场也早就嗅出了沃伦·G. 哈定胜选的气息，而各平均价格指数向上的走势呈现出一个乐观的10月。熊市因此结束了吗？对许多人来说，似乎如此。毕竟，有139家大型工业公司在通货膨胀时期获得的意外收益，没有全都拿去花掉。在过去6年间，上述公司的营运资本实际上增加了30亿美元。此外，沃伦·G. 哈定则来自俄亥俄州这个产钢大州。当然，他和共和党国会将保护国内产业免受国内外"敌人"的侵害。[5]

在通常用来庆祝新年的一系列乐观声明中，一张股价表将1920年年终市价与前12个月高位和低位进行了比较。在许多案例

① 华尔街爆炸（Wall Street bombing）发生于1920年9月16日中午，爆炸地点位于纽约市曼哈顿金融区。该事件造成38人死亡、143人重伤，凶手一直没有找到。——译者注

② 工会垄断制（closed shop）是强制企业只能雇用工会会员的制度。——译者注

③ 1920年9月16日下午3点30分，纽约证券交易所管理委员会举行了会议，决定如何回应会议记录中所称的"令人气愤的"事件。一位理事提出了动议，要求交易所第二天早上开放营业。这时交易所主席威廉·H. 雷姆尼克（William H. Remnick）回答说，做出这样的决定是没有必要的。当然，在任何给定工作日，交易所都要开放。即便今天死伤惨重、令人震惊和窗户被毁，第二天也一切照常。纽约证券交易所管理委员会会议记录。

中，编制者能够证明蓝筹股已从一年中最糟的水平里恢复了过来。例如，国际纸业（International Paper）交易股价最高位为91.75美元/股，探底至38.5美元/股，随后反弹到46.375美元/股。曾经广受欢迎的古巴蔗糖（Cuba Cane Sugar），其股价之前一度从59.375美元/股探底至16.5美元/股，一路回升到23.375美元/股。西尔斯罗巴克公司（Sears Roebuck）股价最高位为243美元/股，探底至85.25美元/股，又重返100美元/股。通用汽车公司股价最高曾达到42美元/股，探底至12.75美元/股，又恢复到了14.5美元/股。

“没必要悲观，”前货币审计署审计长A. 巴顿·赫伯恩（华尔街元老之一）建议，“货币市场正在变得宽松。在联邦储备委员会的总体管理和激励下，信贷得到了增强。我们需要的是信心、节俭、耐心和持之以恒的勤奋。”[6]

此外，与前欧洲交战国相比，美国有如天堂。在战争中，法国就有50多万幢房屋被毁。德国本应为这些住所重建提供资金，但付出的赔款经常是实物而非现金的形式。法国承包商拿不到报酬，法国家庭，尤其是北部被战火蹂躏的埃纳省家庭，失去了自己的家园。

美国股价相对于诚实的金美元下跌，而不是相对于极度通胀的德国马克飙升，这算是华尔街之幸。1920年，德国股价的100%涨幅起不到多少安慰人的作用，因为当时这种涨幅只是德国汇率跌幅倒过来的反映。而且，如果美国资本家担心社会主义“第五纵队”会出现在美国，那么德国的资本家则根本没必要去想象：德国实际上正在进行一场集体主义革命。德意志共和国也没有找到其安德鲁·梅隆：在停战协定和1920年10月31日之间，德国的浮动利息公债增加了两倍多。[7]

在英国，事情并没有那么愉快。《经济学人》杂志评估了英国1920年年底的情况：

> 在这个善意和欢乐的季节里，我们经济状况的突出特征和今年以来相比并没有更加不利。但由于失业状况猖獗，股市短期内整体表现不佳，库存商品即便售价低于生产成本也依然销售不畅，甚至卖不出去，凡拥有库存或基于这些库存抵押贷款的人也因此难受至极，我们处在一个非常令人沮丧的背景下。[8]

在美国，拉低商品、消费品和普通股价格的经济和金融"地心引力"，似乎对劳动力价格没什么影响。在以往的经济萧条中，工资水平下降。似乎没有什么先验理论的理由可以解释为什么这些价格就不该在1921年也跌落，除了这个因素，那就是高度组织的美国劳工工会的领袖们明确表达了要降薪得先跨过他们尸体的决心。1920年7月，美国劳工联合会主席塞缪尔·龚帕斯（Samuel Gompers）正式警告说："我们不会容忍降薪。而且，在恢复到1913年购买力之前，我们还有很多工作要做。"[9]

不断下跌的物价动摇了这种毫不妥协的立场。企业不可能长时间亏损运营。为了恢复赢利能力，或者达到令人满意的赢利水平，企业管理层必须找到降低成本的方法，而工资就是其中最大的成本。《纽约先驱报》在1921年的一项调查显示：在钢铁制造和建筑行业，每1美元成本中有85美分被标识为劳动力成本。[10]媒体援引俄亥俄州扬斯敦镇的一家钢铁制造商在圣诞前一周的话说："包括工资在内的所有成本都必须降低，由于降价而在钢铁生产上亏损的钱，令目前的成本无法维持下去。"[11]

马萨诸塞州的纺织城镇已经出现降薪。洛厄尔、劳伦斯和新贝德福德工厂的工人面临着大约20%的降薪。在洛厄尔，这意味着工资将回落到钢铁厂早些时候为补偿战后通胀飙升而给予加薪前的水平。[12]马萨诸塞州的福尔里弗市（111家纺织厂的大本营）通常会为棉花贸易粗制品部门的工资走势设定步调，但该市雇主早在1920年就却步了，他们更愿让其他地方的雇主设定新的通缩基调。由于福尔里弗各家工厂的产能利用率仅为25%～40%，这些工厂的产品在市场上的售价低于其生产成本，加上该市35 000名工厂员工中已有上万人失业，工资显然就是应该降低的对象。[13]在许多西部铜矿和中西部钢铁生产商的案例中，报酬已被削减。

《纽约时报》编辑评论道：

这波令人不快的减薪浪潮似曾相识，它就像商业反应那样经常出现，也像"景气"一样经常出现（每隔十年便会出现一次，但有时每隔二十年才会出现一次）。如果那些认为这种循环更替是对我们制度的控诉并意味着资本主义该被废除的人先解决一些更简单的问题，那么这种情况会得到更多的关注。如果他们想令钟摆不朝相反的方向摆动，他们就会认识到，在任一个方向上的过度摆动是必然的，除非他们想要的是让钟摆停在"正中心"。在经济学中，劳动力和资本都一样憎恶这个有如死水的“正中心”。[14]

《纽约时报》没有选择区分“工资”（美国雇员薪酬总额）和“工资率”（企业单位时间内支付的薪酬）。通过下调单位时间的工资率，以便使成本与物价保持一致，亏损企业至少有机会恢复盈利。一旦重新开始赚钱，企业就有理由进行投资和雇用，从而实现经济增长。在数量逐渐萎缩的全职劳动者中，冻结在通货膨胀水平、呈现阶梯上涨的工资率会受到欢迎。但在这种不经济的报酬水平下，社会总收入将低于工资率与物价适当调整后的收入。

无论塞缪尔·龚帕斯是否认为上述“工资”和“工资率”之间的关键区别有说服力，他都对批评者进行了回击。1921年3月11日，在《纽约时报》那篇社论发表几周后，这位劳工领袖在一次对哈佛学生的公开讲话中说：“我见惯了许多所谓的工业萧条和恐慌。我已经看到了，钟摆一会儿摆向萧条，一会儿摆向复苏。我想要非常诚恳地说，要和美国善意的全国工会组织为敌，并且过度讲条件是行不通的、要倒霉的。工资削减和牟取暴利的行为仍在延续，金融和商业海盗负有很大责任。”[15]

塞缪尔·龚帕斯眼中的犯罪团伙包括美国羊毛公司（American Woolen Company）、科罗拉多燃料和钢铁公司（Colorado Fuel and Iron Company）、伯利恒钢铁公司斯蒂尔顿分部、美国钢铁公司（United States Steel Corporation）和全体肉类加工企业。所有这些企业都已经强行（或者对于肉类加工厂而言，正试图强行）将工资削减了10%～20%。

按预想方式，塞缪尔·龚帕斯原本也许会向万国收割机公司（International Harvester Company）设在威斯康星州的钢铁厂发起挑战。除了在1921年5月将工资削减20%之外，该公司管理层在8月又强行将工资削减了27%～32%，减薪幅度总计约为44%。该公司高管说，如果没有这些让步，工厂就可能不得不关闭。一些员工反驳道："宁愿挨饿不工作，也不要一边挨饿一边工作。"管理层最终如愿。[16]

沃伦·G. 哈定一家刚搬进白宫，屠宰工和切肉工工会就要求总统出面斡旋，调解他们与肉类加工业的斗争。因为从技术上讲，战争还在继续（当时尚无和平条约）。工会会员要求，他们和主要的肉类加工商［斯威夫特公司（Swift & Company）、阿莫尔公司（Armour & Company）和威尔逊公司（Wilson & Company）］之间的战时工资和工时协议保持有效。这意味着没有减薪，也没有每周延长40小时的工作时间，这两项都是肉类加工商想实施的。如果雇主拒绝遵守法律，那么政府应该查封肉类加工企业，并"要公开谴责该行业现在的所有者和管理者是对政府和整个社会的威胁"。因此，北美切肉工和屠宰工联合起来敦促总统。肉类加工企业站在这些人的立场上，采用了共和党总统竞选活动的那一串说辞，并回答说，它们的目标是"成为整个国家恢复常态运动的一部分"。[17]

沃伦·G. 哈定执政当局尽管承诺让政府置身于商业之外，但很快就让三名新内阁官员提供劳动仲裁方面的服务。这三位分别是劳工部部长、农业部部长和商务部部长。商务部部长赫伯特·胡佛以他的机敏和同情心赢得了工会会员的支持。劳工律师雷德蒙·S.

布伦南（Redmond S. Brennan）证实："我想说的是，过去我从不认为赫伯特·胡佛对劳工是友好的，但我很满意地看到，他表现出了对我们诉求正义性的理解。"尽管如此，沃伦·G. 哈定还是和另外两名仲裁人一道敦促劳方接受低工资是不可避免的这一事实。屠宰工和切肉工们不情愿地同意将计件工作的工资削减12.5%，而雇主们则同意遵守每周40小时的工时规定；战时劳动合同的有效性将一直维持到1921年9月21日。双方彼此嫌恶、缺乏好感，布伦南在临别时说："我们实际所做的，就是签署了一份为下次战争做准备的停战协定。"但事实是，工资也进入了萧条的地心引力场。

15

精明的“法官”加里

美国钢铁公司是当时全球最大的工业企业，是美国第一家市值达到10亿美元的公司，也是钢铁行业无可争议的领袖。这家公司雇用了25万多名员工，1920年总共付薪581 556 925美元，也就是平均每人每天的工资是7美元。同一年，美国钢铁公司的销售额为1 755 447 025美元，净收入为109 694 227美元。1920年12月31日，它那毫无破绽的资产负债表的总金额一下子达到了2 430 546 963美元。[1]

这家公司是11家运营企业的联合体，由富有远见的资本家J. P.摩根、埃尔伯特·H. 加里（Elbert H. Gary）、查尔斯·M. 施瓦布和安德鲁·卡内基（Andrew Carnegie）于1901年合并而成。就像某种巨大的现代化工业“自给型农场”一样，美国钢铁公司似乎是自给自足的。它消耗自家的煤炭、铁矿石、焦炭、天然气、原油、汽油、水、白云石、石灰石和锰，将这些原材料喂入自家的高炉、贝塞麦转炉、平炉与电熔炉、平板轧机、薄板轧机、钢轨轧机、通用板轧机、剪切板轧机、线材轧机、蜂房式炼焦炉、焊管坯轧机、条钢轧机、钉子厂、铁丝网与金属丝网部门、弹簧厂、钢丝绳与电气厂、焊接管炉、无缝管轧机、桥梁和结构厂、螺母与螺栓厂、黄铜铸造厂以及水泥厂。公司利用庞大而富余的资本存量制造了自己的钢轨、钢轨接头、结构型材、钢筋混凝土钢筋、小型轧材、螺栓和螺帽杆、线材、板材、薄板、黑钢板、骨架、箍、车轴、钉子、钉板、角钢、长钉和锌合金焊料。

如果这家钢铁公司符合（联邦贸易委员会所指控但被该公司所否认的）“垄断”的法律定义，那么符合的原因便是其无可匹敌的效率。该公司自家的铁路网络运营着1 063英里的主干线，轨道总长3 780英里，铁轨上面有1 501台蒸汽机车牵引着62 221节货运车厢。公司的水运船队包括35艘远洋轮船、78座大湖轮船、13艘内河轮船和818艘钢驳船。

对于美国钢铁公司的员工来说，有些人每周工作7天，每天工作12小时，并且每两周就全天无休一次（每天工作24小时）。公司会不会赞成其他开明的雇主，同意每周工作6天、每天工作8小时呢？不会，连讨论此事的余地都没有。尤其是，公司不会和工会代表讨论这个问题。

在这家强大企业头把交椅上坐着的就是加里（又称“法官”加里），这是他于19世纪80年代在伊利诺伊州杜佩县法官席上工作8年所获得的尊称。这位法官在自己的法庭上聆听商业案件证词时，对钢铁生意产生了兴趣。1898年，他离开法律行业（他在担任法官前后都曾当过执业律师），成为联邦钢铁公司总裁，该公司于

1901年被整合进新的钢铁联合体。

当时74岁高龄的加里经历过芝加哥大火①、19世纪80年代的景气和19世纪90年代的萧条。他协助发起了20世纪初公司合并的大潮，并在1906年建造了以他的名字命名的印第安纳州钢铁工人模范镇。在1914年的商业低迷时期，他曾在纽约市一家研究失业问题的市政委员会担任主席。1916年，他迎来了又一次的景气时期；到1917年6月，钢铁价格几乎是1914年萧条时期价格水平的3倍。[2] 1919年，他强势挫败了钢铁工人组织委员会，在为期3个月的罢工中站在了胜利一边。1919年11月，加里夫人在收到希望她成为一名钢铁罢工女子后援队荣誉成员的邀请之后，不禁流露出了遗憾。她向记者解释说：“我完全赞同‘法官’加里反对钢铁罢工者的立场，不是因为他身为我的丈夫，而是因为如果我们不想落入布尔什维克手中，不想让劳工以不合理的要求颠覆这个国家，这就是唯一正确的立场。”

1920年10月，“法官”承认，某些价格和某些薪酬必须下跌。[4] 到了1920年12月，许多独立生产商（也就是与美国钢铁公司没有关联关系的生产商）已经倒闭。那些仍在运营的独立生产商正把价格降至这家领袖企业的价格水平之下。一些生产商也削减了工资，美国东部制钢板厂的工资削减幅度多达25%。加里的庞然大物还在全速运转，但其实它只是在完成自身尚未交付的订单。

① 芝加哥大火（Chicago fire）是指一起发生在1871年的火灾，熊熊烈焰持续了3天，芝加哥城区约9平方千米的范围被毁，近300人被夺去性命，约10万人无家可归。——译者注

这家钢铁公司是否会以自身的降价减薪来反击呢？在1921年2月第一周之前，加里对这些都表示否认。加里的这一言论（他公开说过）激怒的不是别人，正是那个“跛足鸭”（由于任期将满而无实权）的货币审计署审计长。审计长约翰·斯凯尔顿·威廉姆斯在1921年2月15日的一封公开信中劝告加里，钢铁价格必须下跌。在普遍痛苦的时期，所有人都应该分担一点痛苦。对于美国钢铁公司而言，这意味着更低的售价和更低的利润。威廉姆斯指控说，没有哪个布尔什维克宣传家会比加里这样的暴利企业主对美国制度造成更大的伤害。[5]

加里并没有立即赏脸回复威廉姆斯，尽管其他钢铁行业的人士都表示惊讶：威廉姆斯不是货币审计署的审计长吗？然后，他们观察到，如果这家强大的钢铁公司按照威廉姆斯的要求降价，也就是每吨钢铁降价25美元（以每吨63.49美元为基准）[6]，即使是更高效率的独立生产商也会被逼至绝境。[7]加里在1921年3月3日的回复中，把数据整理得井井有条，并推翻了审计长对他“牟取暴利”的指控。在同一份声明中，“法官”加里断言，美国和世界面临的最重要问题不是通货紧缩，而是高昂生活成本。他宣称：“应该而且必须迅速、彻底地进一步削减生活成本。”[8]

加里已不必对高物价感到担心。1921年3月30日，8种主要钢铁产品的平均报价较上年同期降低27.4%。1920年，各独立钢铁生产商的报价比美国钢铁的报价高出了27%；而1921年，各独立钢铁生产商的报价比美国钢铁的报价要低8%左右。[9]

铜价也出现了暴跌。1921年3月底，铜每磅11～12美分的价格已从1920年的峰值下降了37%。全球最大的铜生产商水蟒铜业（Anaconda）表示，它将无限期暂停生产。当全国的铜价低于生产成本时，区别似乎不大：剩余库存还是积压了起来。水蟒铜业总裁约翰·D. 瑞安（John D. Ryan）说，“由于美国商业活动普遍停止，东方工业崩溃以及普遍令人担忧的欧洲商业和政治状况”，全世界的需求正在消失。[10]

加里身为行业领袖和低成本制造商的领导者，在稳定中获得了既定利益，但日益严重的衰退表明了商业形势非常不稳。或许，“法官”加里的目光被《华尔街日报》1921年3月30日版的一篇暗示性报道吸引了。

钢铁区生活成本更低

扬斯敦镇——为了其1.25万名员工的利益，扬斯敦板管公司准备了一份汇编读物，该读物显示在过去的12个月内，马霍宁山谷（包括扬斯敦在内的数十家工厂的所在地）的生活成本降低了37.8%。

即使加里没有注意到来自扬斯敦镇明显的暗示，他仍然有可能读到有关肉类加工业和铁路行业中减薪的新闻。他即使从未打开过报纸，也肯定会从自己的子公司那里听到悲观的消息。当萧条袭来以及新的订单越来越少甚至没有时，美国钢铁公司还有1 040万吨未完成的订单需要处理。从1920年4月到1921年3月，美国钢铁公司未交付的订单量减少到了580万吨。[11]

美国钢铁消费者没有把“法官”对于降价的否认放在心上。1921年4月12日，怀疑者被证明是正确的。加里宣布的降价幅度足以使美国钢铁公司的钢铁价格回到与各家独立钢铁公司一致的水平。这时，8种主要钢铁产品的平均价格为58.54美元/吨。一方面，这比1920年85.03美元/吨的高点低了31%，比1917年7月创下的历史最高纪录119.69美元/吨低了51%。另一方面，这比战前35美元/吨的平均价格还是高出了60%以上。

由于缺乏美国钢铁的规模和财务实力，各家独立钢铁制造商蒙受了严重的亏损。从市场达到顶峰的1919年11月3日到加里宣布降价的1921年4月13日，伯利恒钢铁公司的股价跌掉了一半，坩埚钢铁（Crucible Steel）的股价跌掉了66.3%，共和钢铁（Republic Iron）的股价跌掉了56.2%。相比之下，美国钢铁公司的股价仅受了一点皮肉之伤：下跌了27.4%。在同一时期，道琼斯工业平均指数下跌了37.3%。

但加里的相对成功离生意兴旺还差得很远。1921年前3个月，美国钢铁公司赚了3 230万美元，较1920年同期的4 210万美元下降了。截至1921年6月30日的第二季度，美国钢铁公司赚了2 190万美元，而1920年同期收入为4 320万美元。1921年第二季度利润是美国钢铁公司自1915年第一季度以来利润最少的季度。

“法官”看到了更好的前景。他对股东们说：“就目前而言，有许多理由想使我们相信情况正在改善，即使我们在很大程度上尚未体验到效果。调整是必要的，调整一直在取得有效的进展。”加里接着说，这场战争完全与浪费相关，战争是从政府的浪费开始的。

但是，如今我们又看到了一种相反的倾向，也是从政府开始的，尽管还没有包括每个男人、女人和孩子，但是大家基本上都在努力地节约和储蓄。

“法官”宣称，金融形势也很乐观。这和前审计长威廉姆斯的公开声明是相呼应的（在威廉姆斯看来，美国各家银行是稳健运行的）。“法官”总结道，“我们无须扬扬得意地欢呼”，但也没必要感到悲观沮丧。这个世界已经病得很重，因此完全康复的时间会拖得更久。我们沿着现有方向走得越远，步伐就会越快。只要法律和秩序获得持续的维护，只要个人合法努力下的行动自由受到保障，这个国家的经济就会所向无敌、牢不可摧。[12]

但美国钢铁公司的雇员眼下的经济状况却一点也不牢不可摧。“法官”坚持反工会的立场（他的妻子也如此）引发了美国劳工联合会副主席马修·沃尔（Matthew Woll）的愤慨：“他会用股东的最后一个子儿去维护钢铁工人一天工作12小时的权利。”[13]

从1921年5月16日开始，美国钢铁公司（对工会来说，钢铁“托拉斯”才是它的名字）将工资削减了20%，这是该公司自1904年以来的首次工资回落（加薪几乎成了惯例）。从1915年至2014年，该公司工资连续上调9次，幅度从9%到15%不等，累计起来，10小时工作制的平均日工资从2美元提高到了5.06美元。这一涨幅是消费价格指数涨幅的两倍。[①]在通货紧缩的消息中，如果有什么可以让人感到安慰，那就是对降薪深感失望的美国钢铁公司雇员大幅减少。1922年1月，该公司雇用了263 208人，而1921年7月份的员工总数只有157 083人。

联邦和州失业保险制度要等到多年以后才会出现，而在这之前，失业者不得不自谋生路。“法官”加里尽管希望他的员工过上好日子，还是得优先考虑公司的财务状况，而非工人的家庭财务状况。这家钢铁公司的财务状况坚如磐石[②]的事实在其资产负债表上显而易见。人们从其股东的才干也能推断出该公司的财务实力。加里本人与公司秘书兼财务主管理查德·特林布尔（Richard Trimble）共同持有321 408股普通股，占510万股流通股的6.3%；纽约第一国民银行（First National Bank of New York）行长乔治·F. 贝克持有57 300股股票，他是那个时代最成功的投资者之一。哈佛大学和刚退休的杜邦公司总裁皮埃尔·S. 杜邦（Pierre S. du Pont）是主要的股东；还有旧金山银行家威廉·H. 克罗克（William H. Crocker）、铜业企业家克利夫兰·H. 道奇（Cleveland H. Dodge）、A. A. 豪斯曼公司（A. A. Housman & Company）[投资家伯纳德·M. 巴鲁克（Bernard M. Baruch）是这家公司的客户之一]以及连美国前总统伍德罗·威尔逊（他拥有45股美国钢铁优先股）都是其股东。

① 取决于计算的开始和结束日期，美国钢铁公司员工的平均实际报酬看起来或多或少是令人满意的。该公司自己计算得出，从1913年10月到1921年12月，工人的平均日工资从2.93美元涨到4.60美元，涨幅达到57%；而同期消费价格指数上涨了75%。1923年3月21日版《华尔街日报》引用1922年年度报告。

② 即使在1921年，未扣利息和税金前的收入也能覆盖利息费用，比例超过了4：1。

1921年3月，《华尔街日报》的一篇社论指出，熊市中便宜的股票总是销路极差。投资者不想要也从不持有这些股票。如果不是这样的，那么“今天将有一个十分活跃的市场，市场上也将满是兴致勃勃甚至兴奋不已的公众”。

公众显然并不兴奋。在当年的前3个月，纽约证券交易所股票交易量好不容易才达到4 400万股，比1920年同期下降了38%。美国钢铁公司的股价是其账面价值的1/3，市盈率为4倍，或者以其定价能带来6%以上的股息率，这重要吗？

对于耐心的长期投资者来说，这很重要，至少这是一个“珍稀动物”。1916年年底，美国钢铁公司约有41%的股份在经纪公司的托管下“流通”。到1921年3月31日，美国钢铁公司只有24.3%的股份有此类特征；反过来说，有75.7%的股份掌握在那些寻求分红、重视价值的更强健而坚定的投资者手中。这是有史以来最高的比例。[14]

“法官”加里致股东二季度报告中鼓舞人心的信息并不完全标志着周期见底，尽管周期见底已经接近了。1921年7月，随着美国钢铁价格持续下跌，该行业一度以不到15%的产能运转，尽管时间短暂。共和钢铁是规模较大的一家独立公司，该公司总裁约翰·A. 托平（John A. Topping）厌恶地回顾了过去整整12个月，他宣布1921年是公司22年历史上最背运的一年。共和钢铁平均只能以25%的产能运营，1920年雇用的13 230名工人也解雇了一半以上。除了对薄钢板的需求相对强劲（汽车市场处于一个复苏的迹象中），该公司没有什么可喜而言。[15]

1921年8月的第三周正值股市低潮。此时，华尔街也歇下来惊叹美国钢铁公司股价的韧劲。①在每股72.75美元时，美国钢铁公司股价从1919年11月3日的市场最高点下跌了34.3%，相比之下，道琼斯指数下跌了46.6%，伯利恒钢铁公司和共和钢铁的股价下跌了57.5%和68%，坩埚钢铁的股价下跌了79.6%。“法官”加里取得了成功。在经济景气时期，美国钢铁公司极富远见地预留了9 500万美元库存准备金②。对于管理层来说，很清楚的是，过去盛行的那种虚高价格迟早会回归现实。公司股价强劲的第二个动力来源是员工的奉献精神，尽管这种精神有所萎缩。在那个萧条年份，81 722名员工认购了255 326股股票。对于每天只赚5美元的钢铁工人来说，一股80美元需要16天劳动。其韧劲的第三个来源是公众对加里的信心。1921年第二季度，钢铁普通股持股人数量从1919年第三季度的73 456人上升到了105 310人。

《华尔街日报》指出：“事实是，尽管投机者可能对美国钢铁公司普通股有所看法，但投资者认为该公司是美国最牢靠的工业企业，对其股息的安全性几乎没有任何怀疑。”事实证明，这种信心是正确的。[16]

① 《华尔街日报》报道：“华尔街其他交易者似乎都需要美国钢铁公司普通股，他们看到了其他股票纷纷下跌，可美国钢铁公司的股票绝不步人后尘。这只股票的坚挺是不可思议的。”

② 库存准备金（inventory reserve）是一种会计分录，可以帮助确定以一定程度折旧、变质或在业务运营中已过时的存货资产所要求的扣除额，从而反映库存中剩余的某些资产在市场上贬值的事实。——译者注

16

“更崇高的服务意识”

宿命论是两党对萧条的主流态度。民主党人和共和党人一致认为，经济衰退是不可避免、不可阻挡的，甚至是有益于健康的。但是，不管它有什么可以想到的优点（例如，重新平衡工资和物价，纠正投资者和企业家在联邦政府压低的利率和虚高物价影响下所犯的错误），许多美国人正在遭受苦难。政府会如何回应呢？

这里也反映出一定程度的政治谦抑。人们广泛接受了这种观念：政府不该通过代价高昂或考虑不周的干预让情况雪上加霜。伍德罗·威尔逊的财政部部长戴维·F. 休斯敦在1920年选举季冷冰冰地说：“我们已经遣散了许多团体，可我们还没有遣散那些死命瞪着国库的人。”[1]几个月后，在纽约出版的自由主义左翼周刊《自由人》（*Freeman*）嘲笑说：“要政府为种种兴衰交替负责的发展趋势是荒天下之大谬。”[2]

沃伦·G. 哈定总统也支持经济上的自由放任。但最重要的是，他与人为善（超越任何意识形态）。在私人生活中，他伸出友谊之手。在参议院、白宫，他都这般处事。即使伸出的手侵犯了公私部门的界限，这似乎也没有困扰到他。他本人甚至都没有意识到这一点。在沃伦·G. 哈定总统于1923年去世后，一位在政治上批评他的人对他颂扬道，总统属于罕有其匹的人物，这样的人能“让生活变得甜蜜。对这类人加以剖析，我们就会发现他们所做的一切，就是把爱传递出去，沃伦·G. 哈定看上去也是这样的，他付出了爱。”[3]

在沃伦·G. 哈定立法议程上最首要的一项就是创建一家新的内阁级别的公共福利部。这位总统说，政府“发展最高等和最有效的那类公民资格”的义务毕竟“在现代”被接受了。他的批评者回应说，政府也许是这样的，但政府负有量入为出的优先义务。①沃伦·G. 哈定的建议毫无进展。

政府在推动重新激活战争金融公司方面要成功得多。作为国家紧急情况下的产物，战争金融公司在1918年接受了5亿美元的公共资金投资，它花了10亿美元来支撑自由公债价格。停战之后，它在出口融资方面找到了一项临时的新任务。时任美国财政部部长休斯敦（也是战争金融公司的当然主席）敦促结束这家公司，该机构于1920年解散。

农产品价格暴跌带来了重启战争金融公司的要求，这一次的

① 《纽约时报》社论评论道：“让一位女士在内阁中专门负责我们大家的健康和快乐，这一想法对大多数美国人来说，无疑是非常诱人的。但国会还有一项与公共福利有关的责任，那就是以尽可能低的成本使行政管理尽可能高效。”塞缪尔·龚帕斯领导下的美国劳工联合会对此可不怎么满意。龚帕斯更大的心愿是，任何可用的联邦资源都被直接拨给劳工部。《纽约时报》，1921年4月14日，1921年5月13日。

重点是农业信贷。参议院农业委员会在1920年12月6日的一项决议中，提到了农场“前所未有的、无与伦比的困境”。[4]威尔逊没有签署这份决议，把它送了回去。这份由休斯敦起草的否决信息写道：“我认为，在停战两年多以后的今天，美国应该恢复其惯常的商业方式。”

沃伦·G.哈定认为，政府没有理由不为受苦的农民做点什么。1921年7月，他敦促国会，战争金融公司应该得到新生；毕竟，这是另一个“全国性紧急状况”。在这一政治事件的影响下，1923年的《农业信贷法案》应运而生，该法案创建了12家农业居间信贷银行（它们以联邦农业信贷银行的形式存在至今）。尤金·迈耶（Eugene Meyer）曾是威尔逊时期战争金融公司的负责人，他与沃伦·G.哈定政府合作，制定了这项法案。[5]

没人会怀疑赫伯特·胡佛的慷慨精神，即使这位商务部部长没有沃伦·G.哈定的个人亲和力。作为在斯坦福大学受到一流训练的1895届地质学家，胡佛去了澳大利亚，开了金矿，和青梅竹马的恋人卢·亨利（Lou Henry）结婚，一起迁居中国，以矿业顾问一职谋生。1900年，他们一起从义和团手中逃脱。1908年，胡佛已经成了独立顾问，在各大洲都有投资，在旧金山、纽约和伦敦都有办事处，在圣彼得堡有俄罗斯总部，在曼德勒有缅甸总部。1912年，胡佛夫妇展示了他们知识副业的共同成果，也就是16世纪的采矿业经典作品《矿冶全书》（*De re metallica*）的英译本。卢·亨利精通拉丁文，胡佛精通冶金术。1914年8月，胡佛以一名成功的企业重组顾问的纯私人身份，获得了“患病矿业医生”的美誉。此时，他们住在伦敦，腰缠万贯（身家高达400万美元），心满意足。

战争使他们投身公共事业。由于战争爆发，估计有12万美国人滞留欧洲。为了把这些旅客都带回美国，胡佛夫妇全身心地投入到耗钱且繁杂的后勤工作中。当知道在德军占领的比利时有数百万饥民时，胡佛成了一名反饥饿的公益战士。不久（在美国参战以后），他领导了美国食品管理局。在和平时期，他领导了美国救济署。数百万人就算不将自己的生命归功于这位当时担任沃伦·G.哈定商务部部长的人，也要将自己的健康归功于他。

在反周期宏观经济政策发明之前的几年里，这位美国商务部部长应该做些什么来应对通缩性萧条呢？从性情上说，在所有人当中，胡佛是最不可能什么都不做的。他看不得世人受苦。无论身为人，还是公谊会教徒，抑或是工程师，他都憎恶人们的苦难。用他的话来说，面对痛苦、浪费和大规模失业，一个像美国这样富有的国家却置身事外，这是“不可思议的”。[6]

1921年7月15日，胡佛在芝加哥发表致全国房地产协会的演讲，清晰地讲述了沃伦·G.哈定的经济计划。这位商务部部长宣布，政府致力于改革税制、削减政府开支和调整关税，寻求削减军备，促进美国商船队发展壮大，并帮助出口商和农民。政府还打算清偿政府对半国有化铁路所欠下的战时债务，并精简联邦政府官僚机构。

胡佛指出，目前的萧条是美国内战以来的第14次萧条。由于美国挺过了前13次危机，美国也会克服这一次，尤其是当美联储在岗的情况下。胡佛继续说，美国还有一些新格局和新进步。这是

“一种更崇高的服务意识，一种帮助生意受损者的更广泛意愿。之前成千上万看似毫无希望的公司，如今却处在通往安全的道路上”。银行家们发表过这一类的评论：美国大通国民银行的经济学家本杰明·安德森（Benjamin Anderson）认为，与以往相比，放贷者更倾向于与陷入困境的借款人合作，而不是迫使债务人破产。

胡佛在呼吁政府采取行动方面，也只能做到这个份儿上。这位演讲者告诉房地产商：通货紧缩是一种磨难，却是必要的、建设性的。繁荣不光处在萧条之前，在某种程度上，繁荣还造就了萧条。正是在商业周期的“开香槟酒和撒五彩纸屑”阶段，“我们投机，过度举债，变得懈怠且效率低下，把赚的钱浪费在放荡生活上，而不是将其用于创造新的资本，从而推动物价上涨至恶性水平，道德和商业的平衡感也随之丧失”。因此，轮回中的报应阶段是不可避免的。胡佛表示，尽管有人会加以抗拒，但每个人“最终都不得不被冷水浇身”。

当然，胡佛接着说，华盛顿的许多人会抗拒，首都充斥着各种想入非非、不切实际的主意：

> 在华盛顿，每时每刻都有人提起政府加速经济复苏的目的和立场。我们到处都能看到有人开出经济灵药，并妄图逃避经济复苏的严格法则。政府能做什么在某种程度上演变成了我们对社会和经济整体态度的问题。除非我们破坏个人的主动精神，使自己径直走向国有化或家长式统治，否则无论如何加以掩饰，政府都不可以承担提薪降薪、交易商品或设定价格的责任。[7]

1921年9月8日午餐时间，在波士顿公园，所有路人都在驻足观看一场重现南北战争前奴隶拍卖的活动。"零先生"高谈阔论，怂恿观众给一名失业者出价。每一个"自愿动产"都是身体健全的（打着赤膊），还有些人在战争中服役过。

"零先生"也被称为乌尔本·勒杜（Urbain Ledoux），自居为失业者的慈善家。①他表示，上演这出政治戏剧的目的是唤醒波士顿对失业者困境的良知。他至少成功地激起了媒体的好奇心。在波士顿公园事件发生一周后，纽约警察局宣布拒绝签发在布赖恩特公园重演波士顿戏剧场面的许可证。

在威尔士，失业者参与暴乱和游行。[8]在蒙特利尔，他们闯入餐馆索要食物。在芝加哥，他们准备团结起来，支持美国钣金工人联合会提出的要求，即政府支付相当于行情工资75%的失业补偿金。为了给这些预期的失业补偿金提供资金，工会要求对超过5 000美元的非劳动收入征税。[9]《纽约时报》的编辑讽刺道："有什么比有闲阶级供养无所事事者更合理的呢？为什么要拒绝给予任何人以税款所能提供的一切呢？"[10]

严重失业显然是存在的。但是，由于缺乏可靠数据，没有人知道失业人数究竟是多少。1920年的人口普查统计了1.06亿美国人，其中4 160万美国人从事"有收入的职业"。制造业有1 280万人（30.8%），是就业人口最多的行业；农业、林业和畜牧业有1 100万人（26.3%）；零售和批发贸易业有420万人（10.2%）；家庭

① 这位慈善家承认他先前抛弃了妻子和两个孩子。"我已经有一个比那还大的家庭。"勒杜在谈到他所领养的失业者家庭时告诉记者。《纽约时报》，1921年9月10日。

和个人服务业有340万人（8.2%）；运输业有310万人（7.4%）。但并不是所有这些在职美国人都立即受到裁员或解雇的影响。人口普查员统计了600万农场主、150万商人（或店主）、27.5万制造商（和“官员”）以及250万专业人员。这群或多或少自我雇用或稳定就业的人的数量超过了1 000万，这使得大约3 100万美国人被归类为“雇员”。

21世纪的金融界人士在每月的第一个周五聚集在电脑显示器前，聆听美国劳工部对上个月非农就业岗位增加或减少的临时（尽管经常修订）估计数。1921年还没有这样的指路灯。美国就业服务局、联邦储备委员会、商务部、各州就业办公室、商会和大都会人寿保险公司都参与了进来，它们各自对就业情况进行了不完整的评估。由于没有一套统一标准，这些调查的结果差异很大。一位长期关注全州劳动力市场的资深著名记者报道说，马萨诸塞州在1921年一季度失业率达到了30%，大幅超过了此前在1914年年底所达到的18.3%的最高水平。[11]几个月后，马萨诸塞州商会予以回击：一派胡言。根据21家地方商会的说法，失业情况并不比平常差多少，并且不管怎么说，“都是通过增加活力和促进商业兴旺的自然渠道来自我纠正”。[12]

1921年8月18日，美国劳工部部长詹姆斯·J. 戴维斯宣布，美国失业人数为573.5万人，高于同年1月347.344 6万人的数据，这时的情况很难弄清楚。[13]詹姆斯·J. 戴维斯补充说，至少情况不像1914年那么严重，当时有700万人失业（这位部长并没有提到，他从哪里拿到了这个数字，当时并没有这样的官方统计）。他还说：

“如今虽有失业的人，但不要忘记，仍有人在工作。”此外，这位部长还指出，政府自己的统计学家也发现了经济好转的迹象，并非所有体现在这些数据中的信息都不言而喻地鼓舞人心。詹姆斯·J. 戴维斯断言：“但是，在这些日子，人们肯定是昂首挺胸惯了，以至没注意到丝袜的日益流行和真丝的普遍使用。”[14]

一些人争论说，出差错的不是目前失业的人数，而是以前就业的人数。一位持怀疑态度的人说：“可能受到了有史以来最高工资和‘我们必须生产、生产、生产来拯救欧洲！’这样爱国口号的影响，每一个男人、女人和孩子都被拉进工厂。经济一开始衰退，妇女和儿童就回到了除非遇上特殊情况否则永远不会离开的家，而男人则回到了他们原先的工作岗位上。”[15]

沃伦·G. 哈定政府并没有那么肯定。这届政府对美国失业的绝对人数（似乎很多）以及他们明显的痛苦感到担忧。波士顿的拍卖会、国外失业者的怨声载道[16]以及美国国内冬天的来临，都让白宫大惊失色。要怎么办呢？不可以什么都不做，胡佛非常肯定。私人财产是不可侵犯的，经济组织的企业体系也是如此，胡佛理解这套体系。但是，这些限制并不妨碍标新立异的行动。胡佛决心召开一场关于失业问题的全国会议（“向失业宣战”，他这样称呼）。[17]一个经济专家小组将确定失业人数。事实掌握在手中时，经济学家就会提出解决问题的办法。劳资双方代表将权衡这些经济学家的结论。1921年8月，胡佛发出了对可能参加的人的邀请。

胡佛态度谦逊，把峰会称为“总统关于失业问题的会议”，尽管没人会怀疑是他想出了这个主意，并全力以赴地加以实现。这位商务部部长于1921年9月26日宣布了开幕式。

1908年，一位公民曾问威廉·霍华德·塔夫脱：一名失业人士该做什么。当时尚未宣布参选总统的塔夫脱回答说：“只有上帝知道。”沃伦·G. 哈定，还有胡佛，都没说政府知道这样的失业者该做什么，只是说政府应该想方设法帮他一把。政府应该通过观念和引导的力量做出贡献，而不是通过支出。无论失业现象存在与否，削减债务仍是这届政府财政议程的首要任务。

沃伦·G. 哈定总统在向美国内政部礼堂就座的代表致开幕辞时说，这场萧条是一种“战争遗产”，是一场波及全世界的祸害。此外，“总有失业存在。有人告诉我，即使在最幸运的情况下，美国仍有150万人没有工作”。

经济学家已经学会了把这种现象称为“摩擦性失业”。沃伦·G. 哈定是这样说的：“这些数字之所以令人震惊，不过是因为我们有一亿人口，而且这种靠他人为生的比例，将永远伴随着我们。”

经济萧条紧随着通货膨胀而来，“就像潮水涨落一样确定”，沃伦·G. 哈定总统继续说，“但我们可以减轻危害，可以缩短萧条持续时间”，尽管不是通过花纳税人的钱。他表示：“过度刺激被认为是麻烦的起因，而不是治愈的根源。”[18]

通过电报召集的代表包括伯利恒钢铁公司负责人查尔斯·M. 施瓦布、著名调查记者艾达·塔贝尔（Ida Tarbell）、宝洁公司联合创始人威廉·C. 普罗克特（William C. Procter）、塞缪尔·龚帕斯和其他劳工领袖，以及市长、贸易协会成员、矿业主管、铁路主管、木材商、制鞋商和各种各样的公职人员；还有一个黑人，即乔治·E. 海恩斯（George E. Haynes）博士，他是联邦基督教协会（Federal Council of Churches of Christ）种族关系委员会成员。没有被召去开会的“零先生”，受邀到白宫与总统交谈。会见结束后，这位眉飞色舞的鼓动者在和记者交谈时称赞他的东道主“非常友善和礼貌”——沃伦·G. 哈定足足给了他25分钟时间。

对胡佛来说，这次会议绝不仅仅是专家们的临时聚会，而是一项旨在通过解决商业周期来处理失业问题的长期计划。胡佛专家小组所能确定的最好结果是，失业人口数为350万（与一些人声称的550万相差甚远）。为了帮助这些不幸者度过严冬，一项有针对性的公共工程支出计划已经就绪。各城市和各州将扛起各自的财政负担。联邦政府既不指挥也不花钱，而是笼络人心和居间协调。从长期来看，政府迫切需要更好的经济统计数据，这是美国商务部能够而且将会提供的。

那会是全部吗？是的，有些人相信了（而且相信的人还很多）。市场应该放任自流，这是古典经济学说的观点。随着物价下降，工资也必然下降。用当时的语言来说，劳动必须被“清算”。

“清算”的意思是指在市场上抛售。“清算劳动”代表雇主使自身摆脱一部分报酬过高的工人。破产企业的薪酬很低，也根本不招聘 。通过调整膨胀因素下的工资，使之重新匹配紧缩的物价，企业就可以降低成本，恢复利润率，并重新开始雇用劳动力。在与会代表就座前不到一周的时间里，《华尔街日报》头版对钢铁生产商在这方面取得的进展给予了赞许的报道。新闻头条声称：“钢铁行业清算可能结束了，除了处理材料以外，钢铁生产商还大幅削减了人力成本。”根据快讯，在一些地区，新的工资行情价是每小时25美分，从战时的每小时50美分或60美分跌落了下来。[19]

这不是胡佛喜爱的方式。关键是，他反对减薪。一位研究他经济思想的学者写道：“他仍然把个人创造力看作进步的主要动力，仍然呼吁合作框架内的‘良性竞争’，但在其主要构想中，他设想的系统类型总体上更接近于新政早期的国家复兴管理局计划或公司自由主义①，而非古典经济学的竞争模型。”[20]

胡佛相信，拥有及时统计数据的现代商人会做出更优决策，而更优的决策将降低萧条的发生频率和严重程度。为了提供这一关键信息，胡佛领导的商务部创办了《当前商业概览》（*Survey of Current Business*），展示的是每月的经济数据概要，第一期出版于1921年7月。②

美国矿工联合会主席约翰·L. 刘易斯把握十足地认为，华盛顿特区能比以往做得更多。他要求：失业者应该得到政府信贷；政府应该强制企业建立相当于年度工资一半的劳动储备金；矿山

① 公司自由主义（corporate liberalism）是一种支持企业和国家权力共生的意识形态。——译者注

② 比起看似不协调的市场力量，理性的人们能够更明智地管理经济波动，这一信条没有新鲜之处。“如今，我们在行政上有可能……”1909年《英国皇家委员会关于济贫法和苦难救济的多数报告》得出结论说，“补救失业带来的大多数弊害，至少达到我们在19世纪降低了发烧死亡率、减轻了儿童受到工业奴役的程度。”马勒里（Mallery），《公共工程的长远规划》（Long-Range Planning of Public Works），第260～261页。展望未来几年，约翰·梅纳德·凯恩斯会主张，由于“经济科学”的飞速发展，中央银行或许可以确保平均价格永远维持稳定。罗伯特·斯基德尔斯基（Robert Skidelsky），《凯恩斯传》（*John Maynard Keynes*），第152页。

应归民众所有，或至少受到政府的严格监管。如果芝加哥市长威廉·“大比尔”·汤普森（William “Big Bill” Thompson）在场的话，那么他肯定会同意刘易斯的观点，但他没有出席会议。汤普森在会议解散后给胡佛的抗议信中写道：“这是一场资本主义运动，其目标是设置黑名单、拒绝捐助美国工会工人、推动反工会和阴谋策划降低工资。”

事实上，这根本不像是一个阴谋。芝加哥商业协会在与胡佛的通信中对此直言不讳。协会成员们想要“清算劳动”。[21]财政保守主义是商业利益集团另一个公开的优先事项。全国建筑行业联合会（National Federation of Construction Industries）主席欧内斯特·T. 特里格（Ernest T. Trigg）代表雇主发言：“我们认为，我们的同胞没有充分认识到总统和商务部部长坚持不把政府救济或公共赈济当成失业问题的解决手段的价值。”[22]

在1921年10月13日休会之前，代表们指示一个由14人组成的常务委员会监督正在美国各城市和各州进行的紧急救济工作。胡佛及其手下组成了一个由市长协调委员会、私人慈善机构和各州、县政府官员组成的网络。胡佛期待这支志愿部队负责执行会议的行动议程。资本支出计划将会加速。道路建设将从通常的春季开工日期推前到冬季。商家会“给一份作为圣诞礼物的工作”。[23]

1921年11月，在与会者的敦促下，国会通过且沃伦·G. 哈定签署了一项耗资7 640万美元的高速公路法案，这项法案将直接创造15万个就业岗位。在胡佛的推动下，各州和各地方政府在会议结束后的9个月里，在免税债券市场上借入了创纪录的资金。[24]

1922年2月，艾奥瓦州共和党参议员威廉·S. 凯尼恩（William S. Kenyon）提出了一项法案，授权总统启动和停止联邦开支（规定只能花在有价值的项目上），以抗衡商业周期的起伏波动。

代表们可能还不知道，即使在入席时，经济复苏也已经进入了第二个月（1920年成立的美国国家经济研究局，也在复苏发生之后宣布了这一消息）。也许商业活动的好转有助于解释这次会议缺乏实际成效的原因。实际上，1921年，美国各城市和各州的公共工程支出的确有所增加，但可能不足以产生重要的影响。凯尼恩的议案在参议院夭折了。一些反对者指责说，白宫宣布抵御预期的萧条时机已到，这可能会在无意中引发恐慌。另一位批评家（来自印第安纳州的共和党参议员）哈里·纽（Harry New）质问，联邦政府何故要推翻《圣经》“七年歉年之后就是七年丰年”的训诫。尽管胡佛成功地扩大了商务部收集数据的职能，但他没能筹到资金来扩大劳工统计局的工作。这要等到他自己在大萧条时期担任总统时才能实现。

失业问题会议即使没有留下立法印记，也留下了一个知识上的印记。1929年面世的《美国最近的经济变化》就是胡佛的出版成就之一，该书是一部有关美国经济增长和演变的百科全书式专题研究。时任美国商务部部长及其骨干专家满意地确定，公共部门可以在夷平美国商业周期的波峰、波谷上发挥作用，即使这种“削峰填谷”会在降薪灵活性方面造成重大损失。对胡佛来说，这次会议是“社会思想进步的里程碑”。[25]代表们都宣称自己对结果总体上感到满意，对大会主席的推进工作也感到称心，这要么肯定了胡佛的会务现场管理，要么证明了劳资关系的缓和。在令人颇为担忧的减薪问题上，工会成员和商人同意各自保留不同意见。对《纽约时报》来说，“会议和平告终”是峰会结束时的重要新闻。[26]

当代表们分道扬镳时，英国的失业者还在游行。1921年10月13日，两万人在伦敦街头示威，要求就业或领取失业救济金（或者更确切地说，要求增加失业救济金，因为英国不像美国那样对调动国库解决劳动力市场问题有所顾虑）。他们举着横幅，上面写着“面包还是革命”和“工作还是援助”。据报道，在曼彻斯特，“数千人”聚集在市政厅，高唱《红旗》①。[27]

《纽约时报》的编辑们指出：“英国有一种这里（美国）观察不到的政治和经济关系的缠夹不清。那里的失业者依赖政府，因为他们受到当局和劳工领袖的鼓励，甚至被教唆这样做。我们的工会中只有一小部分人把社会改革和劳工问题混为一谈，但大部分人不是革命者，他们把政治和经济区隔开来了。”[28]

和美国政府一样，英国政府也有预算盈余。英国货币政策和美国一样，银根也一直紧得令人窒息。英国的工资和美国一样，在1920—1921年经济衰退中也下降了。凯恩斯传记的作者罗伯特·斯基德尔斯基说：“然而，英国的工资还没有跌到足以恢复均衡的地步，而且在20世纪20年代的剩余时间里，尽管有进一步的通缩压力，它们还是保持刚性。”[29]

事实证明，“清算劳动”是美国成功看似错误实则有道理的一

① 《红旗》(The Red Flag) 是一首社会主义歌曲，强调国际劳工运动的牺牲和团结，是英国工党的党歌。——译者注

个秘诀。工资水平下降了（很明显，足以让企业再次盈利）。乐观主义者首先恢复了招聘。现实主义者紧随其后（仅仅是为了竞争），他们不得不支付与市场水平一致的薪酬，甚至要支付比这更高的薪酬，才能吸引到更好的员工。不久之后，20世纪20年代便开始了咆哮。

17

黄金涌入美国

约翰·斯凯尔顿·威廉姆斯离开了政府。1921年3月，接替威廉姆斯担任货币审计署审计长的是沃伦·G.哈定的儿时伙伴丹尼尔·R.克里辛格（Daniel R. Crissinger），克里辛格小时候和沃伦·G.哈定一起偷过西瓜。但是，这并不意味着威廉姆斯（这位美联储最具争议性的批评者）就此失去了声音。1921年7月初，威廉姆斯向财政部部长安德鲁·梅隆重申了他对纽约担保信托公司状况出现惊人恶化的警告，早些时候他也向W. P. G.哈丁发出过这样的信息。

此时，担保信托公司的股票报价在240美元/股左右。1920年第一周，这家公司的股价涨到了400美元/股；到了1921年3月，其股价跌至300美元/股。当时，各只股票的价格普遍下跌，银行股也不能幸免。然而，担保信托公司的股价下跌速度和幅度，都超过了大城市同行的水平。①

威廉姆斯称，作为“各种计划和事业”臭名昭著的推广者和美联储的大额借款人，担保信托公司早晚要出意外。人们不必等到很久以后就能看到丑陋的结局。给担保信托公司自身困境再添忧患的是美洲商业银行（Mercantile Bank of the Americas）的过度扩张，担保信托公司是该银行的主要股东之一。威廉姆斯写信是为了警告梅隆，美洲商业银行可能会把担保信托公司拖累到垮台的地步，而担保信托公司破产可能会引发普遍的恐慌。

美洲商业银行成立于1915年，在南美开展贸易和银行业务。1920年，商品价格暴跌使这家商业银行的一家子公司突然出现了大批量库存无法销售的情况。威廉姆斯亲自掌握内情，并向梅隆建议：他的审计官已经到南美查证了事实。而此时此刻，就如这位前审计长所说，美洲商业银行的股东们正在公开募集2 000万美元的救助基金。[1]

威廉姆斯似乎无法吸引听众来支持他对担保信托公司的担忧。联邦储备委员会主席W. P. G. 哈丁谢绝了威廉姆斯的帮助。《巴伦周刊》（新的道琼斯财经周刊）谴责批评人士造谣惑众。[2]威廉姆斯极

① 1920—1921年，从巅峰到低谷，担保信托公司的股价跌幅为60.5%，大通国民银行的股价跌幅为47.4%，花旗银行的股价跌幅为30.2%。梅隆在加入哈定政府之前，曾在国民商业银行董事会任职，而这家银行的股价仅仅下跌了16.3%。“这是一家行为正派的、管理有方的银行。”一位联邦审计官在1920年6月这样评价国民商业银行。当时，这家银行的迟滞和可疑贷款总额为52.7万美元，而贷款和贴现总额为3.138亿美元，预估损失为零。但萧条对这家值得尊敬的机构也产生了严重的影响。1921年3月，审计官统计出了2 060万美元迟滞和可疑贷款以及90万美元的预估损失。“这种状况是总体商业形势造成的，”这位审计官在给华盛顿的报告中写道，“管理层在授信前严密检查信用，并不断对已有的信用进行复核，其能力和效率都相当高。”

力劝说梅隆：无疑是时候为最坏的情况做准备了。根据《联邦储备法案》的字面规定，需要再贷款以防止出现储户挤兑的银行必须提供担保。担保品只能是合格的抵押品（包括国债或一种特定商业票据），州和市政债券、高级铁路债券甚至高级别公司债券都不符合条件。

因此，威廉姆斯重申了他在审计长任上最后一份年度报告中提出的建议，要求梅隆支持一项规则，即放松对担保条件的限制，以防“重要”的银行倒闭，而这种类型的银行如果倒闭就可能引发整个系统动荡。有些这类机构的合格抵押品仅占其资产的1/4。

允许这些机构在紧急情况下拿出备选资产，难道不是更明智一些吗?

这位前审计长的意思是，有些银行太大或太重要而不能倒闭。正如我们所见，他在1913年将华盛顿特区的美国信托公司归到了这一类。“大而不倒”的观念会迎来属于它的时代，但1921年还不是时候。威廉姆斯关于担保信托公司的说法是正确的：显然有什么地方出了岔子。他所低估的是私营部门主动纠正错误的决心。

1921年8月，急着援助美洲商业银行（也是援助担保信托公司）的不是政府，而是摩根家族。除了1921年6月协助筹集了2 000万美元资金以外，摩根公司1921年在8月通过组织一个银行家“财团”又筹集了3 500万美元。《华尔街日报》推测，总计可能有多达8 000万美元的新投资进入美洲商业银行。

《华尔街日报》惊讶地发现，这件事完成地如此谨慎和高效：

尽可能少露家丑，令人痛心的银行境况（在美洲商业银行的例子中）已经得到了改善，如今正在好转。①, 3

如果哈定政府能如愿的话，那么联邦财政也将进行彻底的改革。上任第一周，梅隆就宣布了新的财政计划：“人们总体上必须对节省政府的钱更感兴趣，而不是花掉这些钱。”他还忠告说：“这个国家不能继续以这种令人震惊的速度花钱了。”[4]这样的想法对烦躁不安的资本家来说是一种安慰。同样令人宽慰的是，政府对商界展现了更友好的态度，宣布了减税的意图，并表达了在全球范围内裁军的雄心壮志。

当1921年6月20日道琼斯铁路平均指数跌至这轮周期的低点位时，这些壮志都没有实现。在当天的价格走势中，没有任何迹象表明铁路股即将开始一轮强劲的牛市。恰恰相反，该指数的收盘点位为65.52（这是1898年以来的最低水平）。那些仍然受到战时政府管理后遗症影响而摇摇欲坠的铁路公司，能否从州际商务委员会那里获得费率管制的解除或从雇员那里获得工资成本的减免，也是不

① 担保信托公司的恢复包括贷款收缩、来自纽约联邦储备银行的借款减少、损失冲销、股息减少以及总裁查尔斯 · H. 萨宾显然被明升暗降至董事会主席。萨宾之所以被聘入银行业，是因为他在棒球方面的出色本领。1887年，他签约成为奥尔巴尼银行的一名职员。这家银行不仅需要簿记员，也需要给公司棒球队添一名投手。这就是为什么担保信托公司总裁于1921年10月5日在离任时向金融媒体发表了他的告别讲话之后，就离开银行前往波洛体育场（Polo Grounds）观看1921年世界系列赛第一场（扬基队对巨人队）比赛。《纽约时报》，1921年10月6日。1929年，萨宾再次出现在新闻中，这次是为了安排担保信托公司与国民商业银行的合并；合并后的实体保留了担保信托公司的名称，形成了一家价值20亿美元的机构，是美国最大的担保信托公司。30年后，一个强大联盟又出现了，担保信托公司变成了摩根担保信托公司。

清楚的。如果说有一缕阳光的话，那就是纽约、纽黑文和哈特福德铁路公司的现金头寸。1920年，虽然不断失血的纽黑文铁路显现了460万美元的亏损，但其收入达到了创纪录的1.235亿美元。现在看来，这家铁路公司似乎有能力偿付1920年7月1日的利息。

公共政策至少在改善美国财政方面做出了显著的贡献。这体现在最重要的利率问题上。波士顿联邦储备银行将主要的贴现率从7%下调至6%，并于1920年4月15日生效（这是一个令人欣喜的消息）。[5]这也是自1919年春天以来联邦储备银行首次采取放松银根的措施。纽约联邦储备银行紧随其后，于1920年5月4日将利率从7%下调至6.5%。市场将此举正确地解读为超高利率时代终结的开始（名义利率已经够高了，比在经物价和工资下跌调整后还要高）。[①, 6]债券收益率自1920年5月以来一直在缓慢下降，后来急剧下降。[7]

对于先前银根抽紧的美国货币市场而言，缓解压力的更重要来源是黄金持续流入美国。这些黄金主要由欧洲航运而来，尤其是英国、法国。例如，1920年5月9日，在没有事先通知的情况下，丘纳德公司的毛里塔尼亚号班轮上价值1 200万美元的金条由英格兰银行托运给摩根公司。[8]并非任何适航的船只都能胜任运送价值数百万美元黄金的工作。按当时每盎司20.67美元的价格计算，

① 在物价不断下跌的情况下，即使6.5%的利率也令人窒息。使用艾伦·H. 梅尔策引用的对价格变动率的估计，我们可以发现在1920—1921年萧条的谷底附近，实际货币市场利率为13%～26%。这是21世纪对形势的看法。根据当代金融媒体的判断，1921年的政策制定者们还没有从实际利率的角度考虑问题，而只是从名义利率的角度考虑问题。艾伦·H. 梅尔策，《美联储的历史》，第117～118页。

1 200万美元黄金重达3 6284磅，相当于18吨以上。[①, 9]

那时的美国是一个债权大国，它的出口超过了进口，其贷款也超过了借款。外国人可以用黄金、证券或商品来偿还他们欠美国人的债务。向美国出口商品固然有吸引力，但英国、法国或德国不得不以美国人愿意支付的价格运来美国人想要的商品。在这个方面，并非所有饱经战争摧残的欧洲国家都具有竞争力，即便战后这些国家的货币贬值了。1920年，美国进口了价值67亿美元的商品，但出口额达到103亿美元；1921年，美国进口额为34亿美元，出口额为55亿美元。因此，除了货物或服务外，其他国家的人不得不向美国出口别的东西。许多其他国家的人送来了股票、债券以及黄金。毛里塔尼亚号上的部分财富注定要交给美国财政部，以偿付英国于1916年在美国发行的1.5亿美元战争贷款，这笔债务将在1921年11月1日到期。[10]

在战前货币的安排下，黄金在金本位国家之间的分配相对均衡，它没有像斜面上的一个个弹珠那样都滚进了一个国家。过多的黄金会导致通货膨胀（而反过来，通货膨胀往往又会导致黄金流失），过少的黄金会导致通货紧缩（而反过来，通货紧缩又会吸引黄金流入）。黄金是自由自在的和机会主义的，它会流向那些能找到高实际回报的地方。

战后的世界很少有这样的同步趋势。中央银行倾向于管理其能操控的货币。黄金不再是一个寻求良好归宿和有竞争力的回报率的自由行动者。因此，有越来越多的黄金来到美国“定居”。在主

① 按撰写本文时每盎司黄金1 400美元计算，价值500万美元的黄金仅重223磅。

要国家中，只有美国遵守了战前的基本货币惯例，即黄金可以自由进出该国，任何人都可以用美元钞票来兑换黄金，反之亦然，长期以来的法定汇率是每盎司黄金20.67美元。那时的美国也是高产、稳定和进取的，它政治保守，物价低廉，而且东西越来越便宜。相对而言，战争对它损害较小。因此，黄金流向大西洋西部，使得记者们争相寻觅“巨大”（immense）的同义词来形容黄金流入的额度。

这些金币和金条被拖出货舱，运抵纽约市码头，中途停留于华尔街各大银行。它们的最终目的地通常是纽约联邦储备银行。黄金就是货币（这一点尚没有变化），但它不再像过去那样流通运转。①

自1914年以来，货币组织的重要变化之一就是这个国家的黄金都集中在联邦储备系统的金库当中。纽约联邦储备银行在1921年7月公报中耐心地试着解释，这是向好的方向改变。[11]公报称，如果黄金堆积在一家商业银行的金库中，那么就算有一块金锭，它也是闲置的。如果黄金存入了美联储，它就是有生育力的，它变成了“准备金”。一家大城市银行被要求从每一美元存款中留下10美分。这些闲置的10美分就是准备金。一旦满足了最低额度，银行就可以借出数倍于其准备金余额的资金（就大城市银行而言，它贷出的资金最多可达到其在美联储准备金账户上存款的9倍）。银行并不一定要达到那种程度（审慎而不是算术才是最终考虑的因素），但理论上可以达到。[12]

① 1914年1月，当美联储尚存于法律条文并且还没有成为一家机构时，货币供应总量为32.15亿美元，其中金币的供应量为3.29亿美元，占10.2%。到1921年7月，金币存量已经减少到1.57亿美元，占45.1亿美元货币供应量的3.5%。美国联邦储备系统理事会，《银行和货币统计：1914—1941年》，第409页。

此外，黄金存入中央银行，对美国的金融实力也尽了微薄之力。这是因为法律要求美国的主要纸币联邦储备券必须以一定数量的金属作为支撑，而纸币可以兑换成这些金属。在最低点上，即1920年夏季，流通中的联邦储备券只有40%的面值是由黄金支撑的，这是法定最低限度。如何保护货币供应不受黄金准备不足的影响呢？一个办法是减少联邦储备券的供应，另一个办法是增加黄金供应。令人痛苦的高实际利率实现了这两个目标。它们开展了银行贷款收缩，因此是货币存量收缩的过程。①它们协助诱使黄金流入境内。到1921年5月，80%的联邦储备券由黄金支撑。在纽约联邦储备银行，这种担保率达到了100%。

黄金正直奔美国。从1920年1月的萧条到1921年7月的低谷，到达美国的外国黄金令美国黄金库存增加了约4亿美元，总额达到30亿美元。[13]黄金的大量进口给华尔街注入了活力。投机界正确地推断，这是低利率和银根放松政策的预兆。《华尔街日报》在1921年5月报道："一位银行家表示，在黄金运动达到顶峰之前，可能还会有多达5亿美元的黄金抵达这里。如果这种可能性真的变成现实，那么这将导致全球大约一半的黄金储备积聚在这个国家，由此支撑起来的商业扩张会让大战期间令全球震惊的创纪录表现相形见绌。"[14]

这位未具名的银行家还是低估了美国的货币吸引力。1922年

① 从1920年3月到1922年1月，美国货币和银行存款总额（基本货币供应量，简称M1）从239.1亿美元下降到204.5亿美元，下降了14.4%。从1920年10月到1922年1月，美国货币和银行准备金总额（"基础货币"）从73.3亿美元下降到60.8亿美元，下降了17%。艾伦·H.梅尔策，《美联储的历史》，第121页。

2月，又有价值5亿美元的黄金抵达美国。1923年年底，价值5亿美元的黄金再一次登陆美国。

商品价格的垂直下跌在拿破仑时代后的历史中是新鲜事物，物价从来没有跌得这么深、这么快。因此，对于任何在清算中承受痛苦的人来说，复苏到来都是强心剂。早在1920年7月，引领物价下跌的丝绸价格率先反弹。到1921年3月，铅、生铁、红雪松木瓦和小牛皮的价格止跌回升。到了1921年盛夏，棉籽油、兽皮、红砖、牛羊、棉布、白肋烟和原油的价格也紧随而上。

在战后通货膨胀延绵不断的太平时代里，纽约的棉花价格一度达到每磅40美分以上。到1921年6月，棉花的报价还不到每磅11美分。农场主、银行家、商人和化肥制造商，以及这种美国南方主要作物的其他众多依赖者，都怀疑自己能否活到再看见棉花价格每磅20美分的那一天。他们在90天内就见着了。然而，这已经给美国南方造成了经济损失。

来自佐治亚州的民主党参议员托马斯·E. 沃森（Thomas E. Watson）无力回天，但他可以追究肇事者的责任。谁有可能是罪魁祸首呢？沃森指责联邦储备委员会的理事们（在别的时候，对于其他问题，他指责天主教徒、黑人和犹太人）。

这位参议员在19世纪80年代以民主党人身份进入政界。1896年，沃森转投平民党，成为威廉·詹宁斯·布赖恩的副总统竞选伙伴。沃森是1904年平民党总统候选人，之后又回到民主党阵营。最后，沃森转而支持共和党西奥多·罗斯福一派，然后又回到了民主党阵营。作为伍德罗·威尔逊和国际联盟的主要反对者，沃森于

1920年当选为美国参议员。

沃森也有一项货币议程，即在战时和战后发行的所有政府债券都应按面值或100%地转换为货币（作为对照，当时通行的做法是在政府债券面值上打折扣）。美联储应该以5%的优惠利率直接贷款给提供良好抵押物的农民。沃森承诺，他的改革将像“一股电流”，照亮整个国家。[15]

1921年7月19日，这位参议员提出一项议案，要将理事会成员替换为“称职和诚实的”人，他们既能不是银行家，也不能是“摩根利益集团、标准石油公司、肉类加工商、钢铁信托公司或其他共和国普通百姓的合法掠夺者的家臣”。沃森指责说，在过去一年里，美联储“秘密的、非法的和毁灭性的”政策，“以流通中货币突然而巨大的收缩使无助的美国民众”蒙受了不少于210亿美元的损失。[16]他指控理事们从联邦储备基金中谋得了1 800万美元。

1921年8月15日，来自亚拉巴马州的民主党参议员J.托马斯·赫夫林（J. Thomas Heflin）给这种杜撰添油加醋。赫夫林表示：“我不知道当时（也就是棉花价格坍塌时）是否有联邦储备委员会的朋友在投机棉花。前几天，来自佐治亚州的参议员（沃森）提醒我们，他们在这个体系内给自己放了1 800万美元贷款。总统先生，我想在这里说的是，他们如果在去年8月从1 800万美元中随便抽一笔到棉花市场做空头投机，就已经赚了好多钱。”沃森和赫夫林都没有一丝一毫证据来证实上述这些异想天开的说法，而参议院拒绝要求诽谤者对这些说法做出解释，像愤怒的W. P. G. 哈丁所要求的那样。[17]

在参议院风暴中被遗漏的是物价全面上涨的消息，这是自1920年年初以来第一次。邓氏公司（Dun）和白氏公司（Bradstreet）（这两家公司当时尚未合并成后来的邓白氏公司[①]）以及美国劳工部编制的指数都指向同一个新的方向：上涨。潮流正在逆转，即使是当时活着的人也没有谁能肯定这一点。通货紧缩即将结束。

① 邓白氏公司是美国最老牌的征信企业，全球最权威的资信评级公司穆迪公司、美国最著名的黄页广告公司丹尼雷公司和最大的市场调查公司尼尔森公司都是邓白氏公司旗下企业。——译者注

18

“要回到野蛮时代吗”

在1921年那不愉快的12个月里，杜邦公司（一家生产炸药、染料、油漆和纤维素产品的公司）赚了570万美元，折合普通股2.35美元/股；而1920年，杜邦公司赚了1 460万美元，折合普通股16.96美元/股。杜邦公司的净销售额从1920年的9 390万美元跌至1921年的5 530万美元［由于炸药的需求大减，从1918年（也就是停战协定前一年）的3.291亿美元跌落］。在经济萧条那一年，杜邦公司偿清了银行债务，解雇了一半以上员工。杜邦公司将其价值5 210万美元的库存减记至2 490万美元。

总裁伊雷内·杜邦（Irénée du Pont）在写给投资者的信中表示：“这家公司的股东迫切想要知道，这种情况是否代表着一个营业额减少的新时代，或者是否代表着萧条很快就会过去。”

如果他不首先努力确定营业额减少的原因，他就不能试图回答这个问题。这封信的作者认为，造成营业额减少的直接原因是1920年下半年和1921年期间工商业者对库存的努力清算。你们的公司可能就是一个极好的例子。在1921年前8个月售出产品所用的原材料中，大约有一半来自仓库，另一半源于购买。这意味着，由于杜邦公司已经减少的业务运营造成了所需原材料的减少，上游卖家的销售额要减少50%。当存货耗尽时，这种情况就一定会结束。

似乎有理由认为，购买的显著减少导致了销售的激烈竞争，而这是物价下降的一个重要因素。[1]

形势急转直下，尤其是物价急速下跌，这是1920—1921年美国萧条的一个典型特征。美国银行体系相对强劲的表现则是另一个特征，约翰·斯凯尔顿·威廉姆斯在他的正式讲话中（如果不是在私下讲话中）经常提到这一点。随后的复苏之所以与众不同，原因同样在于其节奏明快的步伐。1921—1922年，美国工业生产增幅为25.9%，住宅建设增幅为57.9%；美国制造业就业人数从820万增加到900万，增长了9.5%（尽管正如前文所充分证明的那样，就业人数多少是个模糊的数据）；[2]美国人均实际收入从522美元上升到553美元，增长了5.9%。[3]

1921年，35.6万家美国公司的累计净利润为4.58亿美元（从1920年的59亿美元跌落）。1922年，这些公司的累计净利润反弹至48亿美元。[①, 4]1921年，底特律生产了145.3万辆小汽车和卡车。1922年，底特律的汽车生产量达237.2万辆，增长了63%。[5]引用胡佛委托撰写的《美国最近的经济变化》中的话说："1921年，讲述

① 关于利润的另一视角，报告净收益超过100 000美元的公司数目如下：1918年，9 634家；1920年，9 737家；1921年，5 330家；1922年，8 864家；1923年，10 206家。《美国最近的经济变化》，180页。

用来减薪的方法并推测工资将会跌到何种程度的文章就出现了300多篇。”1922年，这类文章已经消失了，取而代之的是关于涨薪的文章。[6]伊雷内·杜邦一针见血。在1919—1920年通货膨胀达到巅峰时，企业已经贮藏了本身能够审慎（有时则不审慎）负担的所有存货。随着价格上涨，堆积在仓库里的商品价值也在上涨。各家公司将这些估值收益记录在当期财务报表上。

在紧随其后的通货紧缩中，企业以亏损甩卖的方式卸去了这些存货，反过来记录估值损失。在价格上涨过程中，库存积累加剧了恐慌情绪：人们以为世界上所有东西都快用光了。在价格下跌过程中，库存缩减又助长了担忧情绪：人们以为世界上所有东西都供应过剩。《华尔街日报》报道了对1921年企业财务业绩的调查：“存货账户反映出许多商品价格大幅下跌，甚至跌破了战前的价格水平，在战争繁荣时期积累起来的巨额利润在很多情况下都不过是虚高的存货价值，这一价格泡沫被1921年原材料和产成品价格的下跌戳破。问题是如何在销售远低于正常水平的情况下消化这些损失。”[7]

在1920—1921年的存货周期中，主要卡车制造商怀特汽车公司经历了一场典型的动荡。这家公司在1920年结账时有价值2 300万美元存货。这是存货账户一个异乎寻常的急剧上升（从1918年的1 020万美元、1919年的1 570万美元上升到现在的水平），但通货膨胀和战争引发的繁荣教会了管理层要有备无患。1921年，市场惨跌，或者更确切地说是双重惨跌，销售量和价格双双崩塌。

1920年，怀特汽车公司创造了5 200万美元的总收入；而1921

年，怀特汽车公司的收入只有3 030万美元。1920年，怀特汽车公司营业利润为230万美元；1921年，怀特汽车公司营业亏损为440万美元，其中近一半亏损是存货价值减记引起的。至少，该公司管理层可以自我安慰的是，怀特汽车公司没有完全像其他普通卡车制造商一样惨不忍睹。1921年，美国卡车销量下降了68%，而怀特汽车公司卡车销量仅下降了43%。

接着，怀特汽车公司总裁沃尔特·C. 怀特（Walter C. White）也向股东提出建议，他对临时停工有些话要说："经过多年来最大限度提高产量的不懈努力，为了减少现有库存，我们把工厂产能降到最低。"

> 这为实现许多制造和销售的成本节约提供了机会，其重要性早已得到重视。但由于生产高峰的必要性，这些成本的节约无法被采用……随着我们的库存大幅减少并以市场行情定价，随着我们的销售费用尽可能地与合理预期的销售量相称，随着我们的工厂和生产组织处于前所未有的最佳状态，目前我们处于比以往任何时候都更有利的竞争地位……我们有理由认为，我们在年底将会实现盈利。[8]

怀特汽车公司管理层的希望没有落空。1922年，怀特汽车公司实现了380万美元的净利润；而1921年怀特汽车公司的亏损为480万美元。[9]

建设性收缩是1921年的商业口号。即使伴随而来的是损失，公司也不得不减少库存。同样，为过剩和估值过高的存货提供融资的银行债务也必须减少，它们是同一枚循环周期硬币的正反两面。①

不是每家公司都能仿效怀特汽车公司。西尔斯罗巴克公司是当时老资格的邮购公司，却无能为力。西尔斯罗巴克公司销售疲软、库存过剩，为滞销商品融资的贷款也同样过多。与芝加哥另一家大型邮购公司蒙哥马利·沃德公司（Montgomery Ward & Company）一样，西尔斯罗巴克公司也在美国农村地区开展销售，而这些地区的经济依然萎靡不振。与蒙哥马利·沃德公司一样，西尔斯罗巴克公司也在与快速崛起的连锁商店伍尔沃思（F. W. Woolworth）、克雷斯吉（S. S. Kresge）、小猪商店（Piggly Wiggly）和杰西潘尼（J. C. Penney）竞争。[10]

西尔斯罗巴克公司的情况在企业中属于少数。1921年，所有美国企业将其定价过高的库存减少了6.27亿美元（从25亿美元减少到18亿美元左右，降幅超过25%）。《华尔街日报》对23家大工业企业进行了抽样调查，其结果显示，这些企业的库存从12亿美元降至7.15亿美元，清楚的存货总额达到了4.85亿美元，降幅为40%。就大规模财务行动而言，这一次至少有点过了头。随着经济繁荣的回归，吝啬的管理层会发现有必要重新进货，以便补足空荡

① 在1921年7月1日之前的18个月里，3 676家公司在公开市场上出售本票，每家公司的资本超过25万美元。而根据美国信用办公室（National Credit Office）的数据，在这批借款人中，只有89家未能足额、及时地完全履行对债权人的义务。在40亿美元负债中，只有1.04亿美元出现违约。在通货紧缩和库存清算的时期，这是一个了不起的纪录。《华尔街日报》，1921年7月23日。

荡的货架。他们也会发现自己人手不足。因此，伊雷内·杜邦所描述的通缩过程将会逆转，它注定会发生（之前总是如此），尽管没有人能确定它什么时候开始。

1921年，美国有一种商品显然太少，那就是标准独栋住宅。1910年，美国每100栋住宅要挤入110户家庭。1920年，美国每100栋住宅不得不挤入117户家庭。根据时任商务部部长胡佛的计算，即使按照1910年的标准，美国也缺少150万套住宅。胡佛估计，大约有60%的人口是租房居住的，这一比例高于世界水准。胡佛认为，40%左右的住房拥有率低得令人震惊和无法接受（当时的人口普查显示这个数字接近45%，目前这一比例略低于65%）。胡佛宣称："在这个国家，没有什么比出租关系的增加更糟糕的事情了。"[①, 11]

胡佛尽管没说，但暗示了美国住宅房地产的不足是一个迟早会到来的机会。他在1921年7月发表讲话，到1921年年底，建筑业前景就会变得一片光明。1922年年底，统计学家们可能会惊叹于美国史上最大规模的建筑热潮这一既成事实。

利率下降了，建筑材料成本也下降了（1922年年初，装配用结构钢的售价低于战前的平均水平）。劳动力是充足的。给这些乐观事实再添喜讯的是，还有巨大的、未满足的需求。既然没有什么是必然的，那么建筑热潮的爆发至少也不令人感到惊奇。

① 为了推进自有住房事业，这位商务部部长敦促放宽那些禁止国家特许银行发放按揭贷款的规定。对于政府伸出援手的提议，胡佛回应说："我想说的是，联邦政府没有直接或间接进入房地产行业的任何想法。"

1922年，美国有35亿美元住宅建设的投资到位，比1921年的22亿美元增加了59%。1922年的美国住宅建设总额为76亿美元，比1921年的60亿美元增长了26.7%。1922年，美国总共建造了16万幢各式各样的建筑，从1920年的8万幢、1921年的11万幢回升。1923年中期，《纽约时报》提出了一个问题：这样高速的建筑施工能维持多久呢（1923年，也成了值得纪念的一年）？美国债券和抵押贷款公司（American Bond and Mortgage Company）总裁W. J. 穆尔（W. J. Moore）给出了答案。他回答说，增长主要受到熟练工短缺的制约。在萧条最严重时，谁又能想象得到呢？[12]

农场没有短缺。在20世纪20年代早期的美国农业中，过剩是相当普遍的。农作物太多，债务太重，价格太低。出口市场受阻，国内需求疲软。《华莱士农人》杂志在1921年9月版中质问：“要回到野蛮时代吗？”编辑回答：“目前的情况能够再持续几个月，真是不可思议。但如果这种状况持续两年，那么农民将会被迫退回他们在（19世纪）70年代的那种局面；如果这种状况持续5年之久，那么美国将被迫陷入与俄罗斯目前同样的困境。”[13]

事实上，“这种情况”持续了多年，尽管对这个国家造成的后果不如对资本不足、过度负债、入难敷出的农民造成的后果严重。美国农业的生产和改良反而变成了一场危机。美国1921年的农作物种植面积虽然和1920年相差无几，但比1910—1914年的平均面积多了2 000万英亩。至于这种巨大努力带来的经济回报，美国农业部所保留的每英亩农作物平均价格的纪录可以追溯到1866年。1919—1921年，这一价格从未像现在这样急剧下跌，从每英亩

35.74美元跌至每英亩14.52美元，跌幅达59%。据时任沃伦·G. 哈定农业部部长亨利·华莱士（Henry Wallace）说，1922年1月，美国农民手中美元的购买力“可能处于已知的最低点”。[14]

农民所需要的正是当时这个世界提供不了的：稳定的货币、固定的汇率、强劲的外国需求，以及小麦、棉花、小牛肉、牛肉、土豆等人均消费的增长。[15]而世界能够提供的是相当严重的货币不平衡、停滞不前的欧洲需求以及美国食品消费的平缓趋势。平均而言，1921年农民收成的回报略低于生产成本。[16]农民取得收入与付出成本之间的巨大差距让研究人员不得不查阅历史书。根据《1921年农业部年鉴》的报告，从农民的获利来看，1921年12月1日的小麦价格（94美分/蒲式耳）实际上要低于1894年12月1日的小麦价格（49美分/蒲式耳）。[17]

就像威廉姆斯公开承诺的那样，国家特许银行表现不错。在1921年6月之前的12个月里，只有28家银行倒闭，而且没有一家银行的资本超过10万美元。农业萧条的全部冲击都落在了小规模的州特许银行身上。在同样的12个月里，有330家银行暂停兑付，这是自1893年恐慌以来的最高水平。[18]

愤怒的农民本可以把责任归咎于进步。这也许不是巧合，1919年是农民战后赚钱能力的巅峰年份。与此同时，美国农业服务业的马匹和骡子数量也达到了2 640万匹的最高水平。拖拉机才刚刚显示出用处：贸易组织在1917年的统计数为0台，1918年的统计数为8.01万台，1920年的统计数为24.613 9万台（根据人口普查制表）。到了1925年，有50万台拖拉机和2 230万匹马匹、骡子。食物和纤维的种植成本不可避免地下降。[19]

土地价格也在滑落。1914—1920年，南卡罗来纳州和艾奥瓦州的每英亩农田价格翻了一番。1922年，农田价格已从顶峰下跌，南卡罗来纳州和艾奥瓦州的每英亩农田价格分别跌了45.2%和23.9%。这些土地大部分都被拿去抵押了，大部分都丧失了抵押赎取权（不过，在有同情心的债权人延长的最后期限之前，抵押赎取权通常并没有丧失）。被迫出售最终到来。农业经济学家埃德温·G. 诺尔斯（Edwin G. Nourse）在20世纪20年代回顾说：“然而，一切当中最重要的是，土地价格已经显示出一点点回升趋势，但与此同时，仍然有大量的非自愿所有者持有这些地产……一家大型保险公司只要在美国中西部发放房地产抵押贷款，就会在这几个州持有大量耕地（总量达到数百万英亩）。”在大都会人寿保险公司，丧失抵押赎取权农地的管理人组建成了一个部门，后来被称为“农业部门”。[20]

19

便宜货柜上的美国

根据《华尔街日报》讲的故事，从1921年9月中旬开始，许多商业金融领袖开始发表乐观的公开声明，这绝非巧合。1921年9月19日，《华尔街日报》报道："人们知道，这种态度的转变是在著名银行家和金融界高层召开会议以后发生的。"这时候，道琼斯指数创下新低不到一个月。这些大人物的决定是什么呢？大家一致认为，优质证券、商品价格和商业交易已接近触底，这种情况保证了乐观宣传的蔓延。①

《华尔街日报》这则未署名的快讯把巨大的影响力归于那些未明确指名道姓的金融家。报道称，正是这些投资者推动了近期股市和债市的走强。他们也没有像纽约证券交易所场内专业交易员那

① 一周之后，政界有了回应，人民复兴联盟（People's Reconstruction League）召开了一整天的会议，以促进"经济正义"这个事业。据《纽约时报》报道，人民复兴联盟计划的主要内容包括：将铁路迅速恢复成政府统一运营；立法管制肉类加工业；对特权者而不是贫穷者征税；让银行信贷体系为民众服务；控制自然资源；使全民义务军事训练项目作废。《纽约时报》，1921年9月26日。

样，为了牟取几美元的利益，就去从事短线投资。他们宁愿做长线投资，因为证券价格便宜，也因为国家处于上升期。因此，“股票市场把职业投资者的控制权交给了华尔街所谓的‘富有建设性的大利益集团’”。

有公德心的巨头们不希望再次出现物价暴涨，文章还急忙补充道：“他们正在为之努力的是一个渐进的、安全的复苏，这将使数百万失业者重返工作岗位。在这方面，他们得到了华盛顿的合作，有望在1921年年底前寻求建设性的铁路和税收立法。”

文章写到这里，记者把发言权让给一位匿名的杰出银行家。任何人只要付出7美分（这一期日报的直接标价），这位阔佬就向其允诺致富所需的信息。这位银行家首先重温旧事，解释了美国是如何陷入当前困境中的。然后，他开始描述虽然痛苦但很必要且仍在进行中的重新调整阶段。他表示：“很少有人能充分认识到，在过去一年里，面对一种严峻性前所未有的经济形势，我们在纠偏的方向上取得了怎样的成就。在这条道路上，我们已经取得了建设性的重大进展。我们就快进入一个以勤俭节约为依靠的繁荣时期，并且不会出现疯狂通胀。丝绸衬衫百万富翁的时代已成为历史。”

此时，细心的《华尔街日报》读者也许想要知道：这位身份不明的大人物是否就是该报编辑威廉·彼得·汉密尔顿呢？在同一份报纸的1921年9月19日版的第一页，《华尔街日报》社论批评了花旗银行和《纽约先驱报》这家报业竞争对手，因为它们对“虚假景气”发出了警告。威廉·彼得·汉密尔顿（至少，听起来确实像汉密尔顿）反驳道：这是一个毫无根据的忠告。批评家应该停止颐指气使地训斥股市，而应满怀谦卑地聆听股市。

股票市场的牛市即将来临。如果人们能够理解这一点，那么股市所行之事一如既往。没有谁在操纵股票交易量。在这个国家的金融中心以全部知识所预见的范围内，商业形势都是被极大低估的。几乎所有新闻在发布时都是大打折扣的。目前的股市正在对“恢复常态”半信半疑。对所有工人或许多雇主来说，“恢复常态”在未来几个月内都并非显而易见之事。1919年年底，股市已预见了商业衰退，花旗银行却没有，这家银行将在大约次年5月的某个时候实现回稳，并庆幸自己警告了我们要提防“虚假的景气”。

这是股市吃力不讨好的职责，当这个国家的商业管理者在抽空闲聊时，股市却在为之忙碌。

无论如何，《华尔街日报》的受访者都非常同意该报编辑的观点。这位大人物接着说，复苏条件已经成熟：黄金大量增加恢复了美国的银行业和信贷，工业库存微不足道，生产受到抑制（钢铁行业处于“饥饿状态”）。铁路急切需要新的设备：“虽然国家目前的产能利用率是40%，但80%以上的货运车厢都在使用中。”①

《华尔街日报》的一位资方消息人士总结说，当时股市中的股票价格便宜至极。许多公司在市场上的“评分”（也就是估值）都

① 正如预言的那样：1922年，美国铁路公司通过订购自1912年以来最多的货运车厢和自1918年以来最多的机车来解决设备短缺问题。1921年，承运商订购了239台机车；1922年，承运商购买了2 456台机车。《华尔街日报》，1923年6月1日。

要低于它们的营运资本（就好像除了净现金之外，公司本身一文不值）。“大量”工业公司股以“它们各自内在价值的1/3”的价格出售。

正如他所说的那样，美国到处都是便宜货。1921年的热门歌曲《难道我们不开心？》的作词者，还写过一首著名的《富人越来越富》。一个更贴切（但不那么适合于演唱）的表述应该是“流动性强、财务灵活的富人越来越富”。萧条把那些负债过重的富人（比如通用汽车公司创始人兼总裁比利·杜兰特）推入了不断壮大的富人返贫行列。但无论是谁，只要有现金可以投资，1921年的机会对他来说就是无限的。

只要仔细阅读《纽约时报》的分类广告页面，我们就可以判断出，通货紧缩不仅给股票和债券造成了重大损失，也给房地产造成了重大损失。《纽约时报》1921年6月26日版中写道：“大甩卖；1 500美元现金投资，每年净回报将超过5 000美元；我将出售我在华盛顿高地附近的5层无电梯现代公寓房，价钱还不到租金的5倍。”

或者，《纽约时报》1921年11月9日版中写道：“街角商业大厦，位于第34街和8号大道交汇处，新近翻建；全部出租；当前投资收益率超过25%，保守型投资者绝佳推荐，仅限本人，谢绝中介。”

或者，更可怜兮兮的是《纽约时报》1921年12月6日版：“新泽西——出售或出租，由于到期无法偿还抵押贷款余额，没过几天我就会丧失赎取权，从而痛失房子以及投进去的每一美元；为了从中挽回一些损失，我忍痛割爱，你只要付出6 500美元现金（以结算我17 000美元抵押贷款的余额），住宅就归你；住宅价值是这笔金额的两倍；我愿意蒙受巨亏，而非亏掉全部付出；这是一栋有12个房间的房子，配有3个车位的车库，坐落在湖畔。”

这些房产卖家有可能夸大了事实。但如果美国主要工业公司的审计师和管理层在说实话，股市的价格就会像曼哈顿街角任何不易变现的办公楼那样便宜。

因此，在1921年8月24日道琼斯指数的低点位，通用汽车公司以9.5美元/股的价格易手。通用汽车公司正在通往1921年亏损3 870万美元的途中（对比1920年赢利3 790万美元），其汽车、卡车和拖拉机的总销售量从1920年的38.7万辆下降到1921年的区区21.5万辆。通用汽车公司管理层正在减记价值5 590万美元的存货（1920年的存货期初数为1.647亿美元）和消除3 310万美元的短期债务。[1]股息也即将消失。1922年年初，通用汽车公司董事长兼总裁皮埃尔·S. 杜邦提醒股东，清算被列入了1921年的头等大事。但通用汽车公司历史上的这一章已经结束了：“1922年开始时，存货账目减计至现行成本基准，旧的还款承诺得到维持或调整。在当年前几个月，需求和销售都有大幅增长，不光和1921年业务几乎停顿的相应月份相比是如此，甚至有好几个部门的销售情况和创下销售纪录的1920年相比也是如此。”[2]

在经济衰退最严重的时候，有人猜测汽车市场已经“饱和”，并且福特汽车公司濒临破产，这个明显已经成熟的行业的最好时光已经过去了。1922年，汽车的火爆销售平息了那些令人沮丧的言论。到了1922年3月下旬，福特汽车公司已经找到了足够让员工每周忙上5天的活计，而不是萧条时期缩减至的每周3天。到1922年4月下旬，有报道称底特律的劳动力短缺状况正在加剧。[3]至少有一家汽车供应商——密歇根铜业公司（Michigan Copper & Brass Company）正在召回其销售人员，这家公司的生意多到应付不过来。[4]

1922年11月16日，有消息称，通用汽车公司将恢复派发股息，尽管董事们并没有忘记公司在过去一年里的濒死经历。他们批准了这一次每股50美分股息的派发，并推迟就永久股息分配率做出决定。1920年，通用汽车公司平均每月生产31 867辆汽车，每辆车对应的库存投资约为5 548美元；1922年，通用汽车公司平均每月生产4.5万辆汽车，而每辆车对应的库存投资仅2 530美元。公报最后指出："在其他方面，公司实质上巩固了自身地位，1923年的前景被认为是完全令人满意的。"[5]

事实表明，结果远不止"完全令人满意"。在1921年的萧条时期，通用汽车公司股价位于9.5美元/股的低谷，其市值仅分别为1922年和1923年盈利（也就是说，这些盈利最终实现时）的4.3倍和3.6倍（只有一个乐观的有洞察力的人会在1921年8月这样预测）。在股息公告日，通用汽车公司股票的收盘价为14.875美元/股，市值分别是1922年和1923年盈利的6.8倍和5.6倍。

一旦通用汽车公司兴旺起来，其最大股东杜邦公司的财富也在增长。这家从前的盟军（军械部门的主要装备商）发现，比起人类战争冲突的时期，小汽车、卡车生意增长得更稳定、更快。1922

年，在通用汽车公司流通的2 000万股股票中，杜邦公司持有740万股。那一年，一位才华横溢的年轻投资者煞费心思、不怕麻烦，将杜邦公司这一持股价值与杜邦公司的股票总报价做了比较。计算结果显示异常。杜邦公司的市值几乎全部归因于通用汽车公司的股票市值，与杜邦公司自身的非汽车盈利和资产无关。因此，这位投资者在出售通用汽车公司的股票时买入了杜邦公司的股票。他就是如今被公认为现代美国证券分析之父的本杰明·格雷厄姆（Benjamin Graham）。用华尔街的行话说，格雷厄姆进行了一次相对无风险的套利操作，他正确地推断出，相对于通用汽车公司，杜邦公司迟早会升值。①

当时，也和其他许多处于市场底部的股票一样，杜邦公司股价的便宜是一眼可知的，投资者不用参考什么深奥的估值技术。1921年，投资者紧握杜邦公司股票，很少拿去交易；在1922年105美元/股的低价位上，杜邦公司股票估值是1922年收益的6.3倍和1923年收益的4.0倍（这些收益都是事后记录）。

在1921年8月24日道琼斯指数的低点位，以1923年的盈利计算，许多股票价格处于5倍市盈率以下。不仅钢铁公司如此，在萧条期情况相对较好的消费品公司也是如此。因此，可口可乐公司以19美元/股的价格发行了50万股流通股（提供950万美元总市值），

① 据本杰明·格雷厄姆所言，他在20世纪20年代初创立格雷厄姆公司时所做的第一件事，“就是买入一些杜邦公司的股票，然后卖空7倍数额的通用汽车公司的股票”。与通用汽车公司的股票价格相比，杜邦公司的价值被极大低估了；恰好此时出现了对我们有利的价差，赚到预期的利润，我就撤销了操作。本杰明·格雷厄姆，《格雷厄姆：华尔街教父回忆录》（*Benjamin Graham: The Memoirs of the Dean of Wall Street*），第188页。

其估值是其1922年收益的1.7倍和1923年收益的2.5倍，股息收益率为5.26%。吉列安全剃须刀公司在1921年销售的剃须刀和刀片数量和1920年销售量一样多，其预期市盈率略高于5倍，股息收益率为9.23%。美国无线电公司当时还看不出是20世纪20年代最具成长性的股票之一，在市场上能够以大约相当于1923年公司盈利的价钱买到，即1.50美元/股。

在华尔街，市场底部的便宜股票毫无吸引力，这是理所当然的。1921年8月，各种股票价格已经下跌了近两年。在这种危急关头，亏钱的记忆通常比想象中赚钱的前景来得更加生动。

认识到伍尔沃思公司的价值并不需要太多想象力，这家廉价商品连锁销售公司刚度过了合并为单一企业实体的第10个年头。弗兰克·W. 伍尔沃思（Frank W. Woolworth）是曼哈顿下城百老汇233号那幢哥特式公司总部大楼的创始人和建造者，他本人于1919年去世，但他的继任者在萧条时期崭露头角。1920年6月，在商品批发价格下降后，该公司停止购买除必需品以外的任何商品，而顾客们却高兴地继续购买。现在，该公司1921年的销售额有望超过1920年的总销售额。当其他连锁店涨价时，伍尔沃思公司依然坚守着5美分或10美分廉价商店的承诺（在密西西比河以西的最高标价是15美分）。在1921年8月24日的股市上，这一通缩时代的销售典范（在外无银行债务、内无存货估价错误的情况下）是如何迎来财务年度的收尾呢？其股票价格为105美元/股，相当于1922年预期收益的3.7倍和1923年预期收益的3.3倍。这只股票的股息收益率为7.62%。

超低的股本估值自然有利于那些能够对此加以利用的“富有建设性的利益集团”，但较高的实际利率也有利于美国的小储蓄者。

在政府安全保障网建立之前的日子里，节俭是一种挽救生命的美德。失业者可以求助于朋友、家庭成员、慈善机构以及他们自己的储蓄。1920年，美国的互助储蓄银行共有9 445 327名储户，存款总额为518 695.2万美元；平均每张银行存折上有549.16美元，是美国平均工资1 342美元的40.9%。1921年，美国存款人的人数增加了1.8%，平均存款额增加了5.5%。[6]

1921年7月，一位纽约的储蓄银行家说，这些存款中的大部分钱都是“雨天（穷困时期）”应急资金，“根据我们的经验，如果总数发生大的变动，那么肯定是‘暴雨成灾’了”。在拥有储蓄账户的普通男女眼中，这可以说是最后一道防线。有记录显示，存款人宁可拼尽全力，也不愿动用他们的积蓄。[7]

在纽约，储蓄银行对存款支付4%的利率，在生活成本下降时，这一利率是相当可观的。然而，4%的利率并不像1921年夏天的高等级债券有5%或6%的利率那么诱人，而且这些债券以足够小的面额付息，以吸引典型的储蓄银行存款人。因此，纽约储户在当年第三季度的净提款为2 110万美元。罕见的存款外流首先反映了就业市场的低迷，其次反映了人们除了把钱存在本地互助储蓄银行之外还有更好的机会。[8]

就算有人没看到“富有建设性的大利益集团”的预测，来自邮差的提示也几乎足够了。1922年5月，美国邮政收入同比增长14.4%。美国邮局在1922年最后6个月要比1921年同期多发行10亿张邮票。在1921财政年度，美国邮局有6 080万美元赤字。在1923年前几周，美国邮局赤字似乎要被抹去了。[9]

同样，铁路领域的熟人也能成为有用经济信息的来源。到1922年年底结账时，铁路运输的农产品吨数超过了历史上的任何一年。煤矿工人罢工导致了煤炭总吨位同比下降。然而，尽管在1921年，铁路领域有470 406节车厢闲置，但在1922年，却短缺105 000节车厢。

事实上，美国商业和金融的几乎每一个分支（除了农业这个大而麻烦的例外）都在欢畅地运转着。1921年，纽约证券交易所股票成交量超过100万股的只有17天；1922年，这个数字是116天。1922年，道琼斯工业平均指数上涨21.5%，道琼斯铁路平均指数上涨15.5%。1922年，美国乘用车产量增长了63%，达到183万辆；[10]小汽车登记注册量增长了16.2%，达到1 090万辆；[11]铁路客运服务量也相应地下降了6.6%；[12]拖拉机正在压倒马匹，汽车也在取代客运火车。

1922年，美国报告净收入超过10万美元的公司数量增长了66.3%，达到8 864家；[13]日报发行量增加了5%（达到2 980万份），报纸、广告公司的数量和广告价格也表现强劲。[14]

美国移民模式中出现了明确无误的繁荣迹象。1922年，有30.955 6万人移民到美国，比有限制移民的《配额法案》颁布的1921年减少了49.6万人（62%）。更能说明经济时来运转的是移居外国人数的下降：1922年有19.871 2万人选择离开美国，比1921年减少了19.8%。[15]

名义工资于1922年继续下降。①美国制造业平均时薪从1921年的每小时52美分下降到49美分，降幅为5.8%。[16]1922年，尽管工资率下降了，但生产力却突飞猛进。显然，通过股票市场的情况，我们可以凭直觉判断出这一事实。在当年的经济复苏中，美国制造业总产出与1920年相当，而总就业人数却是1915年以来的最低水平。结果是，人均产出急剧增长了20%，这在当时是有记录以来的最大增幅。[17]实际上，20世纪的任何时期都无法与之相提并论。商业活动在1904年、1908年、1911年和1914年或多或少地下降了。在这些衰退之后的几年里，生产力的增长率分别是9%、8%、11%和8%。1922年是独一无二的。[18]

是什么解释了1922年经济反弹的力量呢？耗尽库存的快速补货是原因之一。其次是更宽松的货币（黄金流入带来的更低利率以及美联储给货币政策的松绑）。再次是1920—1921年的通货紧缩。对于任何一样东西（从汽车、日用品到普通股）来说，那些有钱可花的人现在用同样的美元都能购买到更多的数量。《华尔街日报》在1923年的新年回顾中评价道："实际上，无论从什么角度来看，1922年都被记录为繁荣时代的复兴。"

《华尔街日报》的记者继续断言，经济复苏是"不可避免的"，但后来的几代人已经知道，1920—1921年经济衰退之后的那种复苏是有条件的。当时的库存量很低，黄金丰富，资产价值低廉，价格

① 工资下降没有发生在收割机制造公司。这些公司在1922年9月将工资提高了20%，这相当于1921年施加的工资削减的45%。罗伯特·奥赞（Robert Ozanne），《劳资关系的世纪》（*A Century of Labor-Management Relations at McCormick and International Harvester*），第138页。

机制得以发挥作用。这些或许是1922年经济复苏的必要条件，但肯定不是充分条件。如果我们没有信心，那么即便有这些足以对经济前景表示乐观的前提条件，这也可能无法引发一轮繁荣。

美国人相信自己，也相信未来。（一位1921年11月刚从德国归来的美国银行家报告说，德国人相信当下：快速贬值的马克一赚到手便被尽快花光。）[19]美国人信任财政部部长，他们相信联邦财政将得到有力的管理，公共债务将得到偿还，税收负担将减轻。从沃伦·G. 哈定总统在1922年秋天对一项发放军人酬恤金法案的否决中，他们可以看到政府的财政计划可不光是说说而已。

沃伦·G. 哈定总统传达了他的否决意见："我们沉重的税收负担直接或间接地影响我们公民义务的方方面面。为了给1.1亿人中不到500万人发钱（无论是发自感激之情还是作为政策权宜之计）而增加我们公共债务总额的1/6，会破坏我们赖以建立信用的信心，从而创立起分配公共资金的先例（每当提案及受其影响的人数让如此行事显得政治上有好处时）。"沃伦·G. 哈定的否决遭众议院推翻，但在参议院投票中得到了维持。[20]

富有建设性的利益集团（无论大小）都持有很多现金。梅隆的财政计划取决于参议院的有利结果（仅以4票的优势取胜）。失败就意味着债券市场出现新的动荡、更高的税收或更严重的通货膨胀，或者（有可能）就意味着所有这些灾难将同时发生。《华尔街日报》股市专栏作家大胆地说："证券价值如今有望在不受干扰的情况下持续地有序膨胀。"在这一点上，这位记者是一位预言家。[21]

20

一切为了稳定

美国既没有为威尔逊也没有为沃伦·G. 哈定取得萧条自我疗愈的成就起立欢呼。美国经历了一场严重的通货膨胀，接着是一场严重的通货紧缩：失业率居高不下，商业陷入萧条，农业危机四伏，数百家小银行倒闭，股市狂泻不止。但是，美国并没有出现普遍的恐慌，也没有出现公共财政的枯竭，美元也没有贬值。经济萧条虽然令人痛苦，但并非毫无意义，它使成本和物价重新平衡，它暴露了景气时期的投资错误。美国没有出现“流动性陷阱”，也没有出现不久之后（20世纪30年代）发生的那种“长期停滞”。从高峰到低谷，一年半的时间很快就过去了，这是一次相对短促的衰退。

在1922年的美国选举中，民主党给了共和党沉重一击。尽管共和党在这一次选举中受到挫败，但这次挫败并不比执政党以往非大选年选举的通常情况严重，而且无论在众议院还是参议院，民主党都没有成功推翻共和党的多数党席位。共和党在农业州损失最惨，那里没有任何复苏值得一提，更别说感恩戴德了。

不久之后，这届政府的经济成就让位给了道德过失。在入主白宫27个月后，沃伦·G. 哈定于1923年8月2日在旧金山去世。在沃伦·G. 哈定去世后，时任内政部部长阿尔伯特·B. 福尔（Albert B. Fall）因卷入受贿丑闻而饱受抨击，这个丑闻后来被称为“茶壶山丑闻案”[①]。沃伦·G. 哈定去世时受人爱戴，而且看起来，他死得恰是时候。

卡尔文·柯立芝是沉静寡言的总统继任者，对沃伦·G. 哈定的政策议程没有做出任何实质性改变。梅隆还在财政部，胡佛也没离开商务部。柯立芝政府仍然是一家追求商业效率的政府，依旧致力于低税率，尽管不那么忠实于让物价和工资自由发挥作用（这一缺陷和美联储有关）。在1924年三股势力角逐的总统竞选中，民主党人约翰·W. 戴维斯（John W. Davis）获得了大约840万张普选票，进步党人罗伯特·M. 拉福莱特（Robert M. LaFollette）获得了480万张普选票，而柯立芝赢下1 530万张普选票、35个州和382张选举人票。民众再度选择了“常态化”。

那些在1920—1921年经济衰退中失去工作、金钱或健康的人，并不怎么珍惜用自己昔日损失换来的经验收获。如果说此次衰退有什么功绩，那也是因为与后来发生的情况形成了对比。人们没有预见1929年大萧条及其后果，也没有预见2007年大衰退及其后果。

① 茶壶山丑闻案（Teapot Dome），沃伦·G. 哈定的内政部部长阿尔伯特·B. 福尔未用公开招标方式处理茶壶山以及另外两处美国海军油矿，以低价方式让石油公司承租，并接受贿款。在水门事件发生之前，茶壶山丑闻案被视为美国政治史上最大和最轰动的丑闻案。——译者注

他们就没想要问问自己：为什么这场萧条相对短促，而复苏却如此强劲？

在很大程度上，哈定时代的经济学家也没有静心反思一下柔性工资和物价赐予的好处，特别是它们应对不利形势的那种灵活性。1921年9月，《花旗银行经济评论》悔恨道："遗憾的是，痛苦必须拖得这么久，而遗憾之处就在于，我们没能凭借领悟力与合作精神迅速做出不可避免的调整。"[1]

为了缩短或阻止周期性的极大痛苦，欧文·费雪、约翰·梅纳德·凯恩斯等人高谈阔论稳定的好处。他们提出，如果平均价格既不上涨也不下跌，而是维持基本不变，那该有多好。1923年，凯恩斯敦促英格兰银行在管理英镑时，要着眼于国内物价的趋势。如果为了实现稳定这个目标，英国中央银行扰乱了英镑对美元的汇率，那就随它去吧！对于（那些用英镑、先令和便士来计算自身财富和债务的）英国人的福祉而言，汇率的重要性远不及他们在英国商店的付款价格或在英国就业岗位上的工资报酬。

战争期间和战后物价的剧烈波动，只会让费雪更热爱他早在战前就开启的事业。在他所设想的货币世界里，有些物价上涨，有些物价下跌（供求规律决定了哪些会涨以及哪些会跌）。然而，物价的平均水平纹丝不动——一家明察秋毫的美联储将设法做到这一点。费雪不认为有所谓的"商业周期"。给经济生活带来周期性表象的，不如说是价格水平中的膨胀与紧缩运动。正如这位教授在20世纪20年代后期所说："既然几乎所有的通货膨胀和通货紧缩都是人为制造的，为什么就不该有人为制造的稳定呢？"[2]

伍德罗·威尔逊那“回避责任的”副总统托马斯·R. 马歇尔和来自马里兰州的民主党国会议员T. 艾伦·戈尔兹伯勒（T. Alan Goldsborough）沿着理论家们的脚步而行。戈尔兹伯勒称马歇尔是他的灵感源泉，并在1922年提出了一项通过控制流通中的货币和信贷数量来稳定物价水平的法案。

费雪给了这项提议相当大的智力支持。1923年，这位教授在众议院银行委员会做证时说：“现在这一代人正目睹这个长期受苦受难的世界有史以来货币购买力最剧烈的波动。这种波动从未如此广泛、如此普遍、如此多样以及如此之久。未来几年，货币不稳定的问题将继续引起经济学家、商人和政治家的关注……我们这个时代需要的是稳定。”[3]

最初授给美联储的权力中并不含物价稳定，且在20世纪20年代，联邦储备委员会拒绝了国会将稳定目标纳入法律的企图。[4] 1923年，本杰明·斯特朗向纽约联邦储备银行经济学家兼同事卡尔·斯奈德（Carl Snyder）吐露：“现在我完全不想谈论稳定黄金、货币购买力或者物价由联邦储备体系稳定的问题，这势必会让人精神错乱、焦心和头痛。看看糖和小麦这些例子（还有工资和建筑成本）吧！我们的职责就是提供信用。”[5]

语言是一回事，行动是另一回事。美联储的政策越来越不像英格兰银行在战前采用的被动中央银行模式。美国人越来越多地率先采用公开市场操作这一主动技术。在古典主义理论的指导下，商业银行在货币政策上具有主动性，它们决定是否向中央银行借款。在新思维下，美联储将率先发起行动。

这一盘算好的行动，就是买卖政府证券。买入政府证券往往会增加银行系统中的美元，而卖出政府证券则会减少美元。买入政府证券会压低利率，而卖出政府证券则会提高利率。如果购买足够多的短期国债，美联储就可能会引发通货膨胀。如果卖出足够多的短期国债，美联储就可能会得到相反的结果。如果买入和卖出足够灵活巧妙，那么一种新型中央银行（实际上是美联储本身）便会试图实现物价稳定、高工资和产量最大化。

1923年，联邦储备委员会在一项索然无味的决议中向美国重述了这一戏剧性的使命。文中说："联邦储备银行购买的公开市场投资的时间、方式、性质和数量，受到了以便利商贸和这种买卖对总体信用形势的影响为主要考虑的支配。"

这种隐晦的措辞并没有让美联储新思路的学术支持者、经济学家约翰·R. 康芒斯（John R. Commons）感到困惑不解。他讲到，美联储可以谈论"信用形势"，其真正的意思是"价格水平"。康芒斯承认，中央银行开始从事的使命并不轻松。价格水平是一个概念，不是人们可以看得见或摸得着的东西。美联储用来衡量价格水平的生活成本指数，则是一个更抽象的概念。难怪这个新学说的发起人似乎是在夸夸其谈，而非坦率言之。康芒斯认为，真正被提议的，是"委托一家新的、巨大的、半垄断的机构来管理这种抽象概念"。[6]

1923年12月，凯恩斯在国民自由俱乐部发表演讲时对听众说："很明显，一个放任不管的个人主义社会是行不通的，甚至不可忍受……时代越纷乱，自由放任的体系就运转得越差。"失业、牟取暴利和不稳定的预期被凯恩斯称为“现代社会之邪恶”的三种情况，它们的主要根源是什么呢？当然，“价值标准的不稳定性”是主要根源。那么，就让中央银行根据商品数量来调节货币和信贷的供应，“也就是说，价格指数永远不会从一个固定点上移动”，凯恩斯回答了他自己的问题。“官府统治”（Mandarin rule）是新的理念：由经济学家来管理。[7]

战前，为了应对物价和利率的变化，黄金在很大程度上可以自由、客观、公平和不带爱国色彩地流动。黄金的移动，无论是以实物形式（轮船或铁路）承载，还是以编码信息的虚拟形式（海底电缆）传输，往往都会使国际贸易和投资协调同步。在金本位制下，“稳定”意味着不可动摇的外汇汇率，意味着以黄金的重量来表示。

现在，这条戒律被抛弃了。1922年4月，来自34个国家的157名代表在热那亚碰头，讨论了一系列世界性问题——从赔款、布尔什维克主义到“无锚货币”的混乱。在货币问题上，他们决定以有名无实的金本位制取代战前金本位制，其名称是“金汇兑本位制”。在新制度下，债务国（英国现在是其中之一）将被允许在债权国“打欠条”，而不是马上汇出黄金来结账。作为替代，各国能够寄送证券或纸币。在各国聪明头脑汇聚一堂的此次会议中，唯一缺席的国家是按1914年以前的价值维持以黄金来定义货币的主要商业大国。对于美国拒绝参加，英国首相劳合·乔治表示真遗憾，热那亚是克里斯托弗·哥伦布（Christopher Columbus）的出生地。[8]

大会金融委员会在会议结束时总结道：“对信贷进行监管，不仅是为了维持各币种之间的汇率平价，也是为了防止黄金购买力的过度波动。”换句话说，汇率将退居于价格水平之后。委员们对此补充说：“然而，中央银行的自由裁量权不应该受到任何为此目的制定的明确规则的约束。”无束缚的自由裁量权意味着一种与1914年前的可靠版本完全不同的金本位制。

凯恩斯在热那亚获得了记者证，并且为《曼彻斯特卫报》撰写报道。他看出，黄金成了一种货币装饰，堆积在纽约联邦储备银行地下金库里的黄金继续充当美元的保障。事实上，本杰明·斯特朗和他在华盛顿特区的与会者们在制定政策时，并没有像古典学说所要求的那样，从黄金走势中获取政策制定的提示。他们更关注美国的价格水平。

凯恩斯在1924年出版的《货币改革论》一书中写道：“过去两年，美国一直在假装维持金本位制。事实上，美国已经建立起了美元本位制。美国并没有确保美元价值与黄金价值一致，而是以巨大代价规定黄金价值应与美元价值一致。这是一个富裕国家能够将新的智慧与老的偏见结合起来的方式。美国可以享受哈佛大学经济实验室带来的最新科学进展，同时让国会相信，硬通货是不允许被轻率放弃的，而这种硬通货是由于邓吉①、大流士（Darius）、康斯坦丁（Constantine）、利物浦（Liverpool）勋爵和奥尔德里奇参议员②的智慧和经验而被神圣化的。”[9]国内稳定才是新的头等重要之事。

① 邓吉（Dungi）是大约公元前2400年两河流域南部苏美尔人城邦乌尔的统治者。——译者注

② 奥尔德里奇（Aldrich）参议员于1907年恐慌之后担任国会成立的国家货币委员会主席，于1911年参与策划美国中央银行，他的愿景最终由《联邦储备法案》实现。——译者注

在经历了1900—1914年的缓慢通胀、1915—1920年的飞速通胀和1921年的猛烈通缩之后，和平与宁静的前景具有广泛的吸引力。

在英国，工资和收入的稳定是以持续的高失业率为代价的。1922年（美国劳动力短缺的一年），英国记录在案的失业率达到了16%，而在20世纪20年代的剩余时间里，英国失业率不低于8%。在英国，失业已经成了长期性而非周期性的问题。

这需要一位才华横溢的年轻法国经济学家雅克·鲁耶夫（Jacques Rueff）来诊断。鲁耶夫观察到，工资与物价完全不同步。虽然物价已从通货膨胀高峰回落，但工资仍在上涨。在美国，失业工人别无选择，只能接受雇主开出的工资。在英国，自1911年开始实行的失业保险制度，为赋闲的工厂工人提供了一个不工作的可行选择。1923年，英国付给工人的失业救济金已经足以对低薪雇主造成激烈的竞争。

鲁耶夫提出了一种预测失业率的简单方法，即用平均工资除以平均批发价格水平。当工资与物价之比上下波动时，失业率也会随之波动。鲁耶夫在他的回忆录中写道（他不认为自己的结论是学术上的新发现）："令人惊讶的不是这种关系的存在，而是它竟然会让任何人感到惊讶。"他的支持者将这一澄清事实的见解命名为"鲁耶夫定律"。①

1931年6月，银行家、经济学家和实业家乔赛亚·斯坦普

① 当价格（工资）被政府人为地保持在市场水平以上时，市场就会出现供过于求，也就是失业。鲁耶夫认为自己只是在阐述这一供求理论在工资案例中的推论，这不是什么创见。倒是大众，对这一经济学的核心要义忘得如此彻底，这让鲁耶夫十分惊讶。——译者注

（Josiah Stamp）爵士在伦敦《泰晤士报》上发表了两篇文章，首次把鲁耶夫的见解介绍给了英语读者。斯坦普坚持说，应该把英国失业状况的顽固性归咎于失业救济金，更一般来讲，应将其归咎于对自由市场的破坏。许多人倾向于将恼人的高失业率问题推给英国以战前旧汇率恢复了金本位制的做法。斯坦普令人信服地争辩道，汇率不是原因，经济僵化症才是。

斯坦普在1931年6月11日的第一篇文章中总结道：

> 自战争以来，这种趋势不但没有允许经济力量自由运转，反而在各地都背向而行。失业救济政策、工会和雇主协会的活动以及对移民设下的种种障碍，都妨碍了劳动力市场的自由。与此同时，托拉斯、卡特尔、营销安排以及各种限制、限价的活动，都阻碍或抑制了必不可少的价格变动。总而言之，整个经济体系都已经被麻醉了，因此才会出现目前这种可悲的局面。[10]

在美国，20世纪20年代是物质进步快节奏的十年。在投资和发明创造相结合的作用下，每小时人均产出实现了强劲而持久的增长。1922—1927年，尽管美国工厂的雇佣人数每年下降0.7%（工厂雇员的人均收入每年增长2.4%），但工业制成品的产量每年增长4%。[11]

价格水平几乎没有变化。1922—1927年，大宗商品批发价格每年下降0.1%。同一时期，生活成本每年上升0.7%。名义工资年增长2.8%，因此实际工资年增长率为2.1%。《美国最近的经济变化》在1929年断言："无论商业还是物价，都变得更稳定了。有证据表明，美国的经济体系正朝着这个方向发展。"

这是一种人造的稳定。19世纪末，物价实际上随着创新而下跌。因为制造成本更低，所以购买成本也更低。对于20世纪20年代的消费者来说，没有这样的"技术红利"。

美联储似乎不允许这样做。黄金对于政策制定者不再构成束缚，作为美联储成立基础的古典中央银行学说也如此。1922年后的中央银行正在通过创造足够的货币来制造足够的通货膨胀，以抵消由于制造业和农业效率持续提高而导致的物价下跌趋势。

如果伍德罗·威尔逊没有将《联邦储备法案》签署为法律，那么原本可能通行的市场利率将明显高于美联储实施的利率。人们可以通过借贷的迅猛增长来推测这一点。特别值得注意的是，在经济景气的后期，纽约市各家银行的经纪人的贷款增加了一倍有余，从1926年的31亿美元上升至1929年的67亿美元。[12]

此时的利率肯定太低了，这让建筑和资本性投资得以大幅增长。1921—1929年，美国钢铁产量以每年21%的速度攀升。在此前始于19世纪中叶的繁荣时期，美国生铁或钢的生产从未扩张得如此之快、如此之久。美国的建筑热潮让凯恩斯目瞪口呆："在1925—1928年的4年时间里，美国新建筑总价值约为380亿美元。这是（如果有人会相信的话）连续48个月平均每月增加8亿美元。"[13]

当时，美国联邦储备银行的信贷和飙升的股价，以及美国人生来的乐天情绪，成为一剂强劲促涨的灵药。1927年7月，在长岛举行的秘密货币会议之后，“积极陶醉”（positively intoxicating）就成了央行政策。当时出席会议的官员包括德国国家银行行长雅尔玛·沙赫特（Hjalmar Schacht）、英格兰银行行长蒙塔古·诺曼、法国中央银行副行长查尔斯·里斯特（Charles Rist）以及纽约联邦储备银行行长本杰明·斯特朗。

这次峰会是诺曼的主意，他要斯特朗协调跨大西洋两岸国家采用放松银根的货币政策，以便支持不稳定的英镑。沙赫特在20世纪20年代初就看够了德国的通货膨胀，因此拒绝参与。据说，这位德国银行家抗议道：“别给我低利率，给我一个真实的利率。”[14]里斯特（一位古典金本位主义者）也没有接受英语世界提出的加入跨大西洋信用扩张计划的邀请。这样的话，光剩诺曼和斯特朗两个人就协调一致的货币刺激政策握手合作了。

当时，联邦储备银行的贴现率从4%下调至3.5%。芝加哥联邦储备银行坚决认为信贷原本就太宽松了，从而拒绝遵从，直到华盛顿的联邦储备委员会下达了效仿其他11家银行做法的命令。

联邦储备系统持有的政府证券增加了。1921年7月，当中央银行家们齐聚长岛时，美联储的营利性资产总额为11.75亿美元。一年后，美联储的营利性资产达到15.31亿美元。1928年年末，这一数字为18.24亿美元，在不到一年半的时间里增长了55%。里斯特曾听斯特朗提议说，“给证券交易来一点威士忌”。[15]斯特朗也就这么干了。

1914—1920年，美国农产品和工业品价格飞涨。1922—1929年，美国投资资产价格膨胀。根据经济学家卡尔·斯奈德的计算，一个真正综合的价格（包括房地产、租金、股票、债券、工资率和批发价格）指数的复合年增长率为2.7%。[16]

信贷为“脱离地心引力”提供了资金。随着中央银行扩大了资产负债表，美国各家商业银行也紧随其后。研究货币数据的学者们揉了揉眼睛，不相信自己的所见。美国似乎信贷泛滥。1914年6月，美国各家银行的存款为186亿美元。1921—1929年，美国各家银行的存款增长超过了190亿美元。这是一个时代的标志：美国的基础货币担保品没有出现相应的增加。1921年12月，美国会员银行的存款与美联储黄金持有量的比例为7∶1。到了1929年股市崩盘的那个月，这一比例攀升至11∶1。[①, 17]

英国经济学家H. F. 弗雷泽（H. F. Fraser）在1933年说：“信贷的投向各不相同，只有在商业结构中信贷运用最活跃的那些环节上，通胀效应才能得到最好的衡量。”[18] 20世纪20年代，这些环节包括资本投资、房地产和普通股。根据某一种指数，美联储已经实现了“稳定”。通货膨胀在稳定主义者没注意到的地方爆发了。

① 斯德哥尔摩大学的贝蒂·俄林（Bertil Ohlin）教授抗议说，美国的货币政策已经和正统金本位制完全脱节了。“战后的金本位制是……一种‘处于管理下的货币’，由联邦储备委员会和主要联储银行的委员会实施控制，其所依据的考虑因素与黄金准备或黄金流动无关，而主要取决于保持生产马力全开的可能性。”1927年6月，在斯特朗决定采取放松银根货币政策的前一个月，俄林写道。这主要不是美国国内的原因，而是为了帮助英格兰银行。T. F. 麦克马纳斯（T. F. McManus）等，《银行业与商业周期》（*Banking and the Business Cycle*），第198页。

后 记
一场胜利，以其之道

在18个月时间里终结的1920—1921年萧条是通缩型衰退的理想典范。这并不是（迄今为止）历史的裁决，也不是经济学家的评判（几个值得注意和有启发性的例外），甚至不是许多毕生研究大萧条灾难的经济学家的判断。我希望他们能好好反思一下。

哈里·杜鲁门是一位欠反思的自传作者。在他的叙述中，他认为是沃伦·G. 哈定政府引发了这场萧条，以便“让劳动者老实安分下来”；他没看到在民主党人伍德罗·威尔逊执政期间，经济就已见顶，也没考虑到安德鲁·梅隆协助降低而不是提高了利率（与杜鲁门的记忆相反）。[1]

杜鲁门对“看不见的手”的胜利没有加以致敬。1946年，这位前男装店落魄失意的经营者（此时已贵为总统）签署了《就业法案》（Employment Act），让联邦政府承担起稳定物价和提高就业率的责任。该法案设立了经济顾问委员会，以便将宏观经济管理的新“科学”引入白宫。

货币史著名作家对W. P. G. 哈丁领导下的美联储的评价，并不高于杜鲁门给沃伦 · G. 哈定政府的评价。艾伦 · H. 梅尔策判断：“无论是从货币、利率还是经济活动的角度来看，1920—1922年的政策都是失败的。”[2]米尔顿 · 弗里德曼和安娜 · 施瓦茨早于艾伦 · H. 梅尔策，在《美国货币史（1867—1960）》一书中持同样的观点。

尽管政策也许已经失败，但正如我们所见，这场萧条很快就结束了。这是一场由战争引起的损害经济的通货膨胀。中央银行家们选择促成（或者至少没有试图阻止）一种同步的、错位的通货紧缩，美国商品批发价格在两年内下降了20%。复苏接踵而至。

1929年，大崩盘降临，价格水平在两年内跌去了近乎相同的20%。虽然在某些关键方面，当时的金融状况没有1920—1921年那么糟糕，但复苏并未随之而来。威尔逊-哈定萧条时期的利率更高，私人债务负担也要比1929—1931年的任何一年重。[3]可为什么1920—1921年的危机事件并没有像室息赫伯特 · 胡佛的危机事件那样“大”到惊人呢？

约翰 · 斯凯尔顿 · 威廉姆斯于1926年去世，享年61岁，国家特许银行系统和他个人的声誉（银行家、好争论者、铁路建设者）都完好无损。本杰明 · 斯特朗于1928年去世，享年55岁。一年之后，后金本位时代的新中央银行技术才受到考验。斯特朗去世于一个声誉极高的时刻。

赫伯特 · 胡佛和安德鲁 · 梅隆都是亲历过1920—1921年金融危机的有经验者，他们本该把那件事的教训应用到1929年大崩盘后发生的事件中去。由于各自的问题，威尔逊总统和哈定总统在

1920—1921年的萧条中都无所作为。这一次，沃伦·G. 哈定的前商务部部长（胡佛）选择了一种叱咤风云式的干预。

正如他为饥饿的比利时人提供食物（并领导华盛顿政府在1927年密西西比大洪水中竭力减轻成千上万受害者的苦痛），胡佛在即将造成损害的经济萧条开始之前就加以阻止。胡佛总统在1929年大崩盘后宣称："在经济动荡时期，嘴上说什么并不重要，行动起来才是最重要的。"[4]

1929年11月下旬，铁路工人、实业家、建筑公司高管、公共事业公司负责人、工会主席成群结队地走进白宫。他们一致认为，商业是健康的，美联储在履行职责，美国能够经受住华尔街可怕的判断错误。同样，在胡佛的领导下，他们申明自己致力于通过各州和各地方政府进行自愿的救济。这些会议的统一思路是，坚决防止商业周期走上惯常的老路。公共工程支出、农产品价格维持和工资维持，都是应对总需求疲软的新建设性措施。

胡佛总统和他的来访者们都赞成：维持工资是排在第一位的事情。如果工资水平必须下降，那么工资水平在下降的时间上宜迟不宜早。利润和股息（"生意"）必须在股价暴跌的调整中首当其冲。当务之急是保护美国全体国民的购买力。

1929年11月21日，在大步走进行政办公室大门的企业高管和工会领袖中，亨利·福特表现得最为抢眼。光环较逊一些的商业领袖对胡佛敦促劳资双方达成重大交易以挑战萧条之举，也点头称是。作为不降工资的交换条件，工会将不要求增加工资。

会议结束后，亨利·福特立即坐上一辆等候的汽车匆匆离去。

这位实业家的秘书分发了一份打印成两页纸的政策声明。在声明中，福特提出了他的复苏方案。他敦促降低物价，但希望提高工资。福特连珠炮般发言："在这个国家，几乎一切东西都太贵了。在这个国家，唯一应该价格高昂的就是从事工作的人。工资一定不能跌，甚至不可以保持在目前水平，工资必须上涨。"于是，亨利·福特宣布给员工加薪。[5]当天晚些时候，当意外之财的消息传来时，参加白宫活动的工会领袖［美国劳工联合会的威廉·格林（William Green）和美国矿工联合会的约翰·L. 刘易斯］都摇了摇头。他们说，简直不敢相信。当然，他们也准备为此欢呼。至于那些名字不叫"福特"的实业家，至少不会回到1920—1921年的惨淡时光。这是他们对胡佛的承诺。清算是声誉破产的观念，稳定才是建设性的新思想。《华尔街日报》评论道："在以往任何一次真实的或仅具威胁性的经济萧条中，商业领袖们可能从未如此情愿地排除将减薪作为经济复苏的手段。"[6]

根据新兴的政治学说，工资率（也就是单位时间的工资报酬）可不是一般的价格，而是一种特殊的受社会保护的价格。1914年《克莱顿反托拉斯法》（Clayton Antitrust Act）第7节把这样的观点编成法典："人的劳动不是商品或商业物品。"[7]对于胡佛以及20世纪20年代的其他许多人来说，高工资率是美国繁荣的基础。

在1929年大崩盘后，白宫召开了一系列会议，随后经济学者韦斯利·克莱尔·米切尔在纽约宾夕法尼亚酒店向泰勒协会（Taylor Society）发表了讲话。他对泰勒的拥趸（也就是科学企业管理的支持者们）说，一场活生生的经济政策实验正在美国全国范围内展开。米切尔说："虽然商业周期正在从扩张阶段过渡到收缩阶段，但美国总统正在组织这个国家的经济力量，尽可能在一开始时就遏制可能出现的衰退。从平衡的技巧来看，再没有什么比如今在我们眼前进行的实验更有意义了。"[8]

正如后人所知，这个实验失败了。在后人发现以前，耶鲁大学教授詹姆斯·哈维·罗杰斯（James Harvey Rogers）就以文字预言了它的失败。首先，物价和工资不像以前那么灵活了。①

另一方面，罗杰斯观察到，事实会悖论般地表明物价稳定政策是会导致经济不稳定的。不管是不是"商品"或"物品"，劳动力都是一种成本。一家寻求利润的公司会通过降低成本来应对收入的短暂下降。如果公司不能降低工资，那么它可能不得不减少雇员数量。为了避免破产，公司肯定会下令裁员或解雇员工。少数幸运的雇员能赚到高薪，而其他人则一无所获。[9]

1930年1月，大约6 000名弗吉尼亚纺织工人的工资比1928年周薪17.41美元的平均工资下降了10%。同年2月，由共产主义者领导的反失业率上升的抗议活动在克利夫兰、费城和芝加哥都演变成了暴力事件。"社会主义的苏联繁荣昌盛，资本主义各国一贫如洗"，芝加哥的鼓动者边说边把一张张传单塞到好奇的路人手中。

① 乔治梅森大学经济学家布赖恩·卡普兰（Bryan Caplan）随后的经济研究证实了这一观察结论："尽管存在一些非同寻常的冲击，美国经济仍从1920—1921年的萧条中迅速复苏了过来。相比之下，美国和世界经济从大萧条中复苏的速度是极其迟缓的。这会令我们强烈地怀疑，1920—1921年萧条时期的工资灵活性明显要高于大萧条时期。"卡普兰，《1920—1921年萧条中的工资调整和总供给：扩展伯南克-凯里模型》（Wage Adjustment and Aggregate Supply in the Depression of 1920—21：Extending the Bernanke-Carey Model），普林斯顿大学，第14～15页。

尽管如此，当时的物价下跌并没有像1920—1921年那般严重，街头抗议也没有酿成1919—1920年那样的爆炸事件。在寻觅希望的迹象时，胡佛政府可以指出克利夫兰电工工会成员的模范行为。1930年3月，商人们已经同意放弃10%的加薪，他们完全有权这么做。《华尔街日报》评论道："现在的情况与1920年崩溃后的情况相比，还有一个显著的不同。当时寻求并实现减薪的雇主为数众多，他们用经济必要性的充分理据来支持自己，尽管他们面对的是有组织的劳工那令人生畏的决心——战争时期的收益必须全部保留下来。"

《华尔街日报》惊叹道，美国是多么异于以往。也许国际收割机公司的威斯康星钢铁分部的工人们也有类似的感叹。直到1931年10月，该公司才开始削减小时工的工资，之后只削减了10%（高级管理人员首先被置于砧板之上，他们的工资在1931年3月大幅下降）。这与1921年春季和夏季的严厉工资削减相去甚远。

货币政策的实施也不像1920—1921年的模式。纽约联邦储备银行贴现率从1929年8月6%的高点大幅降至1930年年末的2%。读者会记得欧文·费雪对货币政策的批评，肯定也会记得中央银行在1920—1921年萧条的形成阶段提高而非降低了这一特定利率。1921年，5%的利率可能看起来平淡无奇。鉴于猛烈下跌的物价，这是一个惩罚性的利率。[10]

在崩盘发生一年后，美联储的管理者们在回顾自己实施的政策时，可能会带着些许满意的心情。美联储购买了5.15亿美元的政府债券和银行承兑汇票，以此向银行注入现金。诚然，各家银行接着也减少了向联邦储备银行借款（8.54亿美元）。总的来看，如果银行因此开始谨慎行事，那就顺其自然吧！这是对商业周期衰退的通常反应。一位美联储理事在1930年年末反思道，至少美联储没有像1920—1921年那样受到黄金流失的限制。查尔斯·S. 哈姆林表示："如今的联邦储备银行不像过去那样接近其放贷能力的极限，相反，它们拥有充足的储备金。一旦复苏迹象表现为越来越多的信贷需求，它们就随时准备为不断扩大的生意提供资金。令我们欣喜的这一天没能很快到来。"[11]

从崩盘后的低点到1930年4月重返高点，道琼斯工业指数奋起回升了50%。费雪在1930年5月宣称："这似乎很明显，迄今相对温和的商业衰退和1920—1921年的严重萧条之间的差别，就像一个是雷阵雨，一个是龙卷风。"[12]

费雪把情况弄反了。胡佛政策的毛病在于，它一点也不符合伍德罗·威尔逊和沃伦·G. 哈定的"无为政策"（nonpolicies）。特别是，工资率没有随着物价走低而下跌（这就像伍德罗·威尔逊和沃伦·G. 哈定忽视的那场经济衰退期间发生的情况）。1930年5月，胡佛在美国商会的一次演讲中大胆地宣称："在经济大衰退的历史上，我们第一次没有大幅削减工资。"在随后对美国劳工统计局汇编数据的合计过程中，美国劳工联合会发现这种说法是正确的：在报告中，有92%的公司在1921年降低了工资；而在1930年，只有7%的公司这么做。[13]

具有里程碑意义的第100期《当代商业纵览》（*Survey of Current Business*），也就是美国商务部的月度统计公报，于1929年

12月出版。《当代商业纵览》第一期是在时任商务部部长胡佛的指导下，在战后萧条最严重的1921年7月发表的。《当代商业纵览》的编辑回顾说，在过去8年，情况有了巨大而可喜的进步。《当代商业纵览》第一期月刊（就10页油印纸）仅仅载有200个统计系列，第100期则有1 800多个统计系列。

这些满怀希望的编辑推测："现在说商业数据的利用已经完全消除了商业周期，可能还为时过早。今天，美国各地的商业领袖都一致认可，事实资料的更广泛利用将在很大程度上缓解周而复始、一再爆发的商业周期中许多灾难性的影响。"

实际上，问题不在于《当代商业纵览》所产生的大量事实。更确切地说，缺失的一环是一个能使事实前后连贯的理论。在加州大学洛杉矶分校经济学教授李·E. 欧哈尼安（Lee E. Ohanian）的作品中，一位值得尊敬的21世纪理论家找到了相应的事实。在他2009年的文章《什么（谁）引发了大萧条？》中，欧哈尼安直率地给出了答案："胡佛。"这位人道主义者决心将经济痛楚的负担从劳动力转移给资本，却在无意之间使资本和劳动力都一下子陷入了巨大苦难之中。1920年和1921年，名义工资随着物价下降而走低。1929年、1930年和1931年年未曾出现此类调整。正如欧哈尼安所言："到1931年年底，由于胡佛的计划和通货紧缩，美国制造业平均每小时的实际收入增长了10%以上。"到1931年9月，美国制造业工作时间下降了40%以上，平均每周工作时间下降了约20%。[14]

经济学中没有可受控制的实验。任何一个经历过大萧条的人，都不能确切地知道，要如何将过失分摊给国内外的各种因素。他们的后代也就更没有办法确定了。即使年代相隔甚远，我们也可以观察到，价格机制在1920—1921年的运转要比1929—1933年所允许的更为自由。1937年出版的《银行业与商业周期》一书是当代关于大萧条最具智慧的事后调查报告之一，它总结道："坦率地说，历史上最大一次物价稳定实验的最终结果被证明是最猛烈、最严重的萧条。"

1920—1921年的萧条本身是可怕的。与随后发生的事件相比，这次萧条也以其自身的方式造就了一场胜利。

致 谢

写书让作者变成了债务人。在我的众多债主中，资历最老的是声名显赫的爱丽丝·梅休，她是西蒙与舒斯特出版社（Simon & Schuster）的副总裁和编辑部主任。我也要感谢她在该出版社的助手和同事，其中包括史蒂芬·贝德福德、乔纳森·考克斯、利娅·约翰森和斯图尔特·罗伯茨。

没有史料的话，就不会有历史。凯瑟琳·克里斯皮、萨姆·艾萨克、约翰·米利特和劳拉·瓦克尔花了很长时间仔细地搜索档案和新闻。我非常感激他们，也感谢《格兰特利率观察》的工作人员，尤其是查理·格兰特、埃文·洛伦茨和戴维·贝利格，他们提供了专家研究、分析和事实核查。

我还要感谢弗吉尼亚大学阿尔伯特和雪莉小型特别馆藏图书馆的工作人员，约翰·斯凯尔顿·威廉姆斯的论文就存放在那里。同时，我也要感谢位于马里兰科利奇帕克市国家档案馆的档案管理员塔布·刘易斯，他慷慨地协助我查阅了银行审计官的文件。

纽约大学经济历史学家理查德·西拉教授，杰出的专业投资者保罗·艾萨克和塞思·卡拉曼，以及医学博士帕特里西娅·卡瓦纳阅读了手稿，并提出了受欢迎的改进建议。露丝·埃尔韦尔创建了英文索引。

在鲍勃·卡斯蒂略（我兢兢业业的文字编辑）的协助下，我在书中避免了许多错误。如果书中还有遗漏的问题，那么责任完全由我个人负责。

注　释

前　言

1. Murray Rothbard, *America's Great Depression* (Kansas City: Sheed and Ward, Inc., 1963), 167.
2. Corporate profit data based on federal tax returns. Net income of all reporting corporations totaled $5,874 million in 1920, only $458 million in 1921. Committee on Recent Economic Changes of the President's Conference on Unemployment, *Recent Economic Changes in the United States*, vol. II (National Bureau of Economic Research, 1929), 854.
3. U.S. House of Representatives, Joint Commission of Agricultural Inquiry, "The Agricultural Crisis and Its Causes," part II (Washington, D.C.: Government Printing Office, October 1921) (67th Congress, 1st Session, report no. 408), 46.

01　大通胀

1. Robert Higgs, *Crisis and Leviathan: Critical Episodes in the Growth of American Government* (New York: Oxford University Press, 1987), 84.

2. “Populist Party Platform of 1892,” July 4, 1892, online by Gerhard Peters and John T. Woolley, *The American Presidency Project*. http://www.presidency.ucsb.edu/ws /?pid=29616.
3. Alphaeus Thomas Mason, ed., *Free Government in the Making* (New York: Oxford University Press, 1985), 649–50.
4. John D. Buenker, “Ratification of the Federal Income Tax Amendment,” *Cato Journal* (Spring 1981), 1161.
5. John Milton Cooper, Jr., *Woodrow Wilson* (New York: Random House, Inc., 2009), 167.
6. Ibid.
7. Ibid., 165.
8. *New York Times,* May 7, 1913.
9. “History of Federal Individual Income Bottom and Top Bracket Rates,” National Taxpayers Union, 2013, http://www.ntu.org/tax-basics/history-of-federal-individual-1.html.
10. *New York Times*, June 22, 1917.
11. Higgs, *Crisis and Leviathan*, 123.
12. Alexander D. Noyes, *The War Period of American Finance: 1908–1925* (New York and London: The Knickerbocker Press, 1926), 285.
13. Burl Noggle, *Into the Twenties: The United States from Armistice to Normalcy* (Urbana: University of Illinois Press, 1974), 68.
14. Allan H. Meltzer, *A History of the Federal Reserve*, vol. 1, *1913–1951* (Chicago: University of Chicago Press, 2003), 84.

15. Noyes, *The War Period of American Finance*, 287.

16. Adolph C. Miller speech to the American Association of the Baking Industry, September 24, 1919, 15; Noyes, *War Period*, 290.

17. Meltzer, *A History of the Federal Reserve*, 91.

18. Wilson F. Payne, *Business Behavior, 1919–1922: An Account of Post-war Inflation and Depression* (Chicago: University of Chicago Press, 1942), 208.

19. Noyes, *The War Period of American Finance*, 293–94.

20. Mark Sullivan, *Our Times: The United States 1900–1925,* vol. VI, *The Twenties* (New York: Charles Scribner's Sons, 1946), 163.

21. David Brody, *Labor in Crisis: The Steel Strike of 1919* (Philadelphia: J.B. Lippincott Company, 1965), 130.

22. Ibid., 129.

23. U.S. Department of Labor, Annual Report of the Secretary of Labor (Washington, D.C.: Government Printing Office, 1920), 113ff.

24. Gene Smith, *When the Cheering Stopped* (London: Hutchinson & Co., 1964), 62.

25. Beverly Gage, *The Day Wall Street Exploded: A Story of America in Its First Age of Terror* (Oxford: Oxford University Press, 2009), 118.

26. Ibid., 27.

27. Stanley Coben, *A. Mitchell Palmer: Politician* (New York: Columbia University Press, 1963), 206.

28. *New York Times,* August 7, 1919.

29. Alfred P. Sloan, Jr., *My Years with General Motors* (New York: Doubleday, 1963), 29.

30. Lester V. Chandler, *Benjamin Strong: Central Banker* (Washington, D.C.: The Brookings Institution, 1958), 466.

31. Dwight D. Eisenhower, *At Ease: Stories I Tell to My Friends* (Garden City: Doubleday & Company, Inc., 1967), 159–66.

32. Sloan, *My Years with General Motors*, 29.

33. David McCullough, *Truman* (New York: Simon & Schuster, 1992), 143ff.

34. Harold van B. Cleveland and Thomas F. Huertas, *Citibank: 1812–1970* (Cambridge: Harvard University Press, 1985), 102.

35. Ibid., 106.

36. James H. Shideler, *Farm Crisis, 1919–1923* (Berkeley: University of California Press, 1957), 19.

37. Ibid., 38.

38. Ibid., 39.

02 美国的法定货币

1. U.S. Department of Labor, Annual Report of the Secretary of Labor (Washington, D.C.: Government Printing Office, 1919).

2. Stanley Coben, *A. Mitchell Palmer: Politician* (New York: Columbia University Press, 1963), 160.

3. Marc Levinson, "Why Woodrow Wilson Wooed Shoppers and Snubbed Business," Bloomberg View, September 26, 2012.

4. U.S. House of Representatives, Joint Commission of Agricultural Inquiry, "The Agricultural Crisis and Its Causes" (Washington, D.C.: Government Printing Office, 1921), 58.
5. Coben, *A. Mitchell Palmer*, 163.
6. S. Mclean Hardy, "The Quantity of Money and Prices, 1860–1891," *Journal of Political Economy*, vol. 3, no. 2 (March 1895), 155–57.
7. *Historical Statistics of the United States: Colonial Times to 1970* (Washington, D.C.: U.S. Department of Commerce, 1975), 165.
8. Eleanor Lansing Dulles, *The French Franc 1914–1928: The Facts and Their Interpretation* (New York: The Macmillan Company, 1929), 123.
9. Arthur I. Bloomfield, *Monetary Policy under the International Gold Standard, 1880–1914* (New York: Federal Reserve Bank of New York, 1959), 9.
10. Commercial *Manchester Guardian* Reconstruction Supplement, April 20, 1922, quoted in Lewis Lehrman, *The True Gold Standard: A Monetary Reform Plan without Official Reserve Currencies* (United States, Lehrman Institute, 2012).
11. Sylvia Nasar, *Grand Pursuit: The Story of Economic Genius* (New York: Simon & Schuster, 2011), 53ff.
12. Irving Fisher, *Stabilizing the Dollar: A Plan to Stabilize the General Price Level without Fixing Individual Prices* (New York: The Macmillan Company, 1925), xxvii.
13. Roy W. Jastram, *The Golden Constant: The English and American*

Experience: 1560–2007 (Northampton: John Wiley & Sons, 1977).

14. Irving Fisher, "Standardizing the Dollar—Discussion," *American Economic Review*, vol. II, no. 1, Supplement (March 1912), 46.

15. Hartley Withers, *The Meaning of Money* (London: Smith, Elder & Co., 1909), 79.

16. U.S. Department of the Treasury, 1909 Annual report of the Office of the Comptroller of the Currency (Washington, D.C.: Government Printing Office, 1910), 30.

17. Carter Glass, "The Opposition to the Federal Reserve Bank Bill," *Proceedings of the Academy of Political Science in the City of New York*, vol. 4, no. 1 (October 1913), 18.

18. James Grant, *Money of the Mind: Borrowing and Lending in America from the Civil War to Michael Milken* (New York: Farrar Straus and Giroux, 1992), 142.

19. Ibid., 140.

03 战时的货币

1. Lester V. Chandler, *Benjamin Strong: Central Banker* (Washington, D.C.: The Brookings Institution, 1958), 48.

2. Ibid., 22–25.

3. Ibid., 39.

4. Ibid., 41.

5. H.G.S. Noble, *The New York Stock Exchange in the Crisis of 1914*

(Garden City, N.Y.: The Country Life Press, 1915), 4–5.

6. John J. Arnold, "The American Gold Fund of 1914," *Journal of Political Economy,* vol. 23, no. 7 (July 1915), 697–98.

7. Alexander D. Noyes, *The War Period of American Finance: 1908–1925* (New York and London: The Knickerbocker Press, 1926), 61, 83.

8. Ibid., 56.

9. *New York Times,* August 1, 1914.

10. Noble, *The New York Stock Exchange in the Crisis of 1914*, 5.

11. Ibid., 14.

12. *New York Times*, August 1, 1914; Noble, *New York Stock Exchange*, 12.

13. Noyes, *The War Period of American Finance*, 68.

14. Robert J. Shillady, "Planning Public Expenditures to Compensate for Decreased Private Employment during Business Depressions," speech to the National Conference of Charities and Correction, Indianapolis, May 16, 1916, 5.

15. Noyes, *The War Period of American Finance*, 70–71.

16. Ibid.

17. Lawrence E. Clark, *Central Banking under the Federal Reserve System* (New York: The MacMillan Company, 1935), 74ff.

18. Ibid., 76.

19. Chandler, *Benjamin Strong*, 65.

20. Liaquat Ahamed, *Lords of Finance: The Bankers Who Broke the World* (New York: The Penguin Press, 2009), 69–70.

21. *Wall Street Journal*, August 14, 1914.

22. Noyes, *The War Period of Amercian Finance*, 73.

23. Ibid., 71–72.

24. *Wall Street Journal*, August 17, 1914.

25. *Wall Street Journal*, August 14, 1914.

26. Arnold, "American Gold Fund," 696.

27. Benjamin M. Anderson, *Economics and the Public Welfare: A Financial and Economic History of the United States, 1914–46* (Indianapolis: Liberty Press, 1979), 35.

28. Chandler, *Benjamin Strong*, 59, 63.

29. *New York Times*, September 26, 1914.

30. Anderson, *Economics and Public Welfare*, 35.

31. Ibid., 37.

32. *Historical Statistics of the United States: Colonial Times to 1970* (Washington, D.C.: U.S. Department of Commerce, 1975), 226, 126; Noyes, *The War Period of Amercian Finance*, 96.

33. Noyes, *The War Period of Amercian Finance,* 94.

34. Ibid., 114.

35. Ibid., 96.

36. Robert Sobel, *The Big Board: A History of the New York Stock Market* (New York: The Free Press, 1965), 213.

37. *Historical Statistics of the United States*, 226.

38. Allan H. Meltzer, *A History of the Federal Reserve*, vol. 1, *1913–1951*

(Chicago: University of Chicago Press, 2003), 76.

39. Chandler, *Benjamin Strong*, 87.

40. Ibid., 81.

41. Ibid., 30.

42. *New York Times,* April 13, 1921.

43. Chandler, *Benjamin Strong,* 95.

44. Meltzer, *A History of the Federal Reserve*, 84.

45. Andrew Austin and Mindy Levit, "The Debt Limit: History and Recent Increases," *Congressional Research Service*, October 15, 2013, 2–3.

46. Chandler, *Benjamin Strong,* 100.

47. Ibid., 101.

48. Ibid., 105.

49. Ibid., 107.

50. Ibid., 108.

51. Ibid., 116.

52. Ibid., 104.

53. Ibid., 111.

54. James Grant, *Money of the Mind: Borrowing and Lending in America from the Civil War to Michael Milken* (New York: Farrar Straus and Giroux, 1992), 146.

55. Meltzer, *A History of the Federal Reserve*, 84.

56. *Wall Street Journal*, September 28, 1918.

57. Meltzer, *A History of the Federal Reserve*, 87.

58. Chandler, *Benjamin Strong*, 113.

04 事出偶然的自由放任

1. John M. Blum, *Joe Tumulty and the Wilson Era* (Cambridge: The Riverside Press, 1951), 150–51.
2. John Milton Cooper, Jr., *Woodrow Wilson* (New York: Random House, Inc., 2009), 404.
3. James Grant, *Bernard Baruch: The Adventures of a Wall Street Legend* (New York: Simon & Schuster, 1983), 151.
4. *New York Times*, August 22, 1917.
5. *Wall Street Journal*, August 24, 1917.
6. *New York Times*, January 9, 1918.
7. *New York Times*, January 16, 1918.
8. *New York Times*, January 20, 1918; Robert H. Ferrell, *Presidential Leadership: From Woodrow Wilson to Harry S. Truman* (Columbia: University of Missouri Press, 2006), 21; Cooper, *Woodrow Wilson*, 406.
9. Cooper, *Woodrow Wilson*, 447.
10. Blum, *Joe Tumulty and the Wilson Era*, 195.
11. Ibid., 306–9.
12. Ibid., 198.
13. Cooper, *Woodrow Wilson,* 508.
14. Blum, *Joe Tumulty and the Wilson Era*, 204–5.
15. Cooper, *Woodrow Wilson*, 511–12.

16. Ibid., 510.

17. *Wall Street Journal*, August 27, 1919.

18. Gene Smith, *When the Cheering Stopped* (London: Hutchinson & Co., 1964), 60. 19. Ibid., 89.

20. Ibid., 93.

21. Ibid., 96.

22. Ibid., 100.

23. *Wall Street Journal*, October 4, 1919.

24. Henry Pringle, *The Life and Times of William Howard Taft* (New York: Farrar & Rinehart, Inc., 1939), 927.

25. Smith, *When the Cheering Stopped*, 98.

26. Ibid., 103.

27. Ibid., 99.

28. Ibid., 125.

29. Ibid., 125.

30. Ibid., 110.

31. Ibid., 120.

32. Ibid., 124–25.

33. Cooper, *Woodrow Wilson,* 562.

05 既成事实的萧条

1. Robert K. Murray, *The Harding Era: Warren G. Harding and His Administration* (Newtown, CT: American Political Biography Press,

1969), 267–68.

2. Christina Romer, “World War I and the Postwar Depression: A Reinterpretation Based on Alterative Estimates of GDP,” *Journal of Monetary Economics*, vol. 22, no. 1, 93.

3. Oskar Morgenstern, *On the Accuracy of Economic Observations* (Princeton: Princeton University Press, 1963), 256–57.

4. *Recent Economic Changes in the United States*, vol. II (National Bureau of Economic Research, 1929), 853.

5. *Recent Economic Changes in the United States*, 852.

6. T.F. McManus, R.W. Nelson, and C.A. Phillips, *Banking and the Business Cycle: A Study of the Great Depression in the United States* (New York: The Macmillan Company, 1937), 1.

7. Burl Noggle, *Into the Twenties: The United States from Armistice to Normalcy* (Urbana: University of Illinois Press, 2003), 165.

8. “A Byte Out of History: Terror on Wall Street,” Federal Bureau of Investigation Web site, 2013.

9. U.S. House of Representatives, Joint Commission of Agricultural Inquiry, “The Agricultural Crisis and Its Causes” (Washington, D.C.: Government Printing Office, 1921), 14.

10. *Recent Economic Changes in the United States*, 854.

11. Ibid., 856.

12. Wilson F. Payne, *Business Behavior, 1919–1922: An Account of Post-war Inflation and Depression* (Chicago: University of Chicago Press,

1942), 174.

13. Ibid., 195; Lester V. Chandler, *Benjamin Strong: Central Banker* (Washington, D.C.: The Brookings Institute, 1958), 240.

14. Lawrence R. Gustin, *Billy Durant: Creator of General Motors* (Grand Rapids: William B. Eerdmans Publishing Company, 1973), 205.

15. Ibid., 199.

16. Payne, *Business Behavior, 1919—1921*, 175.

17. *Recent Economic Changes in the United States*, 339.

18. Payne, *Business Behavior, 1919—1921*, 174–75.

19. Alfred P. Sloan, Jr., *My Years with General Motors* (New York: Doubleday, 1963), 30.

20. Ibid., 31.

21. Payne, *Business Behavior, 1919—1921*, 178.

22. Chandler, *Benjamin Strong*, 486.

23. Gustin, *Billy Durant*, 218.

24. Chandler, *Benjamin Strong*, 491.

25. U.S. Department of Agriculture, 1919 Report of the Secretary of Agriculture (Washington, D.C.: Government Printing Office, 1920), 17.

26. United States Department of Agriculture, 1921 Report of the Secretary of Agriculture (Washington, D.C.: Government Printing Office, 1922), 2, 7.

27. 1919 Report of the Secretary of Agriculture, 2.

28. Ibid., 23–24.

29. James H. Shideler, *Farm Crisis, 1919–1923* (Berkeley: University of California Press, 1957), 40.

30. Ibid., 41.

31. Ibid., 40.

32. Ibid., 44.

33. Ibid., 45.

34. 1921 Report of the Secretary of Agriculture, 12.

35. Shideler, *Farm Crisis, 1919—1923*, 55.

36. Ibid., 56.

37. Ibid., 65.

38. *New York Times*, January 7, 1921; Shideler, *Farm Crisis, 1919—1923*, 49.

39. U.S. House of Representatives, Joint Commission of Agricultural Inquiry, "The Agricultural Crisis and Its Causes" (Washington, D.C.: Government Printing Office, 1921), 11.

40. Robert H. Ferrell, *Harry S. Truman: A Life* (Columbia: University of Missouri Press, 1994), 87.

06 挨了训斥的花旗银行

1. John Skelton Williams, "Task Titanic: Strength Supreme; Faith Invincible," speech to the Maine Bankers Association, Bangor, Maine, June 26, 1920, 1–6.

2. *Wall Street Journal,* January 24, 1920.

3. *Wall Street Journal,* January 30, 1920.
4. Alexander D. Noyes, *The War Period of American Finance: 1908–1925* (New York and London: The Knickerbocker Press, 1926), 331.
5. U.S. Department of the Treasury, Annual Report of the Comptroller of the Currency (Washington, D.C.: Government Printing Office, 1920), 4.
6. *New York Times*, April 18, 1920.
7. Noyes, *The War Period of American Finance*, 336.
8. Office of the Comptroller of the Currency, Examiner's Report on the Condition of the National City Bank (February 13, 1920), OCC 1920, E-1ff.
9. Harold van B. Cleveland and Thomas F. Huertas, *Citibank: 1812–1970* (Cambridge: Harvard University Press, 1985), 106.
10. Office of the Comptroller of the Currency, Examiner's Report on the Condition of the National City Bank, January 4, 1921 (College Park, MD: National Archives and Records Administration), 67.
11. Ibid., 343.
12. Allan H. Meltzer, *A History of the Federal Reserve*, vol. 1, *1913–1951* (Chicago: University of Chicago Press, 2003), 74.
13. *New York Times*, January 3, 1908.
14. U.S. Department of the Treasury, Annual Report of the Comptroller of the Currency (Washington, D.C.: Government Printing Office, 1914, 92–95.
15. OCC Transcript, 3.

16. *Bankers Magazine*, vol. 68, 651.

17. OCC Transcript, 17–21.

18. Ibid., 23.

19. Ibid., 23–25.

20. Ibid., 346.

21. Ibid., 347.

22. Ibid., 356.

23. Ibid., 357.

24. Ibid., 224.

07 受到鼓励的通货紧缩

1. Lester V. Chandler, *Benjamin Strong: Central Banker* (Washington, D.C.: The Brookings Institution, 1958), 122–24.

2. W.P.G. Harding, *The Formative Period of the Federal Reserve System (During the World Crisis)* (Boston: Houghton Mifflin Company, 1925), 137.

3. Ibid., 161.

4. Allan H. Meltzer, *A History of the Federal Reserve*, vol. 1, *1913–1951* (Chicago: University of Chicago Press, 2003), 104; Milton Friedman and Anna Jacobson Schwartz, *A Monetary History of the United States: 1867–1960* (Princeton: Princeton University Press, 1963), 230.

5. Alexander D. Noyes, *The War Period of American Finance: 1908–1925* (New York and London: The Knickerbocker Press, 1926), 335.

6. *New York Times*, May 19, 1920.

7. Sidney Homer and Richard Sylla, *A History of Interest Rates* (New Brunswick, NJ: Rutgers University Press, 1991), 347.

8. Harding, *The Formative Period of the Federal Reserve System*, 172.

9. Ibid., 176.

10. Ibid., 177–78.

11. Williams to Aldrich, August 3, 1920, John Skelton Williams Papers, University of Virginia.

12. Williams to Harding, May 25, 1920, John Skelton Williams Papers.

13. *Wall Street Journal*, June 2, 1920.

08 “史无前例”的经济崩溃

1. *New York Times*, September 1, 1920.

2. U.S. House of Representatives, Joint Commission of Agricultural Inquiry, “The Agricultural Crisis and Its Causes,” part I (Washington, D.C.: Government Printing Office, 1921), 58.

3. Report and Recommendations of a Committee of the President’s Conference on Unemployment, *Business Cycles and Unemployment* (New York: McGraw-Hill Company, 1923), 26.

4. Report of the Joint Commission of Agricultural Inquiry, part I, 107ff.

5. Wilson F. Payne, *Business Behavior, 1919–1922: An Account of Post-war Inflation and Depression* (Chicago: University of Chicago Press, 1942), 89.

6. Report of the Joint Commission of Agricultural Inquiry, part II, 46.
7. Morris to Harding, January 9, 1922; John Skelton Williams Papers, University of Virginia.
8. *New York Times*, October 21, 1920.
9. *New York Times*, October 18, 1920.
10. *New York Times*, October 19, 1920.
11. *New York Times*, October 21, 1920.
12. *Wall Street Journal*, November 24, 1920.
13. *New York Times*, October 23, 1920
14. *New York Times*, November 28, 1920.
15. *New York Times*, December 27, 1920.
16. Williams to Harding, December 28, 1920, John Skelton Williams Papers.
17. Ibid.
18. Ibid.
19. Ibid.
20. "Regarding Indebtedness of Chairman Wiggin to the Chase National Bank and to the Chase Securities Corporation," December 28, 1920, John Skelton Williams Papers.

09 审计长咄咄逼人

1. Harding to Williams, January 13, 1921, John Skelton Williams Papers, University of Virginia.

2. Ibid.

3. Richard McCulley, *Banks and Politics During the Progressive Era: The Origins of the Federal Reserve System* (New York: Garland Publishing, 1992), 145.

4. *New York Times*, January 18, 1921.

5. *New York Times*, January 30, 1921.

6. Williams to Harding, February 28, 1921, John Skelton Williams Papers.

7. Ibid.

8. W.P.G. Harding, *The Formative Period of the Federal Reserve System (During the World Crisis)* (Boston: Houghton Mifflin Company, 1925), 204.

9. Ibid.

10. Ibid., 211.

11. U.S. Department of the Treasury, Annual Report of the Comptroller of the Currency (Washington, D.C.: Government Printing Office, 1920), 6.

12. Ibid., 2.

13. Ibid., 11.

10 祸兮福所倚

1. "Van Lear Black," Wikipedia, 2013; *New York Times*, December 21, 1920.

2. *New York Times*, March 13, 1921.

3. *Business Cycles and Unemployment* (New York: McGraw-Hill

Company, 1923), 100–102.

4. Ibid., 102.

5. Ibid., 107.

6. *New York Times*, August 8, 1921.

7. *New York Times*, September 4, 1921.

8. Jay N. Darling, “Removing the Ingrowing Toenail,” September 13, 1920, John Skelton Williams Papers, University of Virginia.

9. Gustav Cassel, *Money and Foreign Exchange after 1914* (London: Constable & Co. Ltd., 1922), 207.

10. Ibid., 225.

11. Ibid., 226.

12. John Maynard Keynes, *A Tract on Monetary Reform* (London: Macmillan & Co., 1924), 144.

13. Quoted in Cassel, *Money and Foreign Exchange*, 221.

14. Keynes, *Tract on Monetary Reform*, 149.

15. Williams to Harding, February 26, 1921, John Skelton Williams Papers.

16. Harding to Williams, March 2, 1921, John Skelton Williams Papers.

17. *Wall Street Journal*, August 4, 1921.

18. Lester V. Chandler, *Benjamin Strong: Central Banker* (Washington, D.C.: The Brookings Institution, 1958), 180.

19. *New York Times*, August 4, 1921.

20. Chandler, *Benjamin Strong*, 179.

21. *Wall Street Journal*, August 9, 1921.

11 不关政府的事

1. *Business Cycles and Unemployment: Report and Recommendations of a Committee of the President's Conference on Unemployment, Including an Investigation Made Under the Auspices of the National Bureau of Economic Research* (New York: McGraw-Hill, 1923), 22–26.
2. Robert K. Murray, *The Harding Era: Warren G. Harding and His Administration*(Newtown, CT: American Political Biography Press, 1969), 32.
3. "Eugene V. Debs," Wikipedia, 2013.
4. Wesley M. Bagby, *The Road to Normalcy: The Presidential Campaign and Election of 1920* (Baltimore: The Johns Hopkins Press, 1962), 128.
5. Ibid., 132–33.
6. *New York Times*, August 11, 1920.
7. *Business Cycles and Unemployment,* 26.
8. Mark Sullivan, *Our Times: The United States 1900–1925*, vol. VI, *The Twenties* (New York: Charles Scribner's Sons, 1946), 129.
9. Murray, *The Harding Era*, 22.
10. Ibid., 171.
11. Ibid., 62.
12. Bagby, *The Road to Normalcy*, 144.
13. Marion Elizabeth Rodgers, ed., *The Impossible H.L. Mencken: A Selection of His Best Newspaper Stories* (New York: Anchor Books Doubleday, 1991), 255–56.

14. Murray, *The Harding Era*, 185.

15. John Milton Cooper, Jr., *Woodrow Wilson* (New York: Random House, 2009), 570.

16. Bagby, *The Road to Normalcy*, 125.

17. Murray, *The Harding Era*, 46.

18. Ibid., 52.

19. Ibid., 70.

20. Ibid.

21. Ibid., 52.

22. Sullivan, *Our Times*, 130.

23. Bagby, *The Road to Normalcy*, 144.

24. Ibid., 142.

25. Ibid., 145.

26. Murray, *The Harding Era*, 66.

27. Sullivan, *Our Times*, 137.

12 和克利克兰所见略同

1. *Wall Street Journal*, January 26, 1921.

2. David Cannadine, *Mellon: An American Life* (New York: Alfred A. Knopf, 2006), 274, 278.

3. Robert K. Murray, *The Harding Era: Warren G. Harding and His Administration* (Newtown, CT: American Political Biography Press, 1969), 172.

4. Roy G. Blakey, "The Revenue Act of '21," *American Economic Review*, vol. 12, no. 1 (March 1922), 77.
5. Murray, *The Harding Era*, 175.
6. Mark Sullivan, *Our Times: The United States 1900–1925*, vol. VI, *The Twenties* (New York: Charles Scribner's Sons, 1946), 209.
7. Ibid., 194.
8. W.P.G. Harding, *The Formative Period of the Federal Reserve System (During the World Crisis)* (Boston: Houghton Mifflin Company, 1925), 277.
9. Sullivan, *Our Times*, 210.
10. James Grant, *Mr. Speaker!: The Life and Times of Thomas B. Reed, the Man Who Broke the Filibuster* (New York: Simon & Schuster, 2011), 255.
11. *New York Times*, September 4, 1920.
12. *New York Times*, July 7, 1921.
13. *New York Times*, July 13, 1921.
14. *New York Times*, August 19, 1921.
15. *New York Times*, July 14, 1921.

13 经济复苏计划

1. Andrew W. Mellon, *Taxation: The People's Business* (New York: The Macmillan Company, 1924), 25.
2. Lester V. Chandler, *Benjamin Strong: Central Banker* (Washington, D.C.:

The Brookings Institution, 1958), 174.

3. Elmus R. Wicker, *Federal Reserve Monetary Policy 1917–1933* (New York: Random House, 1966), 55.

4. *Wall Street Journal*, April 15, 1921.

5. *New York Times*, May 6, 1921.

6. Chandler, *Benjamin Strong*, 175.

7. *New York Times*, June 9, 1921.

8. Roy G. Blakey, "The Revenue Act of '21," *American Economic Review*, vol. 12, no. 1(March 1922), 82.

9. Mark Sullivan, *Our Times: The United States 1900–1925*, vol. VI, *The Twenties* (New York: Charles Scribner's Sons, 1946), 224.

10. *New York Times*, August 8, 1921.

11. Blakey, "Revenue Act," 81, 86, 89.

14 工资逐物价而跌

1. *Wall Street Journal*, December 30, 1921.

2. *Wall Street Journal*, November 1, 1919.

3. *Wall Street Journal*, November 4, 1919.

4. *Wall Street Journal*, September 17, 1920.

5. *Wall Street Journal*, November 4, 1920.

6. *Wall Street Journal*, January 4, 1921.

7. *Economist*, January 1, 1921.

8. *Economist*, December 25, 1920.

9. *Wall Street Journal*, July 29, 1920.

10. T.F. McManus, R.W. Nelson, and C.A. Phillips, *Banking and the Business Cycle: A Study of the Great Depression in the United States* (New York: The Macmillan Company, 1937), 236.

11. *Wall Street Journal*, December 18, 1920.

12. *New York Times*, December 14, 1920.

13. *Wall Street Journal*, December 21, 1920.

14. *New York Times*, February 3, 1921.

15. *New York Times*, March 11, 1921.

16. Robert Ozanne, *A Century of Labor-Management Relations at McCormick and International Harvester* (Madison: University of Wisconsin Press, 1967), 133–35.

17. *New York Times*, March 10, 1921.

18. *New York Times,* March 24, 1921.

15 精明的“法官”加里

1. *Wall Street Journal*, March 22, 1922.

2. Wilson F. Payne, *Business Behavior, 1919–1922: An Account of Post-war Inflation and Depression* (Chicago: University of Chicago Press, 1942), 133.

3. *New York Times*, November 4, 1919.

4. Payne, *Business Behavior, 1919—1922*, 141, 145.

5. *New York Times*, February 26, 1921.

6. *Wall Street Journal*, April 2, 1921.

7. *New York Times*, March 2, 1921.

8. *New York Times*, March 3, 1921.

9. *Wall Street Journal*, April 2, 1921.

10. *New York Times*, March 30, 1921.

11. *Wall Street Journal*, May 11, 1921.

12. *Wall Street Journal*, July 27, 1921.

13. *New York Times*, April 20, 1921.

14. *Wall Street Journal*, April 13, 1921.

15. *Wall Street Journal*, February 25, 1922.

16. *Wall Street Journal*, August 25, 1921.

16 “更崇高的服务意识”

1. U.S. Department of the Treasury, Annual Report of the Secretary of the Treasury on the State of the Finances (Washington, D.C.: Government Printing Office, 1920), 4.

2. *Freeman*, January 19, 1921.

3. Mark Sullivan, *Our Times: The United States 1900–1925*, vol. VI, *The Twenties* (New York: Charles Scribner’s Sons, 1946), 182.

4. *New York Times*, December 7, 1920.

5. Gerald D. Nash, “Herbert Hoover and the Origins of the Reconstruction Finance Corporation,” *Mississippi Valley Historical Review*, vol. 46, no. 3 (December 1959), 460.

6. Carolyn Grin, "The Unemployment Conference of 1921: An Experiment in National Cooperative Planning," *Mid-America: An Historical Review*, vol. 55 (April 1973), 86.

7. U.S. Department of Commerce, "Commerce Reports," vol. 3 (Washington, D.C.: Government Printing Office, 1921), 274.

8. *New York Times*, September 9, 1921.

9. *New York Times*, September 23, 1921.

10. *New York Times*, September 24, 1921.

11. National Industrial Conference Board, "The Unemployment Problem" (research report no. 43, November 1921), p. 10.

12. *Wall Street Journal*, September 26, 1921.

13. *New York Times*, August 17, 1921.

14. *New York Times*, September 14, 1921.

15. *New York Times*, September 2, 1921.

16. *New York Times*, September 10, 1921.

17. Grin, "The Unemployment Conference of 1921," 86.

18. *New York Times*, September 27, 1921.

19. *Wall Street Journal*, September 22, 1921.

20. Grin, "The Unemployment Conference of 1921," 85.

21. Ibid., 102.

22. *New York Times*, October 14, 1921.

23. Grin, "The Unemployment Conference of 1921," 94.

24. Otto T. Mallery, "The Long-Range Planning of Public Works," in

Business Cycles and Unemployment (Washington, D.C.: National Bureau of Economic Research, 1923), 241.

25. Grin, "The Unemployment Conference of 1921," 107.
26. *New York Times*, October 14, 1921.
27. *New York Times*, October 14, 1921.
28. *New York Times*, October 16, 1921.
29. Robert Skidelsky, *John Maynard Keynes,* vol. 2, *The Economist as Saviour, 1920–1937* (New York: The Penguin Press, 1992), 133.

17 黄金涌入美国

1. Williams to Mellon, July 2, 1921, John Skelton Williams Papers, University of Virginia.
2. *Wall Street Journal*, June 14, 1921.
3. *Wall Street Journal*, August 24, 1921.
4. U.S. Department of the Treasury, Annual Report of the Secretary of the Treasury on the State of the Finances (Washington, D.C.: Government Printing Office, 1921), 31.
5. *Wall Street Journal*, April 15, 1921.
6. *New York Times*, May 5, 1921.
7. Sidney Homer and Richard Sylla, *A History of Interest Rates* (New Brunswick: Rutgers University Press, 1991), 350.
8. *Wall Street Journal*, May 9, 1921; *New York Times*, May 10, 1921.
9. *Wall Street Journal*, May 11, 1921.

10. *Wall Street Journal*, May 11, 1921.

11. *Wall Street Journal*, August 1, 1921.

12. Chester Arthur Phillips, *Bank Credit: A Study of the Principles and Factors Underlying Advances Made by Banks to Borrowers* (New York: The MacMillan Company, 1920), 108.

13. *Historical Statistics of the United States: Colonial Times to 1970* (Washington, D.C.: U.S. Department of Commerce, 1975), 536.

14. *Wall Street Journal*, May 19, 1921.

15. *New York Times*, January 6, 1921.

16. *New York Times*, July 20, 1921.

17. W.P.G. Harding, *The Formative Period of the Federal Reserve System (During the World Crisis)* (Boston: Houghton Mifflin Company, 1925), 224.

18 “要回到野蛮时代吗”

1. *Wall Street Journal*, March 8, 1922.

2. *Recent Economic Changes in the United States*, vol. II (National Bureau of Economic Research, 1929), 478.

3. George Henry Soule, *Prosperity Decade: From War to Depression, 1917–1929* (Armonk, N.Y.: M.E. Sharpe, 1989), 108.

4. *Recent Economic Changes in the United States*, 854.

5. Ibid., 60.

6. Ibid., 524.

7. *Wall Street Journal*, March 10, 1922.

8. *Wall Street Journal*, March 11, 1922.

9. *Wall Street Journal*, April 2, 1923.

10. *Wall Street Journal*, February 4, 1922.

11. Herbert Hoover, "Herbert Hoover on the Domestic Commercial Situation," speech to the National Association of Real Estate Boards, Chicago, July 15, 1921.

12. *New York Times*, January 1, 1923.

13. James H. Shideler, *Farm Crisis, 1919–1923* (Berkeley: University of California Press, 1957), 189.

14. *New York Times*, January 1, 1923.

15. Shideler, *Farm Crisis, 1919—1923*, 193.

16. Ibid., 194.

17. Ibid., 201.

18. Alexander D. Noyes, *The War Period of American Finance: 1908–1925* (New York and London: The Knickerbocker Press, 1926), 407–8.

19. *Recent Economic Changes in the United States*, 558–59.

20. Ibid., 585, 587; *Grant's Interest Rate Observer*, April 8, 2005.

19 便宜货柜上的美国

1. *Wall Street Journal*, April 13, 1922.

2. *Wall Street Journal*, April 13, 1922.

3. *New York Times*, March 26, 1922.

4. *Wall Street Journal*, April 22, 1922.

5. *Wall Street Journal*, November 17, 1922.

6. U.S. Department of the Treasury, Annual Report of the Comptroller of the Currency (Washington, D.C.: Government Printing Office, 1922), 131.

7. *New York Times*, July 3, 1921.

8. *Wall Street Journal*, November 29, 1921.

9. *New York Times*, January 28, 1923.

10. *Recent Economic Changes in the United States*, vol. II (National Bureau of Economic Research, 1929), 60.

11. Ibid., 59.

12. Ibid., 269.

13. Ibid., 180.

14. Ibid. 403–4.

15. Ibid., 427.

16. Ibid., 432.

17. Ibid., 855.

18. Ibid., 456.

19. *Wall Street Journal*, November 10, 1921.

20. Mark Sullivan, *Our Times: The United States 1900–1925*, vol. VI, *The Twenties* (New York: Charles Scribner's Sons, 1946), 211.

21. *Wall Street Journal*, September 21, 1922.

20 一切为了稳定

1. *New York Times*, September 1, 1921.

2. William J. Barber, *From New Era to New Deal: Herbert Hoover, the Economists, and American Economic Policy, 1921–1933* (Cambridge: Cambridge University Press, 1985), 25.

3. *New York Times*, December 19, 1922.

4. Allan H. Meltzer, *A History of the Federal Reserve*, vol. 1, *1913–1951* (Chicago: University of Chicago Press, 2003), 182.

5. Lester V. Chandler, *Benjamin Strong: Central Banker* (Washington, D.C.: The Brookings Institution, 1958), 202.

6. John R. Commons, "The Stabilization of Prices and Business," *The American Economic Review,* vol. 15, no. 1 (March 1925), 43–44.

7. Robert Skidelsky, *John Maynard Keynes*, vol. 2, *The Economist as Saviour, 1920–1937* (New York: The Penguin Press, 1992), 152.

8. *New York Times*, April 11, 1922.

9. Keynes, *Tract on Monetary Reform,* 198 and ff.

10. The *Times*, London, June 11, 1931.

11. *Recent Economic Changes in the United States*, vol. II (National Bureau of Economic Research, 1929), 607.

12. Benjamin M. Anderson, *Economics and the Public Welfare: A Financial and Economic History of the United States* (Indianapolis: Liberty Press, 1979), 200.

13. T.F. McManus, R. W. Nelson, and C.A. Phillips, *Banking and the*

Business Cycle: A Study of the Great Depression in the United States (New York: The MacMillan Company, 1937), 124–25.

14. Anderson, *Economics and the Public Welfare*, 189.

15. Priscilla Roberts, "Benjamin Strong, the Federal Reserve, and the Limits to Interwar American Nationalism," *Economic Quarterly*, vol. 86/2 (Spring 2000), 80.

16. McManus et al., *Banking and the Business Cycle*, 191.

17. Ibid., 82–84.

18. Ibid., 190.

后 记 一场胜利，以其之道

1. Harry Truman, *Memoirs, Vol. 1: Year of Decisions* (Garden City, N.Y.: Doubleday & Co.), 134.

2. Allan H. Meltzer, *A History of the Federal Reserve*, vol. 1, *1913–1951* (Chicago: University of Chicago Press, 2003), 120.

3. Harold L. Cole and Lee E. Ohanian, "Re-examining the Contributions of Monetary and Banking Shocks to the U.S. Great Depression," *NBER Macroeconomics Annual 2000*, vol. 15, 186–88.

4. William Starr Myers and Walter H. Newton, *The Hoover Administration: A Documented Narrative* (New York: Charles Scribner's Sons, 1936), 25.

5. *New York Times*, November 22, 1929.

6. *Wall Street Journal*, November 27, 1929.

7. T. F. McManus, R. W. Nelson, and C. A. Phillips, *Banking and the Business Cycle: A Study of the Great Depression in the United States* (New York: The MacMillan Company, 1937), 190.
8. *New York Times*, December 5, 1929.
9. James Harvey Rogers, *America Weighs Her Gold* (New Haven: Yale University Press, 1931), 177–79.
10. Meltzer, *A History of the Federal Reserve*, 117–18.
11. Ibid., 323.
12. Walter A. Friedman, *Fortune Tellers: The Story of America's First Economic Forecasters* (Princeton: Princeton University Press, 2014), 200.
13. William H. Barber, *From New Era to New Deal: Herbert Hoover, the Economists, and American Economic Policy, 1921–1933* (Cambridge: Cambridge University Press, 1985), 84–85.
14. Lee E. Ohanian, "What—or Who—Started the Great Depression?" *Journal of Economic Theory*, no. 144, 2311.

精选书目

[1]约翰·斯凯尔顿·威廉姆斯是给这个故事增色添味的人，尽管关于他的文件存放在弗吉尼亚大学，但他没有个人传记。在传记方面，书中其他主要人物就没有这样的缺陷。安德鲁·梅隆的公众形象的确平淡乏味，但大卫·坎纳丁（David Cannadine）给沃伦·G. 哈定总统（以及柯立芝总统、胡佛总统）的财政部部长写的传记《梅隆：一个美国金融政治家的人生》（*Mellon：An American Life*），就显得生动有趣、丰富多彩。劳伦斯·R. 古斯廷（Lawrence R. Gustin）的《通用汽车的缔造者：比利·杜兰特》（*Billy Durant：Creator of General Motors*）很精彩地描绘了一位个性张扬的企业家的职业生涯；在《我在通用汽车的岁月》中，小阿尔弗雷德·P. 斯隆阐述了自己对这家汽车巨头进步与失误的独到看法。

[2]莱斯特·V. 钱德勒所著的《本杰明·斯特朗：中央银行家》讲的是一位没有读过大学的纽约联邦储备银行行长（实际上，在20世纪20年代大部分时间里，他是整个联邦储备系统的实际领导者）的故事。现在金本位已经让位给了“博士本位”，我

们可以试着想象一下这样的事情。著名的价值投资者本杰明·格雷厄姆是在1920—1921年萧条时期成长的，《格雷厄姆：华尔街教父回忆录》是在格雷厄姆去世后出版的自传，可读性极强。

[3] 至于伍德罗·威尔逊总统，我主要依靠的是吉恩·史密斯的杰作《当欢呼声停止时》和小约翰·米尔顿·库珀（John Milton Cooper, Jr.）的《伍德罗·威尔逊传》（*Woodrow Wilson: A Biography*）。威尔逊将美国带入战争中，创立了联邦所得税，还是1920—1921年萧条前几个月的领导者，历史学家评价他为一位成功的总统（2009年有线电视频道C-Span历史学家的总统领导力调查中排名第9位）。罗伯特·K. 默里的杰出著作《哈定时代》的主人公沃伦·G. 哈定召集了一次世界裁军会议，开始削减税收和开支。在伦·G. 哈定的领导下，美国在1920—1921年萧条后出现了经济复苏，历史学家评价他为一个失败的总统（2009年有线电视频道C-Span历史学家的总统领导力调查中排名第38位），我建议历史学家们重新考虑一下。

[4] 人们可能会像我在本书中所做的那样，批评赫伯特·胡佛的经济政策，同时赞赏这位美国第31任总统作为商人、慈善家以及（和妻子卢·亨利合作治学的）业余学者的品质。胡佛自撰的回忆录共三卷，其中第一卷《冒险年代》（*Years of Adventure*）部分涉及20世纪初美国的财政状况。“一切矿业景气的最重要特征是无限的乐观。”作者对投资者心理的某个因素进行了观察，而这一因素百年未变，并且很可能永远不会改变。

[5] 由于固执地坚守自由市场的陈腐教条，胡佛将一般性的周期衰退转变成了大萧条，这一神话被哈里斯·盖洛德·沃伦（Harris Gaylord Warren）在《赫伯特·胡佛与大萧条》（*Herbert Hoover and The Great Depression*）一书中干净利落地驳斥了；做到这一点的，还有本杰明·安德森的《经济学与公共福利》（*Economics and the Public Welfare*）以及（怀着极大热忱的）穆雷·罗斯巴德的《美国大萧条》。对于胡佛在物价下跌时提振工资这一注定要失败的决心，沃伦和罗斯巴德引用了翔实的史料。工资维持计划挫伤了企业的赢利能力，近乎保证了大规模失业。安德森很恰当地将胡佛过度活跃和白费力气的干预描述成“第一次新政”，尽管他这部内容生动的编年史的书名被不恰当地冠以了出版史上最单调无趣的书名之一。罗斯巴德是一个自由放任主义的倡导者，抨击了价格水平可以或者应该通过货币政策来“稳定”的观点。像价格水平这样的概念实际有可能被恰当地测量吗？对于这个问题，奥斯卡·摩根斯顿半个多世纪前在《论经济观察的准确性》（*On the Accuracy of Economic Observations*）中给出了否定的答案。摩根斯顿的主题可能会让某些人觉得味同嚼蜡，但在他本人看来，显然不是如此，在这本书中的某些地方，他似乎是强压着愤怒情绪落笔的。

[6] C. A. 菲利普斯（C. A. Phillips）、T. F. 麦克马纳斯和R. W. 纳尔逊（R. W. Nelson）三位学者的作品，是对1929—1933年大萧条最好的事后调查报告之一，但因为默默无名、乏人问津而不公正地失去了影响力。他们于1937年出版的《银行业与商业周期》，

先于罗斯巴德将经济衰退归咎于错误的价格稳定理论。菲利普斯等人提出，在一个物质进步的时代，收银台上的物价应该下降，而不是上涨。他们表明，为了扭转这种良性趋势而创造新的信贷，反倒有可能促进不稳定。欧文·费雪在他1925年出版的《稳定美元：一个稳定物价总水平的计划》（*Stabilizing the Dollar: A Plan to Stabilize the General Price Level without Fixing Individual Prices*）中热情支持与菲利普斯等人相反的观点。《美国货币史（1867—1960）》合著者米尔顿·弗里德曼和安娜·施瓦茨，以及两卷本《美联储的历史》作者艾伦·H. 梅尔策，都是依据费雪的传统观念来编撰美国中央银行史的。

[7] 20世纪20年代初在美国做生意是什么样子的呢？威尔逊·F. 佩恩（Wilson F. Payne）的一本学术专著《商业行为：战后通胀和萧条的叙述（1919—1922）》（*Business Behavior, 1919—1922: An Account of Post-war Inflation and Depression*）史料翔实。詹姆斯·H. 夏德勒在《农业危机（1919—1923）》（*Farm Crisis, 1919—1923*）一书中对农业也做了同样的研究。

[8] 生活在伍德罗·威尔逊、沃伦·G. 哈定、禁酒令和茶壶山丑闻案时代的美国是什么感觉呢？马克·沙利文的《我们的时代》第六卷生动地传达了一种时代感。他尤其敏锐地感受到了第一次世界大战期间联邦权力的扩张给美国经济政治生活带来的变化。正如沙利文所写的那样："出现了一个居间游说和奔走斡旋者的特别市场，其中许多是合法的，但也有一些是邪恶的。他们在某些情况下采用常规的方法，在另一些情况下则施行鬼

祟的手段。这样便既可以让政府给予诚实的公民所渴望的和有权享有的特权，也可以让腐败人士得到其强烈期待但无权享有的豁免。”这就是哈定丑闻的政治背景。

[9] 我们在危机之后能更清楚地看出，20世纪20年代这十年似乎预示着一场金融灾难迟早会发生。1928年，在胡佛授意下厚达1 000多页的两卷本大部头文献《美国最近的经济变化》付诸印刷的时候，情况似乎离危机还很遥远。这本书出版于1929年，可能是与20世纪20年代美国有关的最丰富的经济数据和评论宝库。康奈尔大学工程学教授德克斯特·S. 金博尔（Dexter S. Kimball）赞叹道：“人类在解决生产问题方面从未取得过如此大的进步。”他负责撰写了《美国最近的经济变化》中的“工业”一章。

[10] 21世纪的读者可能会对金本位制度和围绕它的争论挠头。事实上，直到现在，围绕它的争论仍在继续。刘易斯·E. 莱尔曼（Lewis E. Lehrman）的《货币、黄金和历史》（*Money, Gold, and History*）是关于恢复黄金可兑换性的有说服力的简明概要，可能有助于我们揭开其神秘的面纱。阿瑟·I. 布卢姆菲尔德的《国际金本位下的货币政策》（*Monetary Policy under the International Gold Standard*）和肯尼斯·W. 达姆（Kenneth W. Dam）的《游戏规则：国际货币体系的改革与演变》（*The Rules of the Game: Reform and Evolution in the International Monetary System*）是对经典（也就是第一次世界大战以前的）金本位制实际如何运转的描述。其本质特征就是简单，经

济学家T. E. 格雷戈里在他1925年出版的《金本位及其未来》（*The Gold Standard and Its Future*）一书中对此有过这样一番伤感的评论："理解现代货币体系的全部困难源于这样一个事实，即我们已经脱离了早期那种美妙的简单。"最终情况会复杂到怎样的地步，这可能会让T. E. 格雷戈里大吃一惊。